Organizational efficiency
and productivity evaluation

组织效率
与生产力评估

资料包络分析法

现代工商管理经典教材

吴济华　何柏正‖著

经济管理出版社
ECONOMY & MANAGEMENT PUBLISHING HOUSE

自　序

资料包络分析法（Data Envelopment Analysis, DEA）是 Charnes、Cooper 和 Rhodes 三位学者于 1978 年所提出的效率衡量方法，至今已 30 多年，其间有不少学者提出 DEA 的修正模式，依据 Cooper、Seiford 和 Tone（2007）的统计，目前约有 37 类、157 种的 DEA 分析模式，若再加上模糊 DEA、三阶段 DEA 等扩张模式，则已超过 160 种，如何让读者系统地学会这些 DEA 分析模式并正确应用到实务案例中，是本书撰写的最主要目的。

笔者在中国·台湾中山大学教授 DEA 课程 10 多年来，苦于中文教材之不足，屡获学术同行与学生要求撰写一本较全面且能完整介绍 DEA 理论的教科书，但却因忙碌而未能很好地整理出版，愧对学术同行。近几年来，笔者曾参与审查台湾地区有关 DEA 的期刊文章，并获有关部门邀稿撰写以绩效管理为主题的论文，而更多地是参与 DEA 领域的硕士、博士论文答辩，平常也常有年轻学者或研究生通过电子邮件或 MSN 询问 DEA 的理论应用及软件操作，甚至有远从北部专程南下来台湾中山大学听课的同学，凡此种种均显示学界对 DEA 有研究兴趣者日益增加，但是有些或对理论不够了解，或仅会软件操作不会报表操作，其分析结果漏洞百出。笔者有鉴于目前缺乏一本能让读者了解 DEA 理论与应用，且能让读者看懂的专业书籍，因此汇总整理了各种有关外 DEA 的专业书籍与期刊论文，并详细说明各种 DEA 软件的操作步骤与报表解读，希望能带领读者更快地进入 DEA 的学术领域中，并希望能扩大其应用领域。

本书的特色之一是尝试深入浅出地介绍生产力与效率测量的理论与方法，让不具有数学规划与计量经济背景的学生能通过图解方式、简单的数字案例、逻辑推理来了解线性规划函式，并将数学规划式转化为言辞形式来表达，循序渐进地学习 DEA 分析方法。本书第二章生产力理论与生产经济学，以及第三章资料包络分析图解含义乃针对完全不具上述背景的初学者所撰写，这类读者应先详读这两章，以利于衔接后续章节内容。本书另一个特色是所有的案例均附有资料表与结果分析表，读者可依据附录的软件操作步骤，实际演练 DEA 应用软件的操作，自我学习成长。虽然本书已尽力搜寻最新的资料文献，并把其他地区最新的软件译成操作手册以飨读者，只是因时间仓促，匆忙付梓，恐仍有许多错误与疏漏之处，尚祈学术先辈不吝赐正为感。

本书得以顺利完成，要感谢台湾中山大学公事所胡素萍小姐的行政协助。此外，台湾长荣大学国际企业系刘春初主任的协助校稿、审订，增加了本书的可读性，在此要特别感谢。

吴济华　何柏正

谨识于中国·台湾中山大学西子湾

2008 年 1 月

目　录

第一章　绪论

任何一个组织或机构，无论其是营利还是非营利组织，均希望能提高本身的效率，进而达到提高生产力的目标，以在当前竞争激烈的环境中生存。效率的衡量是提高生产力的基础，效率衡量的结果可以帮助决策者了解组织对于资源的使用是否达到效率，如何使各项资源能够做最有效的分配与应用已是近代组织管理的重要课题。近年来，政府与民间机构对于效率（或生产力）的变动成因及如何衡量组织效率日益受到重视。然而，效率是否可以衡量？如何去衡量？不同组织间如何比较其效率的差异？经过效率的提高能增加多少产量？这不仅为各个组织所关切，而且对于管理决策者更具改进意义。

营利组织的效率衡量指标通常较易以数量方式表示，只要能取得原料投入及产品产出的数量及价格，便可计算出营利组织的效率或生产力，即一般的投资报酬率、资产报酬率或本益比等惯用指标。相对地，非营利组织的商品或服务多半难以量化或货币化，也缺乏市场价格，因此，非营利组织的效率与生产力衡量的困难度相对较高。一般公共部门或非营利组织在衡量组织效率时，常由评估者自行设定指标权重，通过加权计算所衡量出的结果作为绩效排序的基础，其结果常易受人为主观的影响，信效度不断受到指责与质疑。因此，学者不断地发展出各种较为客观公正的效率评估方法，包括回归分析法、多评准决策分析法等，而其中尤以资料包络分析法（Data Envelopment Analysis，DEA）较受肯定与欢迎，迄今仍有学者不断建构出新的 DEA 扩张模式，以改进效率评估，显示该理论与应用已成为较成熟且被广泛应用的一种绩效评估方法。

本书所介绍的资料包络分析法（DEA）是根据帕累托最优解（Pareto Optimal Solution）的观念，评估一组决策单元（Decision Making Unit，DMU）的相对效率，所衡量出的效率值乃为客观环境下对受评单位最有利的结果，因此广受学界与实务界接受，实证应用案例更是不胜枚举。DEA 采用相对效率而非绝对效率是基于最适规划求解必须存在自然解的理由，因此根据同类 DMU 的相对比较，可找出相对有效率的决策单元，因其必然存在相对效率解，则其他无效率单位的效率值与其效率改进即可求解，此方法可供管理决策者作为效率改善的依据为其最大优点。该方法纯然应用组织生产过程的投入与产出资料是一客观的数量衡量方法，对任一组织只要存在投入与产出的决策行为均可应用此方法为其另一优点。DEA 方法在应用上极具弹性，如与麦氏指数（Malmquist Index）结合，成为麦氏 DEA 模式，可以衡量跨期技术变革、效率变化及总要素生产力变化；应用中间财概念与 DEA 结合，可发展成为网络 DEA（Network DEA，NDEA）模式；而应用随机边界法（Stochastic Frontier Approach，SFA）与 DEA 结合，可扩充成为三阶段 DEA 模式；若与模糊理论结合，则可应用模糊 DEA（Fuzzy DEA，FDEA）模式，其模型的扩张更已大幅扩充其应用层面。本书后续章节将陆续完整介绍这些 DEA 扩张模式的理论与应用。

第一节 基本概念

资料包络分析法（DEA）这个模式是由 Charnes、Cooper 和 Rhodes（1978）根据 Farrell（1957）的效率模型所提出的。DEA 模式最先发展的目的，是为非营利机构提供效率评估，但后来被广泛应用到生产、事业及公共部门组织上。它不仅可用来评估分部门各家公司间的相对效率，亦可衡量某一公司内各分支机构的相对效率（例如银行分行、连锁快餐店、连锁大卖场等），甚至可用来衡量跨地理区域（例如乡镇、县市、州、省、国家等）的空间（组织）效率。

DEA 方法是一种以（产出/投入）比率方式呈现的效率评估模式，与所谓的总要素生产力（Total Factor Productivity，TFP）的意义相似，唯一的差异是总要素生产力（TFP）通常以市场价格当作投入及产出的权重（乘数），因此其权重是固定的（Fixed）；而资料包络分析法（DEA）无须预先设定生产函数，也不必人为设定权重，其投入及产出的权重（乘数）的选择是以对自己最有利为准则，因此 DEA 的权重（乘数）是变动的（Variable），DEA 的投入项及产出项的权重（乘数）在生产过程即市场价格，对非市场资源即所谓的影子价格（Shadow Price），此为权重的真实意义。为区别 DMU 的权重（Weights）与投入产出项的权重（Prices/Multipliers），避免造成读者的混淆，本书后续章节一律将投入产出项的权重称为"乘数"。

DEA 当初被发展时的概念不同于一般计量经济模式，DEA 数学模式是以分数规划（Fractional Programming）形式呈现，经过线性转换过程转变为线性规划以求解出最适效率值的数学方法，故 DEA 所能提供的信息包括决策单元的效率值，以及无效率决策单元应如何改进方能成为有效率决策单元的信息，是一个可有效协助管理者改进组织效率的量化方法。

资料包络分析法其中的包络（Envelopment）代表了 DEA 理论的基础，其在经济上的意义是一条折线线段式（Piecewise Linear）的包络线（即等产量线，Isoquant），与计量经济学中的等产量线为平滑（Smooth）曲线有所差异。以图 1-1 为例，假设有五家厂商 P_1，P_2，P_3，P_4，P_5，分别使用两种生产要素（X_1，X_2），生产单一产品（Y），为了使评估的标准一致，我们将坐标轴以单位产出（Unit Outputs）所使用的投入（X_1/Y，X_2/Y）来表示，显然 P_1，P_2，P_3，P_4 在不同投入组合下均有等量的产出，从帕累托效率观点看，其皆为有效率的集合。评估相对效率的方法则为：将靠近原点（O）的观测点连接（包络）起来，形成等产量线，而各厂商的效率即由"观测值与原点距离"和"连线上的点与原点距离"的比例表示。例如 P_5 的效率为 $OQ/OP_5 \leq 1$，第 1 个观测点 P_1 的效率为 $OP_1/OP_1 = 1$，P_2，P_3，

P_4 的效率值亦均为 1。

包络线的另一个含义是：对各个 DMU 而言，在所有可能的效率边界中，最有利于该 DMU 的前缘边界（Frontier）。例如，P_5 这个 DMU 若以 P_2P_3 线段为效率边界所衡量出的效率 OR/OP_5，将小于 P_1P_2 线段为效率边界所衡量出的效率 OQ/OP_5，因此，P_5 应以 P_1P_2 所形成的包络线衡量其相对效率，如此将对 P_5 最为有利。所以，可以说 P_1，P_2 将是 P_5 效率改进的参考决策单元。

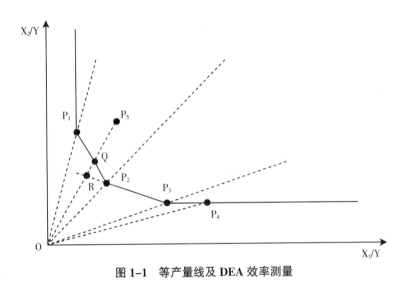

图 1-1　等产量线及 DEA 效率测量

Farrell 模式及 CCR 模式均假设生产过程具有固定规模报酬特性，CCR 模式允许等产量线斜率为 0 或无限大（图 1-1 的水平线段及垂直线段），亦即允许自由处置（Disposability）的存在，例如，P_4 比 P_3 多使用一部分的 X_1/Y，但产量并未增加，不多使用这部分 X_1/Y 并不会影响 P_4 的效率表现，而这可以边际生产力为 0 来加以解释，读者可参阅第四章内容。Banker，Charnes 和 Cooper（1984）则将固定规模报酬的条件放宽，假设生产过程具有变动规模报酬特性，可将 DMU 的无效率解构成规模无效率及纯技术无效率。若以时间的长短期区分，无效率 DMU 的短期目标为达成纯技术效率，长期目标则应达成总技术效率（生产效率），此时 DMU 的生产力最高，具备最适生产规模（参阅第二章）。

然而，DEA 并非万灵丹，它也有缺点与使用限制。例如，首先 DEA 虽可得出目标改进值，但无法说明无效率的形成原因主要是管理无效率所造成，抑或环境因素、随机干扰（运气好坏）的影响所致，其衡量出的效率结果常无法令效率较低的决策单位所信服。DEA 仅提供目标改进值，及列出有效率参考同类（Peers）作为无效率 DMU 学习标杆（Benchmark），因无法提供达成目标改进值的具体方案，仍须由决策者参考 DEA 分析结果，制订效率改进方案。投入产出因素的选用，对于效率评估的结果具有决定性的影响，若纳入过多的因素，DMU 个数也要随之增加，如此将减少受评对象间的同构型，亦会使更多 DMU 的效率值等于 1，影响效率评估的区别力与辨识度；而 DEA 属于非随机边界评估法，所有投入及产出资料必须为明确值且可衡量，若资料错误将导致效率值偏误。读者在实际应用 DEA 时，必须先了解 DEA 的使用限制，并应谨慎应用，方可使效率衡量结果兼具信效度。

第二节　效率边界与效率测量

在 DEA 理论发表前，研究者常会使用普通最小平方（Ordinary Least Square，OLS）回归分析来估计生产函数或成本函数，但其所得出的生产函数或成本函数是一个平均值的概念，是从所有观测点中找出最具代表的折中函数（曲线），而非最大效率的前缘，无法辨别受评单元的效率高低，所以回归分析所衡量出的效率值会产生极大的偏误，在理论与实务应用上均非理想的效率衡量方法。相对地，边界函数可以反映出最大生产量或最低成本，借由生产边界或成本边界的建立，我们也能计算出各决策单元的相对效率，且其所衡量出的相对效率是与最大产量或最小成本相比之下的结果，其目标改进空间比回归分析法大，能提出较合理的改进目标值给决策者。以理性程度来模拟，边界估计法是追求最适目标行为的效率衡量方法，而回归分析法是追求令人满意（Satisfying）的目标行为的效率衡量方法，若以企业效率提升的观点而论，边界估计法所提供的产量或成本调整的幅度，显然比回归分析法更能激励企业进行生产力与效率的提升。

生产过程是将投入资源加以组合，以产出产品或服务的转换过程，生产函数可以解释为在现有可行的生产技术下，有效率的生产转换过程的集合。以图 1-2 为例，f 曲线代表生产边界，在生产边界上及生产边界以下的点，均是可能的生产集合（如图 1-2 中的 x），假设厂商 I 投入 X 单位，生产 Y_i 单位的产出，而参考其他生产单元，当投入 X 单位所对应的最大产出应为 Y_{max}，则厂商 I 的相对效率（生产效率）可以使用生产边界以下的距离 $(Y_{max} - Y_i)$ 来表示，亦即 OY_i/OY_{max}。

相似地，在生产要素价格可以获得的情况下，成本函数也可以视为生产函数，以图 1-3 为例，g 曲线代表成本边界，在成本边界上及成本边界以上的点，均是可能的成本集合（如图 1-3 中的 x），假设厂商 I 生产 Y_i 单位的产出，其所对应的最小平均成本为 C_{min}，则厂商 I 的相对效率（成本效率）可以使用成本边界以上的距离 $(C_i - C_{min})$ 来表示，亦即 OC_{min}/OC_i。

Farrell（1957）是第一个提出以生产函数作为效率边界的学者，尽管 Farrell 效率衡量模式在后来被修正与批评，它仍旧是现代边界评估法的基础模式，更奠定了 DEA 理论的发展基础，本书第四章将对 Farrell 效率衡量模式做更完整的介绍。

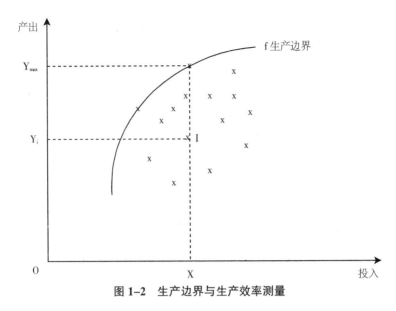

图 1-2　生产边界与生产效率测量

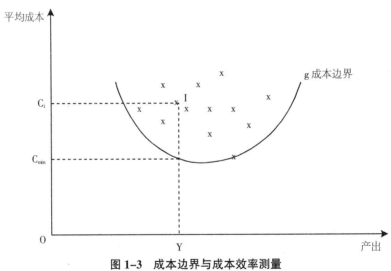

图 1-3　成本边界与成本效率测量

　　本节将说明本书从第二章至第十二章的内容架构与摘要，第二章将先说明生产力理论与生产经济学；第三章为 DEA 的图解含义；第四章为 DEA 基本模式；第五章为 DEA 操作程序；第六章至第十章为 DEA 扩张模式；第十一章为多目标决策与 DEA；第十二章为 DEA 的实证应用案例。后续各章的内容摘要汇总整理如下：

　　第二章　生产力理论与生产经济学：本章先探讨生产力理论，包括生产力的缘起、意义、特性，并说明内部绩效及外部绩效的区别；接着介绍生产力衡量方法的选择，以及资料包络分析法的优点、原理及特性；最后则说明一些与资料包络分析法相关的生产经济学理论及名词定义。

第三章 资料包络分析图解意涵：本章将以图解法来介绍资料包络分析，三个图解法案例分别是多产出案例、多投入案例及多投入多产出案例。本章最主要目的是让不熟悉数学规划模式的读者，先通过图解法来了解 DEA 的基本概念与含义，再进入下一章的线性规划模式，渐进地学习 DEA，应能获致较佳的学习效果。

第四章 资料包络分析基本模式：本章将说明资料包络分析的基本模式，首先介绍 Farrell 模式，接着再进一步说明 CCR 模式与 BCC 模式的内容与应用，最后再说明配置效率、自由处置与拥挤效率的相关概念。

第五章 资料包络分析法的操作程序：资料包络分析的运作需依循一定的程序，才能正确地评估受评单元的经营效率。Golany 和 Roll（1989）归纳出 DEA 的运作程序主要包括决策单元的界定、投入产出项的选取、分析模式的选定及分析结果的解释等。本章将详述这些 DEA 运作程序，以及各程序的内容、步骤与应注意的关键点，并说明效率排序的方法。

第六章 技术效率变动与技术变革测量——麦氏 DEA：当我们以横断面资料（Cross-section Data）来衡量相对效率时，测量的仅是单一时间点的静态效率，使用 CCR 模式或 BCC 模式就可以解出各决策单元的相对效率。然而，当我们需要处理纵横断面资料（Panel Data），涉及跨期的效率比较时，现有的 DEA 基本模式仍不足以求解此跨期的效率变动。在面临此种状况下，一般可以使用以下两种方法来求解：一种方法是窗口分析（Window Analysis）；另一种方法为麦氏指数（Malmquist Index，MI）。本章将先介绍窗口分析，接续探讨投入导向麦氏指数、产出导向麦氏指数，最后则以一个简单案例来说明麦氏 DEA 的分析结果。

第七章 模糊资料包络分析：本章主要将介绍 Kao 和 Liu（2000）所提出的 FDEA 模式。为了让读者能确实了解模糊资料包络分析法，我们将先介绍模糊理论的基本概念，再进入模糊资料包络分析模式，最后以两个简单的模糊资料案例，即模糊资料范例及缺漏资料范例，说明模糊效率的分析结果与其管理含义。

第八章 考量环境影响与随机干扰的 DEA 模式——一阶段、二阶段与三阶段 DEA 模式：环境特性与随机干扰会影响绩效评估，纳入环境特性与随机干扰考量的 DEA 改良模式，可区分成一阶段模式（Single-stage Models）、二阶段模式（Two-stage Models）以及三阶段模式（Three-stage Models）三种类型，本章分别介绍此三类型模式，并就各研究者的分析模式提出一些评述意见。本章的内容将更多聚焦在理论发展较为成熟的三阶段 DEA 模式。

第九章 网络资料包络分析（Network DEA）：本章先介绍二阶段 DEA 模式，接着探讨二阶段 DEA 模式的扩张模式，亦即网络 DEA 模式，分别介绍 Färe、Grosskopf & Whittaker（2005）所汇整的网络 DEA 模式（Network DEA），以及 Tone & Tsutsui（2007）提出的加权 SBM（Weighted Slack-based Measures，以差额变量为基础的衡量）网络 DEA 模式，最后则以一个简单范例来说明网络 DEA 模式的实证应用。

第十章　其他资料包络分析扩张模式：本章将介绍其他数种 DEA 扩张模式，包括：加法模式及乘法模式；SBM 模式；规模报酬递增、递减模式及一般规模报酬模式；不可控制变量模式及类别变量模式；配置模式；非需求产出（Undesirable Outputs）模式等 DEA 扩张模式。

第十一章　多目标决策与资料包络分析：本章拟探讨多目标决策与资料包络分析的关联，首先介绍多目标决策分析方法；接着说明多目标决策与效率分析的关联；最后分别以多投入属性、多产出属性及多投入多产出属性三个案例来说明如何应用 DEA 来选择最适宜的决策。

第十二章　资料包络分析的应用案例：本章介绍三个资料包络分析的应用案例。分别是个案一，台湾地区营造业营运绩效与经营策略；个案二，台湾地区机场营运绩效评估——二阶段资料包络分析法的应用；个案三，台湾地区国道客运业的绩效评估——三阶段资料包络分析法的应用。本章分别摘录这三个实证案例的研究摘要、研究设计、实证结果分析、研究结论与管理含义，予以分析说明。

而为了让读者能熟悉各种 DEA 软件的操作程序，本书附录另提供五种应用软件的简介、操作步骤及报表结果分析，其中前四种为 DEA 应用软件，第五种为 SFA 应用软件。这五种应用软件分别为：

（1）IDEAS 应用软件（1995）。

（2）DEAP2.1-XP 应用软件（1996）。

（3）Banxia Frontier Analyst3 应用软件（2003）。

（4）DEA-Solver Pro6.0 应用软件（2007）。

（5）FRONTIER4.1 应用软件（1996）。

读者只要按照本书所撰写的操作程序，即可轻易地完成软件操作，并正确解读报表分析结果。此外，本书的每一个案例均附有资料表与分析结果表，读者可借由本书的各个案例实际演练 DEA 软件的操作，自我学习成长。

第二章 生产力理论与生产经济学

本章先探讨生产力理论，包括生产力的概念缘起、意义、特性，并说明内部绩效及外部绩效的区别；接着介绍生产力衡量方法的选择，以及资料包络分析法的优点、原理及特性；最后则说明一些与资料包络分析法相关的生产经济学理论及名词定义。

第一节 生产力理论探讨

任何模式或理论的提出，都需对其最基本的理论或最原始的模式有充分的了解与认识，才能对问题有所洞悉并对其提出修正。本节拟针对生产力的缘起、意义与特性做详细介绍，厘清这些概念，方能正确地进行生产力分析研究。

一、生产力的概念缘起

"生产力"（Productivity）一词，据了解最早是由重农学派始祖 F.Quesnay 于 1776 年所提出。而当时之所以会有生产力的提出，主要是基于资源有限，而人类欲望却是无穷的假设，因此，在有限的资源下，如何将资源的使用达到最有效率的使用，这就是生产力的问题。而将近一个世纪后，学者 Little 于 1883 年对生产力下定义，界定生产力为制造的能力（Capacity to Produce），亦指生产的欲望（Desire to Produce）。直到 20 世纪初期，亚当·斯密（Adam Smith）在其著作《劳动分工的理论》中提到，要提高劳动者的生产力，必须采用分工或专业化的制度，以创造最大可能的利润，至此，才将生产力作现代意义的解释。因此，可以说生产力最早的定义即指劳动的生产力而言。

从 19 世纪中叶到 20 世纪初期这段时间，生产力广泛为各种不同领域的学者研究及讨论，如 F. List、J. S. Mill 等人将生产力扩大其内涵并作系统化的整理，其后经过凯恩斯（J. M. Keynes）与管理大师泰勒（F. W. Taylor）、法约尔（H. Fayol）等人对近代生产力的阐述、宣倡与探讨，使生产力的重要性普遍得到各界人士重视，并将其作为经济发展指标，而广泛成为各企业、产业界使用的概念，最近更延伸至行政部门中。

20 世纪 50 年代，欧洲经济合作组织（Organization for European Economic Cooperation，OEEC）不遗余力地提倡生产力，对生产力的推动与发展有很大的贡献。OEEC 并提出最典型的生产力定义：生产力是将产出除以投入（生产要素）所得的商（Quotient）。

20 世纪 50 年代以后，由于 OEEC 的倡导，生产力的概念被广泛地应用，也因此陆续有各种不同的定义出现，但其中大部分皆不脱离 OEEC 所界定的范围。重要生产力定义纪年表如表 2-1 所示。

表 2-1　重要生产力定义纪年表

时间	提出者（年份）	生产力定义
18 世纪	F. Quesnay（1776）	生产力一词首次出现
19 世纪	Little（1883）	将生产力定义为制造的能力，生产的欲望
20 世纪	Adam Smith（1900）	产出与生产这些产出的手段两者的关系
	OEEC（1950）	产出与投入因素相除的商
	H. S. Davis（1955）	消耗资源与所得产出的变化
	S. Fabricant（1962）	产出与投入的比率
	J. W. Kendrick & E. D. Creamer（1965）	单因素生产力、总要素生产力、综合性生产力定义
	I. H. Siegel（1976）	一组产出与投入的比率
	D. J. Sumanth（1979）	总生产力——实体产出与实体投入的比率

由生产力重要定义纪年表可知，大部分学者给予生产力所下的定义大都以投入、产出的比率观念为主轴而逐渐扩充，也由于每一位学者对生产力投入项与产出项认定的不同，因此造成各种不同的生产力定义。

二、生产力的意义

"生产力"一词是近年来相当流行的概念，然而它也是最令人感到困惑的字眼，主要原因是其在投入与产出认定上的不同，以及生产力一词应用在不同的领域便有不同的意义所致，目前，生产力已成为企业管理与公共行政界相当重视的课题。在生产力演进过程中，经由各学者们不断地扩充其含义及内容，再加上使用者的不同与使用目的、对象的差异，或站在不同立场阐述生产力，一方面使得生产力的意义产生了多元性的分歧；另一方面也使得生产力的意义更加的完整。而生产力的意义沿革大致可分为下述三个阶段：

（一）第一阶段：单因素生产力（又称偏生产力）

生产力研究早期都偏重在经济领域，如劳动生产力的研究便是如此。当时生产力的研究以劳动力为唯一的投入要素，故生产力意义等于劳动生产力的意义。其定义如下：

$$劳动生产力 = \frac{总产出量}{劳动力投入量}$$

国内外学者对生产力的研究文献中显示，部分学者对生产力所给予的定义与单因素生产力雷同：

（1）1977 年出版的《大英百科全书》将生产力定义为："产出与生产所需投入的比例。此比例通常采用平均的形式。"根据此定义，生产力是产出除以投入，而任何投入都可以当作生产力比率的分母，形成任一生产要素（如土地、人力、资本）的生产力。

（2）学者 William Rudeius 等人将生产力定义为："每小时每位人工的实际产出。"此定义单指"劳动生产力"而言。

（3）Frederick W. Hornbruch 则认为生产力乃"获致的成果与所花时间的关系，亦即：成果/时间"。

（4）L. J. Garrett 和 M. Silver 的定义：生产力是用来衡量应投入多少资源才能达到所需要的产出量。即：生产力 = 产出/投入 = 产出量/投入人力。

（5）Richard M. Hodgetts 定义生产力为："效率的另一名称，以产出除以投入衡量之。"

（6）薛琦先生认为，"生产力为衡量某一生产活动其投入产出关系的比例"。譬如劳动生产力，是指以总产出除以总劳动投入的比例，表示平均每一单位劳动投入所获致的产出。因此，一般而言，生产力是一个平均概念，而非边际概念。

（二）第二阶段：总要素生产力（Total Factor Productivity，TFP）

由于早期生产力观念偏重于单一投入要素，而忽视其他投入要素对产出的贡献，常会导致决策发生错误。然而，一个客观又完整的生产过程，是必须考虑所有影响产出的投入要素。故生产力应为：

$$生产力 = \frac{总产出量}{总投入量}$$

在此阶段，投入、产出均以可衡量及有形的一面为主。如投入要素有人力投入、资本投入、能源投入等；产出要素则包括生产性与非生产性的产品。而有关总要素生产力这方面的研究，相关的学者与组织不少，其所给予的定义分述如下：

（1）欧洲生产力总部（European Productivity Agency）："生产力就是生产诸要素有效活动的结果。"简单地说，就是总产出与总投入的比例。此为生产力最原始与常用的定义。

（2）学者 Irving H.Siegl 认为，生产力意指："一组产出数量与投入数量的比率。"所谓一组，是指计算生产力的投入，可以是单位资本、单位人力等，故生产力不是单一的指标，而是许多指标的总称。所谓数量，是指生产力以数量比率来衡量。

（3）学者 W. Sandman 和 John P. Hayes 认为，生产力"代表产出与投入的比率。在制造业，它是生产产品的价值相对于生产这些产品所需的原料、人力与间接费用的投资"。此定义显然采取价值观念，而非实体量的观念。

（4）学者刘水深认为，"生产力可定义为产出与投入的比率。也就是利用人力、机器、原料、设备、资金等项因素，以生产有价值的产出。"

（5）石滋宜认为，"生产力最简单的定义就是产出与投入的比率，在投入与产出间，由内而外有几种决定要素。如最外环为组织文化、制度、策略；往内一层是组织所需的各种资源，包括技术、时间、物质……"。

（三）第三阶段：总生产力（Total Productivity）

由上述总要素生产力的阐述，其模式所考量的为总投入与总产出，此模式堪称完善但也限于有形的一面，而对于无形的投入与产出，则没有加以探讨。因此总生产力乃将生活水准与品质纳入模式考量要素中。由挪威生产力学会于 1978 年出版的《生产力的意义》，提出符合现代意义的总生产力新概念，其总生产力意义乃指：

$$生产力 = \frac{需要的满足}{经济的代价}$$

其中，"需要的满足"包括有形的物质生活与无形的精神生活的满足。"经济的代价"除包括投入资源的耗用之外，还包括在生活过程中对取得满足所需负担的额外责任，如噪声的改进、环境保护、污染防治等。此生产力所传达的概念，显然远比过去仅着重于"经济效率"及"技术效率"的概念更为广泛。

有关总生产力的研究，相关的研究学者与组织不少，其所给予的定义分述如下：

（1）国际劳工组织于 1951 年出版的《劳动生产力统计方法》中提到："生产成果是由各若干重要因素的综合投入而产生的。"在投入因素方面，包括有形"物量投入"（Physical Input），如劳力、资本与天然资源等，与"无形投入"（Invisible Input），如知识、技术、组织等。在产出方面，包括有形的物量产出与无形的服务性产出。因此，生产力定义应为：

$$生产力 = \frac{物量产出（含服务产出）}{物量投入（含服务投入）}$$

（2）Fabricant 认为，生产力意指："生产的产品与服务的数量与为了生产这些产品与服务所利用资源的数量，二者的比较。"

（3）J. L. Riggs 认为，"生产力是一种品质观或表示产出水准的情况，它主要是将管理观念导入生产系统中，并用以衡量是否有效利用人力、资本、物料及能源等。"

（4）美国纽约州立大学教授柏克（W. L. Balk）则认为，一般将生产力界定为投入与产出的比率，并无不对，不过有关品质因素未能考虑为其缺点。所谓投入与产出的比率，实指"效率"而言，为能充分表达生产力的含义，应将品质等"效能"的概念纳入。其公式应为：

$$生产力 = 效率 + 效能 = \frac{产出}{投入} + \frac{产出}{标准}$$

（5）吴尧峰认为，"生产力是有效率地寻求活动成果之道，是有形与无形投入与产品或劳务产出的比率，是效率及效果、数量与品质的综合表现。"

三、生产力的基本特性

综观上述国内外学者专家对生产力所下的定义，虽然不同领域的学者站在不同的角度对生产力的意义有不同的诠释，而且生产力的意义亦非一成不变，但从上述的许多生产力的定义中，仍可归纳出生产力的一些基本特性，分述如下：

（一）生产力可用系统的产出与投入的关系表示

衡量生产力时，不宜只计算有形的产出与投入，另有许多无形的产出（服务）与投入（知识、管理、创新）也应一并计算。

（二）生产力的意义包括量与质的配合，即效率与效能并重

一个组织或许能有效率地生产财货或提供劳务，但并不能保证这些产出是否能有效地满意服务对象的需求，故生产应包含效率与效能。

（三）生产力兼具客观与主观含义

生产力的本质除为系统性评估的客观指标外，在主观上也代表有"成长"的意味，因此生产力可视为一种持续性地创造发挥过程，以及一种求新求变的心理态度。

（四）生产力具有目标导向、人性导向特质

任何生产力的衡量，不论是有形还是无形的投入与产出，莫不希望能达成既定的目标。除满足标的群体或一般民众的需求外，也要满足内部员工的需求及激励士气。故生产力具有目标导向、人性导向的性质。

（五）生产力包含可量化（量性）及不可量化（质性）的指标

衡量目标时，投入与产出的效率层面大致可用具体数据表示，而过程与影响的效能层面则较难量化或根本不适合量化。但生产力应包含可量化（量性）及不可量化（质性）这两种指标。

四、内部绩效与外部绩效

许多生产力研究仅着重于组织内部绩效的评估，却忽略了评估组织的服务传递有无达到预期目标？服务对象的感受或满意度为何？服务传递是否具备公平性、充分性、适当性？以上这些均是衡量组织外部绩效的重要指标，若忽视这些外部绩效，将使得绩效评估结果仅局限于组织内部的生产力评估，组织无从得知服务对象的反馈意见，以进行调整与修正，如此将会严重扭曲绩效评估的真义。因此，实有必要针对内部绩效与外部绩效做一厘清与说明，以图 2-1 来说明何谓内部绩效与外部绩效，图 2-1 中虚线方框围成的部分代表内部绩效的衡量，亦即"生产力"的衡量，即组织将投入转换成产出的过程；而组织产出对环境所造成的影响结果则代表外部绩效。

以管理评估观点而论，管理者应该对决策方案的产出评估（Output Evaluation），亦即图 2-1 的生产力（内部绩效），以及影响评估（Impact Evaluation），亦即图 2-1 的绩效（外部绩效），投以相同的关注。倘若管理者只重视组织的生产力，而忽视决策产出对利害关系者（Stakeholders）及环境的影响，则组织势将流于"闭门造车"，决策方案的执行与推动也将困难重重，不易成功。

内部绩效与外部绩效各有其效率衡量指标与效能衡量指标，以表 2-2 加以陈述。

（一）内部绩效指标

内部绩效指标是指衡量组织内部生产力的指标：内部效率指标，例如实际产出/标准产出、完成工作量/单位资源、单位产出的成本、资源利用率等；内部效能指标，例如预

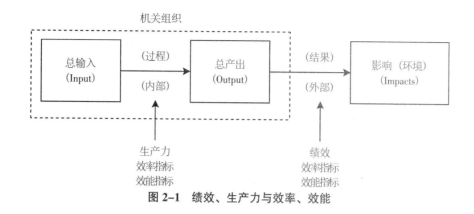

图 2-1　绩效、生产力与效率、效能

表 2-2　绩效指标的分类

分类标准	内部绩效指标	外部绩效指标
效率指标	实际产出/标准产出 完成工作量/单位资源 单位产出的成本 资源利用率	反应速率 及时性 机动性
效能指标	预定目标达成百分比 产品不良率 员工士气的提高 员工满足感的提高 创新的研发 员工绩效考评	顾客需求的响应性 服务的可接近性 标的群体品质满意度 公平性 得到顾客的信赖 负面效果的影响 服务态度 服务对象的参与性

定目标达成百分比、产品不良率（负面指标）、员工士气的提高、员工满足感的提高、创新的研发、员工绩效考评等。

（二）外部绩效指标

外部绩效指标是指衡量组织产出结果对环境影响的指标：外部效率指标，例如反应速率、及时性、机动性等；外部效果指标，例如顾客需求的响应性、服务的可接近性、标的群体品质满意度、公平性、得到顾客的信赖、负面效果的影响、服务态度等。

第二节　生产力评估方法的选择

由于社会资源的有限，如何将有限资源做最佳的运用，素为大众所关注，在经济学的领域中，即主要在探讨如何将稀少有限的资源做最有效的利用，因此，生产力可说是经济理论的精义。但生产力不同于效能指标，生产力指标的主要目的在于衡量资源被经济地使用的程度，故通常为投入/产出或产出/投入的比率；而衡量生产力的主要目的即在于评估一个组织的资源是否被有效及合理地使用。生产力评估的意义可分别从投入面（Input Orientation）及产出面（Output Orientation）加以说明：

（1）投入面（Input Orientation）：观察一个组织在维持同一产出量水准，投入生产要素使用量愈少，表示该组织愈有生产力。

（2）产出面（Output Orientation）：观察一个组织在维持同一投入量水准，如产出项的产量愈多，表示该组织愈有生产力。

一、生产力评估方法类型

对于找出一个测度组织生产力的合适方法，各学者根据不同的管理哲学角度，发展出不同的测度方式，有的为目标达成模式——达成所定目标的程度；有的为系统资源模式——I/O（投入/产出）间的具体关系；有的为表现比较模式——和其他组织的相对比较；其他尚有内部运作模式、策略模式、价值竞争模式、错误导向模式等。依所采用模式的不同，所采用的数学模式也有差别，传统所用的数学测度方法，大致可分为下述三类：

（一）比率分析（Ratio Analysis）

比率分析为最常用到的方法，从投入项及产出项中找出一些比率值，但往往组织中投入与产出并不止一项，在众多见仁见智的比值中如何取舍呢？且影响生产力的因素并不容易全部找出来。即使有人能将所有因素找出来且将比值都计算出来，但这依然存在着问题，若甲组织无论用任何比值标准均比乙组织佳，则毫无疑问，甲组织一定较乙组织有生产力，但若用其中一种比值标准衡量生产力甲组织较佳，用另一种标准却较差，那我们就无法判断何者生产力较佳。

（二）多目标衡量分析（Multicriteria Analysis）

这类方法认定组织的投入与产出乃由多种因素所组成，故将评定的标准设为多属性或多目标等形式。虽然用多目标的方法评估生产力是正确的途径，但这类方法往往并不一定能评定出组织生产力的高低。因为若某个组织有几个指标高于另一组织，而其他指标低于另一组织，则在非完全优于的情况下，就很难评定出生产力的高低，若用加权值将所有评估标准项相加，则加权值的决定又是一个大问题。

（三）回归模式分析（Regression Analysis）

回归模式分析主要是找出自变量及因变量间的关系，此时碰到两个问题：一是用回归模式之前，我们必须先假定好生产函数的形态，例如线性的、二次的或其他形态，这是倒因为果的做法；二是回归模式在找趋中性（Central Tendency），是基于求取平均值的概念，而实质效率是在寻找单位效率好坏间的比较关系，即比较和最有效率的单位的相对效率。而回归模式分析只能求出单位产出与平均产出的关系，且回归分析只考量一个产出项（应变量），显然只用一个产出项评估组织绩效是不合理的。

决定一个组织是否具有生产效率，用单个产出项评估标准虽简单，但无法真正代表整个组织的绩效，用多目标衡量方法却需要主观的决定加权值，将所有评估项连接。此外，探讨组织生产效率的方法还有相关度分析、多变量回归分析、变异数分析等，这些方法多为衡量组织与平均值的比较关系，非真正的相对效率，而且上述方法也都无法提供当组织为无效率状况时，组织如何改善的建议。

二、生产力评估面临的问题

由于上述方法上的限制，所以无法决定一客观的效率值，而这些方法多适用在营利机构中，因为这类机构的投入项及产出项较易作为量化标准，如投入人力、投入设备费、产值。然而，对于非营利机构中的非可计量标准，常会碰到以下问题：

（1）选定评估的标准，可分为投入项的评估标准及产出项的评估标准，投入项的标准较易用量化的标准来代表，如投入的人力、资金等。而产出项的标准常会有非量化因素，故较难测度，如满意度、工作成效等。如何将非计量因素、计量因素混为一效率指标是一个大问题。选定评估标准是管理上的问题，但如何设计一个评估模式则又牵涉数学模式的建立，所以问题颇为复杂。

（2）评估决策单元生产效率的标准不论是投入项还是产出项可能都是多评准的，如何用加权值将这些评估标准合为单一效率值，且不失代表性是最令人头痛的问题。一般的数学模式，加权值往往是固定的，经过数学运算后即得到效率值，这并非一个很公平的评估过程。因为每个决策单元都有不同的发展方向，而这些方向对应到不同的评估标准，若加权值是固定的必会对某些决策单元不利。所以说，固定的加权值并非一个公平的办法，也易造成各个决策单元间的争执。而一个动态的加权值，即根据每个不同的决策单元给予一组最有利的加权值，而不依靠先天的加权值，在上述各数学模式中是无法办到的。

（3）评估的生产效率值，除可代表本身决策单元的生产指标外，是否也可表示和其他决策单元的相对比较结果，一般的数学模式，在其运算过程中，缺乏这种意义。同时，决策单元的效率应是和其他单元的相对比较结果，尤其是在缺乏一个绝对的评估标准时（特别是非营利机构）。

（4）一般的评估效率数学模式，最多只能求出生产效率值，但进一步，决策单元如何由（若为）非生产效率单元改善到最好生产效率的情况，往往无此信息。如果只知道效率值，而不知改善方向，则对下一周期的预算再分配而言，并无多大助益。

以上四点叙述，应是一个好的评估生产力数学模式宜具有的特性，而这些也是前述比率分析、多目标衡量分析、回归分析等评估模式所无法完全满足的。Charnes、Cooper 和

Rhodes（1978）依照前述理想，发展出资料包络分析（Data Envelopment Analysis，DEA）模式作为改进。DEA 模式主要用来做任一决策组织的相对效率评估，最早使用的是比率形式的分数线性规划模式，之后再转换为线性规划模式。其分数线性规划模式可用来解释前述（1）、（2）、（3）的特性，而其线性规划模式可用来产生前述（4）所需的信息，基于这些优点，DEA 模式成为近年来广受欢迎的生产力评估方法。

三、资料包络分析的基本原理与特性

（一）资料包络分析的基本原理

DEA 生产力衡量是建立在帕累托最适境界的效率观念上。帕累托最适境界意指无人可在不损及他人利益的情况下，而增加另一人的利益。依帕累托最适境界的观念，被衡量决策单位如达到下列情况之一时，即达到效率境界：

（1）除非增加投入资源或减少若干其他产出项的产量，否则产出项的产量无法被增加。

（2）除非减少产量或增加若干其他投入项的投入资源，否则投入项无法被减少。

基于帕累托最适境界的效率观念，只要求得生产边界即可将实际生产与生产边界比较，而求得被衡量决策单元的生产力。而 DEA 乃通过数学规划由实际资料求算效率边界。

（二）资料包络分析的特性

（1）DEA 可处理多项投入、多项产出的评估问题，且无须预设生产函数的形式，亦无须估计函数的参数。

（2）以单一数值表示被评估单元投入、产出间的关系，且此数值显示的是与其他 DMU 的相对效率，而非绝对效率，符合客观性。

（3）DEA 能处理各种不同计量单位的投入与产出要素，且无须预先赋予加权值（Pre-assigned Weights）。

（4）DEA 模式中的权重（乘数）是由数学规划产生，不包含人为主观的成分在内，因而能满足立足点的公平原则。

（5）DEA 可同时处理定量数据与定性数据，故在数据处理上较具弹性。

（6）DEA 对于组织外的环境变量亦可加以处理，如户政计算机化对户政单位的影响，因此 DEA 方法可同时评估不同环境下被评估单元的效率。

（7）DEA 模式能够提供组织相关的改善信息，即模式评估结果能告知无效率的单元应减少多少投入，或增加多少产出，才能由原先的无效率状况，达到最有效的情况，故可提供管理者拟定改善方案时的决策参考。

第三节　生产经济学相关理论

本节说明与生产力评估法有关的生产经济学理论，并厘清一些生产经济学的用词含义，包括生产函数理论及生产边界估计法；生产边界、可行生产集合及技术效率；生产力、技术效率及规模效率；生产力改善及技术变革；规模报酬与生产弹性等内容。

一、生产函数理论及生产边界估计法

（一）生产函数理论

传统的生产理论是以探讨生产函数为主，描述最大可能产出与各种生产要素投入量的关系，经济学者通常假设在生产过程中存在一个生产函数，借以表示生产要素及投入之间的关系，属于技术的层面。假设有两个生产要素 X_1，X_2，生产一种产出 Y，其生产函数可写为：

$$Y = f(X_1, X_2) \tag{2-1}$$

式（2-1）代表生产的效率边界（Efficiency Frontier），它表示一定数量的 X_1，X_2 所能生产的最大产出 Y 的边界线（或是在一定数量的 Y 及 X_2 之下，使用最少量的 X_1）。

有关生产力研究所采用的生产函数大概有以下几种：

（1）Cobb-Douglas 生产函数。此生产函数的优点是函数结构简易且数理结构明确，但其缺点是函数本身有严格的理论限制（如不同生产要素的替代弹性为 1），其函数形态如式（2-2），式中，α，β 代表生产要素 X_1，X_2 的产出弹性。

$$Y = AX_1^{\alpha}X_2^{\beta}$$

$$A, \alpha, \beta \geq 0 \tag{2-2}$$

或取对数

$$\ln Y = \ln A + \alpha \ln X_1 + \beta \ln X_2 \tag{2-3}$$

（2）Translog 生产函数。Translog 生产函数又称超越对数生产函数法，它的优点是可以考虑要素间的交互影响，不受生产函数需具可分离性（Separability）的严格限制；缺点是使用这种函数形态的代价是数学运算较为困难，且须考虑自由度（Degrees of Freedom）与多元共线性（Multicollinearity）等问题。其函数形态如式（2-4）所示：

$$\ln Y = b_0 + b_1 \ln X_1 + b_2 \ln X_2 + (1/2)\left[b_{11}(\ln X_1)^2 + b_{22}(\ln X_2)^2\right] + b_t t + b_{tt} t^2 \tag{2-4}$$

式中，t 代表时间（$t = 1, 2, \cdots, T$），估计的回归系数 b_t 则代表由于逐年的技术变革所造成的产出逐年变迁比率。

（3）CES（Constant Elasticity of Substitution）生产函数。有许多函数形态是介于上述两

种极端形态之间，例如 CES 生产函数，CES 函数放宽了替代弹性等于 1 的假设，其弹性系数可介于零与无限大之间，并且可以放宽固定规模的限制，其函数形态如式（2-5）所示：

$$Y = \gamma\left[\delta X_1^{-\rho} + (1-\delta)X_2^{-\rho}\right]^{-v/\rho} \tag{2-5}$$

式中，γ 代表效率参数（Efficiency Parameter），为正值常数；γ 的增减对特定的生产要素组合来说，将使产量作同一比例的变化。δ 代表分配参数（Distribution Parameter），$0 \leq \delta \leq 1$。v 代表非负的规模参数（Scale Parameter），当 $v = 1$，CES 生产函数呈现固定规模报酬情况。ρ 代表替代参数（Substitution Parameter）。

（4）Leontief 生产函数。Leontief 生产函数又称固定比例投入的生产函数，其特点在于替代弹性等于 0，即生产要素之间完全没有替代性。也就是说，各种生产要素间呈现一定的比例组合，才能达到某一定水准的产出。其函数形态如式（2-6）所示：

$$V = \min\left(\frac{X_1}{\alpha}, \frac{X_2}{\beta}\right) \tag{2-6}$$

式中，α、β 是常数，代表生产一单位产出所需的投入数量。

（5）VES（Variable Elasticity of Substitution）生产函数。此种生产函数的特点是替代弹性为可变的，因此不像其他生产函数因为将替代弹性施以硬性的假定，容易导致变量设定的误差。其函数形态如式（2-7）所示：

$$\upsilon = AK^{(1-\delta\rho)}\left[L + (\rho - 1)K\right]^{b\delta\rho}$$
$$A, b, \delta \geq 0, \rho \geq -1 \tag{2-7}$$

式中，A 代表效率参数。b 代表规模报酬。δ 代表分配参数。ρ 代表替代参数。

以上这些生产函数，仅强调生产函数形态的差异（如表 2-3 所示）都源自于效率边界的表现，显然无法显示不同生产单元的相对效率。

表 2-3 各种生产函数类型的比较

函数名称	替代弹性	函数形态	函数说明
Cobb–Douglas 型	1	$Y = AX_1^{\alpha}X_2^{\beta}$ $A, \alpha, \beta \geq 0$ 或取对数 $\ln Y = \ln A + \alpha\ln X_1 + \beta\ln X_2$	A 为常数；α，β 表示投入要素的产出弹性。$\alpha + \beta = 1$ 为固定规模报酬；$\alpha + \beta > 1$ 为规模报酬递增；$\alpha + \beta < 1$ 为规模报酬递减
Translog 型	变动	$\ln Y = b_0 + b_1\ln X_1 + b_2\ln X_2 + (1/2)$ $\left[b_{11}(\ln X_1)^2 + b_{22}(\ln X_2)\right] + b_t t + b_{tt}t^2$	b_1，b_2 为替代参数；t 代表时间；b_t 则代表由于逐年的技术变革所造成的产出逐年变迁比率
CES 型	固定	$Y = \gamma\left[\delta X_1^{-\rho} + (1-\delta)X_2^{-\rho}\right]^{-v/\rho}$	γ：代表效率参数 δ：代表分配参数 v：代表规模参数 ρ：代表替代参数
Leontief 型	0	$V = \min\left(\frac{X_1}{\alpha}, \frac{X_2}{\beta}\right)$	α、β 为常数，代表生产一单位产出所需的投入数量
VES 型	变动	$\upsilon = AK^{(1-\delta\rho)}\left[L + (\rho - 1)K\right]^{b\delta\rho}$ $A, b, \delta \geq 0, \rho \geq -1$	A：代表效率参数 b：代表规模报酬 δ：代表分配参数 ρ：代表替代参数

（二）生产边界估计法

衡量生产活动的效率，必须先估计边界函数。一般而言，根据生产边界是确定性（Deterministic）还是随机性（Stochastic），以及需估计生产活动的参数，生产边界估计法可大略分为三种：

1. 确定性无参数边界法（Deterministic Nonparameter Frontier Approach）

根据 1957 年 Farrell 所发表的文章 "The Measurement of Production Efficiency"，这种方法无须预设函数形态，是利用线性规划的方式，对厂商的投入及产出建立数学估计式，再计算出生产单元的效率指标。因此可以避免选择函数种类及设定误差项分配的问题，也无须估计参数。但是这种方法对于固定规模报酬的假设过于严苛，并且对生产边界的估计容易受到外围值（Outlier）的影响，若是漏失某些具有效率的样本点，就会使生产边界的估计出现误差。但是 Farrell 所提出的效率观念，仍然对后来生产函数的研究有重大的贡献。

2. 确定性参数边界法（Deterministic Parameter Frontier Approach）

Aigner 和 Chu（1968）提出另一种方法，预先设定了生产函数的形态，并且将产出差异的部分都归因于技术无效率，排除了分配无效率的可能。其生产函数如式（2-8）所示：

$$Y = f(X)e^{-u}, \quad u \geqslant 0 \tag{2-8}$$

式中，Y 代表产出水准，X 为生产要素投入，u 则代表技术无效率的部分的残差项，其值大于或等于零，并呈现单边误差（One-side Error），这个模式中将生产函数设为齐次式的 Cobb-Douglas 形态，如式（2-9）所示：

$$\ln Y_i = \ln f(X) - u_i = \beta_0 + \sum_{j=1}^{n} \beta_j \ln X_{ij} - u_i \tag{2-9}$$

再利用线性规划方式，限制每个残差项（$-u_i$）为非正值（Non-positive）的条件下，求所有残差项的绝对值总和的极小值，其中：

$$\hat{u}_i = \hat{\beta}_0 + \hat{\beta}_1 X_{1i} + \cdots + \hat{\beta}_n X_{ni} - Y_i \tag{2-10}$$

$\hat{u}_i$ 代表生产单位的实际产出与生产边界之间的差异，而 Aigner 和 Chu 将生产边界化为 Cobb-Douglas 的函数形态，并且根据不同的技术水准假定生产函数的限制。然而，这种方法与 Farrell 所提出的"确定性无参数边界法"一样，生产边界的估计对于外围值也有过于敏感的缺点。

Timmer（1971）提出概率性边界（Probabilistic Frontier）的模型，欲克服上述的困扰。他的基本理论也是参考线性规划，另外并允许某些外围值落于生产边界之外，以概率函数表示符合边界的观察点。

上述方法是在确定生产边界之后，以预设的生产函数估计参数，也就是"确定性参数边界法"名称的由来。虽然这种方法具有利用数学规划来描述生产边界的简易优点，并且也能考虑非固定规模报酬的形态，但是由于这种方法对于估计式的误差项未作统计上的假设，所以容易受到缺乏统计特性的批评。

3. 随机性边界法（Stochastic Frontier Approach）

前述两种方法都是假设生产单元之间的技术信息完全流通，所以面对同一种生产边界，任何产出的差异，都是因为个别厂商的生产技术相对于生产边界是否有效率而已。但是生产单元在生产过程中，多少会遇到非技术性的随机因素，如生产要素供给的不确定性、机器运作状况、天气因素等，这些都属于不能控制的随机因素，它们都会直接或间接影响到厂商的产出与生产效率。因此，随着干扰因素的不同，每一家厂商所面对的生产边界也不一定相同。这种情形意味着生产边界具有随机性质，所以用于衡量生产效率的误差项不再单指技术无效率的部分，而应该分为两个部分：一部分是对称性的随机干扰（Symmetric Random Disturbance），呈现常态分配；另一部分是衡量技术无效率，呈现单边分配（One-side Distribution）的形态。若重写具有齐次性的 Cobb-Douglas 生产函数形态，可以用式（2-11）表示：

$$\ln Y_i = \beta_0 + \sum_{i=1}^{n} \beta_i \ln X_{ij} + \varepsilon_i$$

$$\varepsilon_i = v_i - u_i \tag{2-11}$$

上述的随机边界模型，可利用最大概似法（MLE）及修正普通最小平方法（COLS）来估计。最大概似估计式能满足渐近有效性的统计特质，再配合 u_i，v_i 设定其概率分配后（u_i 通常设定为半常态分配或截断常态分配，v_i 通常设定为常态分配），假设两者独立不相关，引入对称性误差项于模型中，允许某些观察值落于生产边界之外，就可以克服因变量受估计参数影响的问题。

经由以上的讨论，我们可以发现不论是确定性参数边界还是随机性边界方法，都是预先设定生产边界的生产函数（如 Cobb-Douglas、Translog、CES 函数形态），并且也涉及了效率残差（Efficiency Residuals）的分配问题，Schmidt 和 Lin（1984）就批评这种效率比较的方法无异于效率残差分配形态的选择。

一般在进行产业或公司间的效率比较时，多属于多投入、多产出的情形，换言之，必须探讨总要素生产力（TFP）的比率情形，也就是借由加权（Weighting）所有投入及产出因素成为单一比率值，以汇总受评单元的绩效。在私营部门，市场价格常被当作投入及产出的权重（乘数），因此其权重是固定的（Fixed）；而在公共部门或非营利组织，市场价格不可能取得，所以必须找寻另一种权重的来源。数据包络分析法（DEA）无须预先设定生产函数，也不必人为设定权重，其权重的选择是以对自己最有利为准则，因此 DEA 法的权重（乘数）是变动的（Variable），此权重也就是所谓的"影子价格"（Shadow Price）。DEA 当然亦有其缺点及限制，不少研究者纷纷提出改善其缺失的模式，已使 DEA 的理论及应用成为绩效评估的一种方法。本书后续章节将介绍 DEA 的基本模式及多种扩张模式，辅以简单案例说明，以及各种模式实证案例探讨，循序渐进带领读者进入 DEA 的多元领域。

二、生产边界、可行生产集合及技术效率

生产力与效率这两个名词，常被媒体或经济评论者广泛使用，且两个名词常被交互使用，但严格来说两者的意义并非完全相同。为了区别这两个名词，我们使用一个简单的生产过程予以解释说明，在此生产过程中，是使用单一投入（X）来生产单一产出（Y）。图 2-2 的 OD′ 曲线代表生产边界（Production Frontier），此生产边界可用来界定投入与产出间的关系，其代表在每一个投入水准下，所能生产的最大产出，因此，它反映出产业的现有技术水准。在一产业中，若是具备技术效率（Technical Efficiency）的公司，落点将会在生产边界上；若为技术无效率的公司，其落点则会低于生产边界，C 点代表无效率点，A 点与 B 点代表有效率点，位于 C 点的 C 决策单位是无效率的，因为它可以增加产出到达 B 点的水准，却无须增加任何投入。

我们也可以使用图 2-2 来说明可行生产集合（Feasible Production Set）的概念，其为所有可行的投入—产出组合的集合，此集合是由生产边界 OD′ 曲线以及 X 轴（包含这些界限本身）之间围成的所有点（包括生产边界内的 C、E、F、G、H）组成。

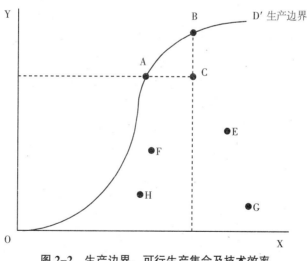

图 2-2　生产边界、可行生产集合及技术效率

Farrell（1957）为最早讨论技术效率的学者，他假设规模报酬不变，由投入因子方向来讨论，经后来学者的研究，已突破了这项限制。为了图形说明方便，假设以两投入 X_1 与 X_2 来生产单一产品 Y，如图 2-3 所示。

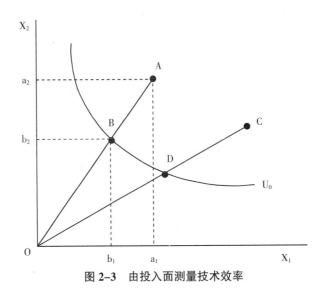

图 2-3　由投入面测量技术效率

以图 2-3 而言，生产 U_0 单位的产品 Y，在最有效率的生产情形下，可采用不同的 X_1 与 X_2 组合，如曲线 U_0 所示。现有一厂商 A，生产 U_0 单位的产品 Y，需要 a_1 的 X_1 以及 a_2 的 X_2，A 点与原点的连线与曲线 U_0 交于 B 点，B 点既在曲线 U_0 上，所以厂商 A 是最有效率的厂商。在 B 点，U_0 单位的 Y 需要 b_1 的 X_1 以及 b_2 的 X_2，b_1 与 a_1 以及 b_2 与 a_2 为等比，$Ob_1/Oa_1 = Ob_2/Oa_2$，亦即同样生产 U_0 单位的产品 Y，A 所需投入因子的量为最有效率厂商 B 的 a_1/b_1（a_2/b_2）倍，因此厂商 A 的技术效率为 b_1/a_1，而依据三角几何定理，b_1 与 a_1 及 OB 与 OA 有相同的比值，在表示上，A 的技术效率即为 OB/OA；同理，C 的技术效率即为 OD/OC。

以上所讨论，是由投入因子方向探讨技术效率，这也是当初 Farrell 的想法，而实际上亦可由产出方向来讨论技术效率。为图形表示方便，假设以单一投入因子 X 可生产 Y_1 与 Y_2 两种产品，如图 2-4 所示。

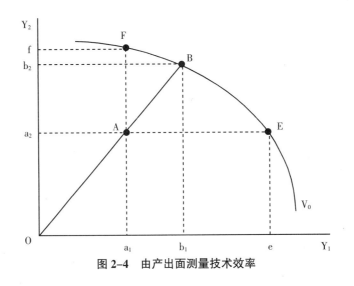

图 2-4　由产出面测量技术效率

以图 2-4 来说，曲线 V_0 表示以 V_0 量的 X 投入，就最有效率的厂商而言，所能生产 Y_1 与 Y_2 的组合情形。厂商 A 以 V_0 的投入量仅能生产 a_1 的 Y_1 以及 a_2 的 Y_2，而最有效率的厂商 B，却能以相同的投入量 V_0 生产 b_1 的 Y_1 以及 b_2 的 Y_2，因此 A 的技术效率为 OA/OB。有关个别产品技术效率方面的讨论亦相同，A 与 E 以同量的 V_0 分别生产 a_1 与 e 的 Y_1，因此，就 A 而言，Y_1 的技术效率为 a_1/e；另外，A 与 F 以同量的 V_0 分别生产 a_2 与 f 的 Y_2，因此，就 A 而言，Y_2 的技术效率为 a_2/f，唯 Y_1 与 Y_2 边际替代率递减，因此整体技术效率无法以 Y_1、Y_2 的技术效率相乘来表示。

三、生产力、技术效率及规模效率

一般而言，任何组织，无论是营利还是非营利机构，均有其最适当的规模，在此规模下经营获利性最高，或者是生产力最佳。当规模太小时，固定成本相对太高，使平均成本偏高；当规模逐渐扩大，固定成本分摊于较大的产量上，且由于内部经济，使平均成本降低而达到最适规模；当规模继续扩大，造成固定成本相对太小，无法与变动成本配合，再加上内部不经济、外部不经济等因素，使得平均成本又再度提高。

技术效率与生产力的差异，如图 2-5 所示。我们利用一条通过原点的射线来衡量某一决策单位的生产力，射线的斜率为 y/x（产出/投入的比率），其所衡量的就是生产力，假如公司的营运状况从 C 点移到具技术效率的 B 点，则射线的斜率会变大，此意指在 B 点有较高的生产力。然而，若是移到 A 点，则射线与生产边界相切，因此定义 A 点为最大可能生产力点，此项移动可增加规模效率（Scale Efficiency），或称规模经济（Scale Economies），A 点是（技术）最适规模点，而 A 点以外的其他生产边界点，生产力均较 A 点低。

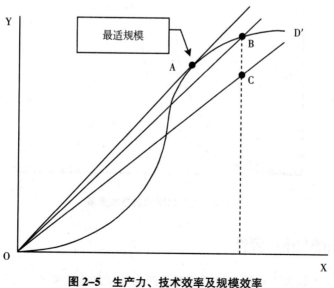

图 2-5 生产力、技术效率及规模效率

从图 2-5 中，我们可以得到一项结论，即一家具有技术效率的公司，仍可借由增加规模效率来改善其生产力，公司的营运规模通常难以在短期内改变。因此，技术效率通常指的是短期的概念，而生产力则属长期的概念。

四、生产力改善及技术变革

前述的讨论并未涉及时间问题，当我们要对不同时间的生产力进行比较时，则可能需探讨到造成生产力改变的另一项来源——技术变革（Technical Change），这包含技术的进步在内，以图形呈现则整条生产边界会向上提升。以图 2-6 为例，生产边界从第 0 期的 OD_0' 移动到第 1 期的 OD_1'，在第 1 期，每一个水准的投入在技术上均能生产比第 0 期更多的产出。例如：火力发电厂建造一个新锅炉，如此将会提升发电厂的生产力；航空公司购买 A380 巨无霸客机，预期也将提升航空公司的生产力。

综合前一小节与本小节的论述，可以归纳出生产力改善的原因可能是技术变革、技术效率改善，或是规模效率增加。亦即：

$$总要素生产力变动 = 技术变革 \times 效率变动$$
$$= 技术变革 \times 技术效率变动 \times 规模效率变动$$

此处所指的效率变动乃总技术效率变动，其为纯技术效率变动与规模效率变动两者的乘积，为避免造成读者对这些技术效率名词的混淆，本书后续章节一律称固定规模报酬下的技术效率为总技术效率，而将变动规模报酬下的技术效率称为纯技术效率。

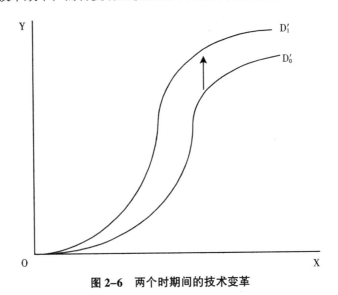

图 2-6　两个时期间的技术变革

五、规模报酬与生产弹性

规模报酬反映的是当所有投入量增加时，产出量增加的比率程度。固定规模报酬发生于所有投入增加，产出也等比率增加时，例如便利商店的销售人员与资本额增加到两倍，营业额也同时增加为两倍。规模报酬递增则是指产出量增加的比率多过投入量增加的比率；规模报酬递减则是产出量增加的比率少于投入量增加的比率。规模报酬情况如表 2-4 所示：

表 2-4　规模报酬情况的定义

规模报酬	定义（$\alpha > 1$）
固定	$f(\alpha X_1,\ \alpha X_2) = \alpha f(X_1,\ X_2)$
递增	$f(\alpha X_1,\ \alpha X_2) > \alpha f(X_1,\ X_2)$
递减	$f(\alpha X_1,\ \alpha X_2) < \alpha f(X_1,\ X_2)$

在生产效率的实证分析中，通常是借由评估总生产弹性（ε）来调查规模报酬情况，有时也借由评估偏生产弹性（E_i）及两个投入间的替代弹性（σ）来呈现规模报酬情况。偏生产弹性衡量的是：在其他投入固定的情况下，由第 i 项投入增加的比率所造成的产出变化比率，由第 i 项投入的生产弹性定义如式（2-12）所示：

$$E_i = \frac{\partial Y}{\partial X_i} \frac{X_i}{Y} \tag{2-12}$$

我们通常会希望生产弹性大于 0，负的生产弹性意指第 i 项投入增加（其他投入维持固定），却导致产出减少，也就是边际生产力小于 0，产生了拥挤效果，相关内容将在第四章探讨。

而总生产弹性（或称规模弹性）衡量的是：由所有投入增加一单位所导致的产出变化比率，总生产弹性等于所有偏生产弹性的总和，在两投入的案例中，可以用式（2-13）表示：

$$\varepsilon = E_1 + E_2 \tag{2-13}$$

总生产弹性（ε 值）与规模报酬有相关性，如表 2-5 所示：

表 2-5　总生产弹性与规模报酬的相关性

规模报酬	总生产弹性（ε）
固定	$=1$
递增	>1
递减	<1

在计量经济分析中，假如生产函数是非齐次性（例如超越对数（Translog）函数形态），总生产弹性会随投入值不同而改变；假如生产函数是齐次性（例如 Cobb-Douglas 函数形态），则不管投入值为何，总生产弹性均固定不变。

替代弹性（σ）与边际技术替代率（MRTS）紧密相关，边际技术替代率衡量的是等产量线的斜率（Slope），替代弹性衡量的是等产量线的曲率（Curvature）。替代弹性的定义为投入比率（X_2/X_1）的变动比率除以边际技术替代率的变动比率，如式（2-14）所示：

$$\sigma = \frac{d(X_2/X_1)}{X_2/X_1} \bigg/ \frac{d(MP_1/MP_2)}{(MP_1/MP_2)} \tag{2-14}$$

替代弹性是一种投入间替代行为的无单位衡量法，当等产量线呈现凸性，亦即负斜率情形，则替代弹性（σ）介于 0 到无限大（∞）之间，σ 值愈大，代表投入间的可替代性愈大；σ 值无限大发生于投入间具有完全替代性；$\sigma = 0$ 发生于投入必须使用固定比率，Leontief 生产函数即为此种类型。将 $\sigma = 0$，1，∞ 的等产量线绘制如图 2-7，当 $\sigma = 0$ 时，等产量线形状是 L 形，没有替代的可能性，投入均使用固定的比率，等产量线的每一点都可以再使用更多的投入，且不用减少其他的投入，产出也不会增加；当 $\sigma = \infty$ 时，等产量线是一条直线，两个投入间的替代性是无限可能的。

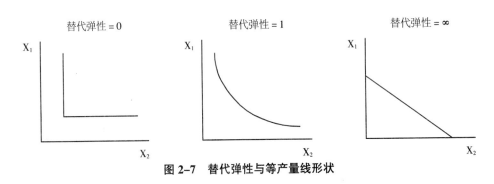

图 2-7　替代弹性与等产量线形状

第四节　小结

本章主要介绍生产力理论，并阐述一些生产经济学理论，这些内容都是大学经济学课程中的内容。读完本章后，读者应能区分偏生产力、总要素生产力、总生产力的差异以及内部绩效及外部绩效的差异，并能辨别效率及生产力。本章的主要目的是让读者先了解一些基本的生产经济学理论，厘清一些常被混淆使用的生产经济学名词或专业术语，真正了解这些理论与名词含义后，才容易衔接后续章节的内容。第三章将以图解法来说明 DEA 的基本模式 CCR 及 BCC 的含义，对于不熟悉线性规划的读者，我们建议应详细研读第三章的内容。

第三章 资料包络分析图解含义

本章将以图解法来介绍资料包络分析，三个图解法案例分别是多产出案例、多投入案例及多投入多产出案例。本章最主要目的是让不熟悉数学规划模式的读者，先通过图解法来了解 DEA 的基本概念与含义，再进入下一章的线性规划模式，渐进地学习 DEA，应能获致较佳的学习效果。

第一节 多产出案例

我们可以使用一个简单的数字案例来说明 DEA 的基本概念，表 3-1 包含六所大学的绩效评价的比较资料，我们假设六所大学的投入资源相同，表 3-1 中的列是六所受评估的大学，栏则是评比的属性，包含研究能力与教学能力，用此两项能力来衡量大学的整体绩效表现，每一个属性均以 1~10 的分数表示，1 代表能力最低，10 代表能力最高。以研究能力而言，B 大学最佳（9 分），E 大学最差（2 分）；而教学能力则以 A 大学最佳（9 分），B、D 大学最差（2 分）。

表 3-1 六所大学的研究能力及教学能力

大学代号	研究能力	教学能力
A	4	9
B	9	2
C	7	7
D	5	2
E	2	4
F	4	6

一所好的大学应该是研究能力好，或教学能力好，抑或两项能力均佳者。图 3-1 描绘六所大学的整体绩效表现，并显示出如何衡量每一所大学的相对效率，好的大学在两项能力的分数均应远离原点，亦即位于图形中的东北方向，此案例的东北方边界是由 A，C，B 三所大学构成，代表这三所大学是整体绩效较佳的大学，我们称此界限为"效率前缘边界"（Efficiency Frontier）。

DEA 借由每一个受评单元相对于效率边界的位置来衡量相对效率，边界上的点效率值为 1，原点效率值为 0，位于效率边界内的点其效率介于 0~1，效率值视其与效率边界的距离而定。

为了解释 DEA 的效率衡量，我们首先说明一些名词定义。被评估的单元称为"决策单元"（Decision Making Unit，DMU）；从原点开始连接到决策单元的射线，称为"扩展路径"（Expansion Path），无效率 DMU 要成为有效率境界，所需扩展的幅度，称为"扩展因素"（Expansion Factor）；位于扩展路径上的点称为"扩展点"（Expansion Point）；位于效率边界的点则称为"前缘边界点"（Frontier Point）。

图 3-1 显示，E 大学的扩展线由原点（0，0）开始，通过 E 点，最后与边界线交会于 E'，扩展路径的一个显著特性：位于扩展路径的所有点都拥有相同的研究能力/教学能力的比率值，因此可以直接进行比较。例如：E 大学的研究能力是 2，教学能力是 4，点（2，4）位于扩展路径上，点（4，8）也位于扩展路径上；点（4，8）的大学是点（2，4）大学整体绩效的两倍，因为其研究能力与教学能力均为（2，4）大学的两倍。

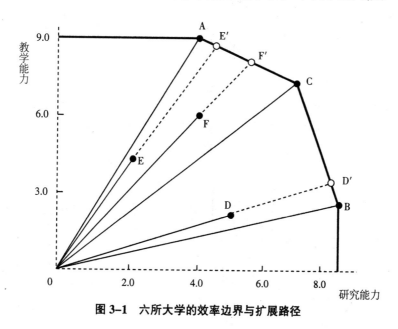

图 3-1　六所大学的效率边界与扩展路径

点 E' 是扩展路径与效率边界的交会点，扩展因素为 2.19，意指 E' 的研究能力与教学能力是 E 的 2.19 倍，而一个 DMU 的相对效率是效率边界上的扩展因素的倒数值，因此，E 大学的相对效率是 1/2.19 = 0.46，意指 E 大学与位于效率边界的大学相比，其研究能力与教学能力为相对有效率大学的 0.46 倍，同理，D 大学的相对效率是 1/1.69 =0.59；F 大学的相对效率是 1/1.35 = 0.74，如表 3-2 所示。

表 3-2　六所大学的扩展因素及相对效率

大学代号	效率评估结果	
	扩展因素	相对效率
A	1	1
B	1	1
C	1	1
D	1.69	0.59
E	2.19	0.46
F	1.35	0.74

注：扩展因素的倒数即为相对效率。

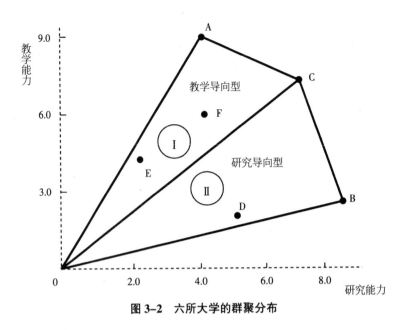

图 3-2　六所大学的群聚分布

DEA 的主要分析在于衡量 DMU 的相对效率，次要分析则可以界定出具有同构型的群聚，将具有同构型的 DMU 予以分群。图 3-2 显示 DEA 的相对效率衡量过程可以将 DMU 分隔成相似的群聚，D 大学的相对效率是借由比较真实的 D 大学与假设性的 D 大学（D'）得出，D' 位于效率边界，B 大学及 C 大学是与 D 大学具相似属性的大学，B、D 两所大学均是研究能力胜过教学能力。反之，E 大学与 F 大学则是教学能力胜过研究能力，两所大学的相对效率是与 A 大学及 C 大学比较后计算得出，因此，图 3-2 标示为 I 的三角锥形涵盖的是教学导向型大学，包括 A、C、E、F 四所大学在内；标示为 II 的三角锥形涵盖的是研究导向型大学，包括 B、C、D 三所大学在内，C 大学由于两项能力表现都同样优秀，因此同时位于两个三角锥形 I、II 内。

第二节　多投入案例

DEA 在处理多投入的方法与处理多产出的方法时仍有些微差异，当以图解 DEA 法来说明多投入生产状况时，我们将使用下述案例来说明，表 3-3 的前三栏呈现七家公司的劳力、资本及总产出，后两栏则是单位产出所使用的投入（劳力/单位产出、资本/单位产出），这两栏资料可呈现出每一家公司将投入转换成产出的生产过程的相对效率。而前两栏仅是每一家公司消费的投入数量，无法呈现真实的生产力，因此我们将以经标准化的后两栏资料来说明多投入案例。

在产出固定下，使用较少投入者，生产力较高。由劳力/单位产出来看，T4 公司在相同产出下，劳力投入最少，生产力最高，而 T2 公司的劳力投入最多，生产力最低；若从资本/单位产出来看，T2 公司生产力最高，T4 公司生产力最低。表 3-3 中有效率的公司，乃是使用较少劳力与资本来生产一单位产出的公司，有效率的公司非常接近原点，我们将资料绘于图 3-3 中，多投入模式的效率边界是在西南方界限。

表 3-3　七家公司的生产力资料

公司	投入产出资料			标准化资料	
	劳力	资本	产出	劳力/单位产出	资本/单位产出
T1	350	350	70	5	5
T2	700	70	70	10	1
T3	100	60	20	5	3
T4	100	900	100	1	9
T5	400	1200	200	2	6
T6	600	600	200	3	3
T7	900	300	150	6	2

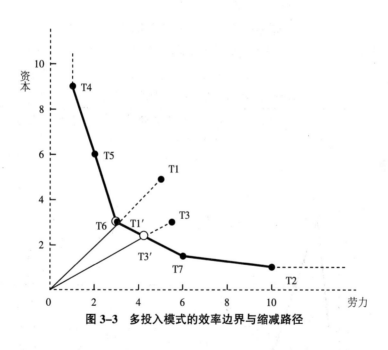

图 3-3　多投入模式的效率边界与缩减路径

在多投入模式中，我们必须将无效率点缩减投入，以达到效率边界，因此，当衡量投入效率时，从原点连到决策单位点的路径称为"缩减路径"（Contraction Path），无效率 DMU 要成为有效率境界，所需缩减的幅度，称为"缩减因素"（Contraction Factor）。如图 3-3 所示，T1（5，5）的缩减路径从原点连到 T1，与效率边界交会于 T1′（3，3），T1′ 的缩减因子是 0.6，意指 T1 的劳力与资本必须缩减到现有水准的 60%，才能达到效率边界，达到有效率境界，而此效率边界点 T1′ 与 T6(3，3) 相同，意指 T1 的劳力与资本必须缩减到与 T6 相同的水准。同理，T3(5，3) 的缩减路径从原点连到 T3，与效率边界交会于 T3′(4.3，2.58)，T1′ 的缩减因子是 0.86，意指 T3 的劳力与资本必须缩减到现有水准的 86%，才能达到效率边界，成为有效率 DMU，如表 3-4 所示。

表 3-4 七家公司的缩减因素及相对效率

公司	效率评估结果	
	缩减因素	相对效率
T1	0.60	0.60
T2	1	1
T3	0.86	0.86
T4	1	1
T5	1	1
T6	1	1
T7	1	1

如图 3-4 所示，边界点区隔出相似决策单元的锥形图，两锥形图可区别劳力密集公司与资本密集公司，T1、T6 则是劳力与资本运用比率相同，形成区隔的标杆。T2、T3、T7 等公司所生产的单位产出中，劳力的投入多过资本的投入，属于劳力密集公司；T4、T5 两家公司所生产的单位产出中，资本的投入多过劳力的投入，属于资本密集公司；T1、T6 则是劳力与资本运用比率相同，因此同时位于劳力密集与资本密集的锥形图内。

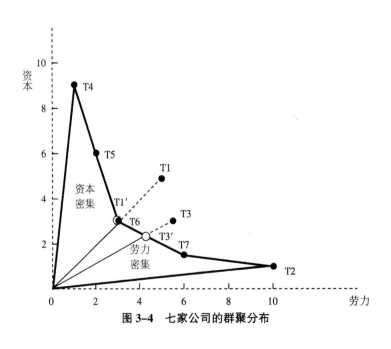

图 3-4 七家公司的群聚分布

第三节 多投入多产出案例

前两个案例已经分别说明如何在多产出系统或多投入系统中衡量相对效率。DEA 的一项优点是它也可以在多投入及多产出系统中衡量相对效率。为了图形说明方便，我们将以单一投入及单一产出来说明多投入多产出模式。

表 3-5 显示五座发电厂的投入与产出资料，假设这五座发电厂均以单一投入生产单一产出，图 3-5 则是五座发电厂的散布点图形，有效率的发电厂使用较少投入，或生产较多产出，抑或两个条件兼具。因此，若我们假设水平轴为投入，垂直轴为产出，则最有效率的公司应位于图中西北方边界。

表 3-5　五座发电厂的投入及产出资料

发电厂	投入	产出	产出/投入
E1	1.5	1.5	1.00
E2	2	3	1.50
E3	5	4	0.80
E4	3	6	2.00
E5	8	8	1.00

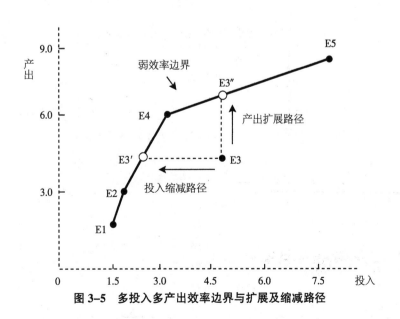

图 3-5　多投入多产出效率边界与扩展及缩减路径

如图 3-5 所示我们可以在多投入多产出结合模式中，同时界定出产出扩展及投入缩减路径。当产出固定时，E3 的投入缩减路径与投入轴平行，与边界交会于 E3′，该边界是由 E2 与 E4 界定出的线段，表示 E2 与 E4 是 E3 的参考标杆与学习对象，E3 的缩减因子是 E3′ 与 E3 投入值的比率（2.33/5 = 0.47），投入导向的相对效率即为缩减因素（0.47）；而当投入固定时，E3 的产出扩展路径与产出轴平行，与边界交会于 E3″，该边界是由 E4 与 E5 界定出的线段，表示 E4 与 E5 是 E3 的参考标杆与学习对象。E3 的扩展因子是 E3″ 与 E3 产出值的比率（6.8/4 = 1.70），产出导向的相对效率即为扩展因素的倒数（1/1.70 = 0.59）。

表 3-6　五座发电厂的扩展/缩减因素及相对效率

发电厂	产出导向		投入导向	
	扩展因素	相对效率	缩减因素	相对效率
E1	1	1	1	1
E2	1	1	1	1
E3	1.70	0.59	0.47	0.47
E4	1	1	1	1
E5	1	1	1	1

第四节　强效率衡量与弱效率衡量

图 3-6 显示如何依据严格的产出/投入比率来衡量相对效率，由图 3-6 可看出 E4 发电厂的产出/投入的比率最大即具绝对效率。因此，在此标准之下，E4 是唯一有绝对效率的发电厂。由原点开始，通过 E4 的射线便界定出在严格产出/比率下的效率边界，其效率值为 1，其余发电厂的相对效率即为与 E4 发电厂的生产力比较得出，例如 E1 发电厂的相对效率为 1.00/2.00 = 0.50，其他发电厂计算方式相同，如表 3-7 所示。

表 3-7　五座发电厂的严格效率衡量

发电厂	产出/投入	严格相对效率
E1	1.00	0.50
E2	1.50	0.75
E3	0.80	0.40
E4	2.00	1.00
E5	1.00	0.50

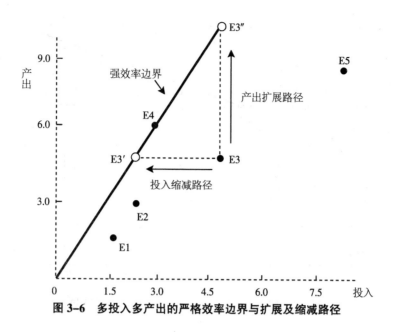

图 3-6　多投入多产出的严格效率边界与扩展及缩减路径

　　E3 的投入缩减及产出扩展路径如图 3-6 所示。值得一提的是，与图 3-5 相比，投入必须缩减更多，而产出必须扩展更多，才可达到图 3-6 的新效率边界，因此，当我们使用严格的产出/投入比率来衡量相对效率时，一座发电厂的相对效率只会减少，不会增加。我们将图 3-5 西北方边界的效率衡量称为"相对效率的弱衡量"（Weak Measure of Relative Efficiency），而将图 3-6 严格的产出/投入衡量称为"相对效率的强衡量"（Strong Measure of Relative Efficiency）。

　　强效率衡量采用产出/投入比率来衡量相对效率，亦即生产力比较，所以强效率边界上的决策单元，不管是大型还是小型，都具有最高的生产力。凡具有最高生产力的决策单元，强相对效率为 1，其他生产力较低的决策单元，强相对效率小于 1；弱效率衡量则不以生产力最高的绝对效率作为衡量的比较，而是以折线线段将西北方边界的资料点连接成包络线，位于包络线上的决策单元弱相对效率为 1，位于包络线内的决策单元（如图 3-7 中的 E3），与包络线上的决策单元相比，使用相同投入，产出却较少，或是产出相同，投入却较多，弱相对效率小于 1。图 3-7 中显示 E3 的强效率衡量是以投入缩减为 RT 或产出扩展为 RQ 的测量；其弱效率衡量则为投入缩减为 RS 或产出扩展为 RP 的测量值，显然强效率的测量明显较弱效率的测量值严格，其效率值会较低，故又称为严格的效率测量。

　　相对效率的强衡量最初是由 Charnes、Cooper 和 Rhodes（1978）三人所提出，一般称为 CCR 模式，同时由于 CCR 模式是最早提出，亦有人称之为标准模式。弱相对效率衡量则是由 Banker、Charnes 和 Cooper（1984）三人提出，一般称为 BCC 模式，由于 BCC 模式具有凸性限制式，因此又称为凸性模式。

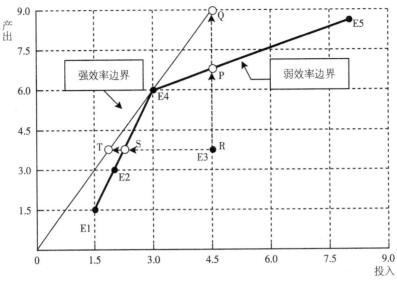

图 3-7　强效率衡量与弱效率衡量的效率边界比较

在应用 DEA 模式时，我们必须决定模式的导向（投入或产出导向），之后则决定相对效率的衡量方法（强效率或弱效率），DEA 的合适导向端视管理者能控制的因素而定，最常见的情况是管理者可以控制投入，在此种案例中，比较适合采用投入导向，在产出固定不变下，通过缩减投入以达到效率边界；假如管理者可以直接控制产出，则比较适合采用产出导向，在投入固定不变下，通过扩增产出以达到效率边界。上述说明了 DEA 的投入导向衡量与产出导向衡量，以及 CCR 模式与 BCC 模式，我们将在第四章使用线性规划（Linear Programming，LP）详细说明 CCR 模式与 BCC 模式的内容与应用。

第四章 资料包络分析基本模式

在说明 DEA 概念时，图解法是一项非常有用的解释方式，但该方法仅能处理两个属性的案例（两个产出或两个投入，或一个产出一个投入），若要衡量超过两个以上属性的案例的相对效率，我们就必须使用线性规划数学模式（Linear Programming，LP）来求解。本章将说明资料包络分析的基本模式，首先介绍 Farrell 模式，接着进一步说明 CCR 模式与 BCC 模式的内容与应用，最后说明配置效率、自由处置与拥挤效率的相关概念。

第一节　Farrell 模式

Farrell（1957）是最早探讨现代效率衡量方法的学者，他援引 Debreu（1951）和 Koopmans（1951）的研究文献，定义出一个简单的效率衡量方法，可以处理多投入的情况。Farrell 认为，一个决策单位的效率由两个部分组成，即：①技术效率（Technical Efficiency），反映出决策单位在给定投入集合下，获得最大产出的能力，又称为生产效率（Productive Efficiency），或技术与规模效率（Technical and Scale Efficiency）；②配置效率（Allocative Efficiency），反映出在投入价格与生产技术固定下，决策单位使用最适比率投入组合的能力，亦即决策单位是否在最小成本（Cost Minimization）下生产，又称为价格效率（Price Efficiency）。将这两个效率衡量结合可得出总经济效率（Total Economic Efficiency），又称为整体效率（Overall Efficiency）。

下述的讨论先从 Farrell 的原始构想开始，其以投入/投入二度空间，利用等产量线（Isoquant）及等成本线（Isocost）来叙述技术效率、配置效率及总经济效率之间的关系，通过投入缩减或投入资源的重新配置来改善整体效率，此种效率衡量方法称为投入导向衡量法（Input-Oriented Measures）。

一、投入导向衡量法（Input-Oriented Measures）

Farrell 使用一个简单的案例来说明他的原始构想，此案例是在固定规模报酬的假设下，受评决策单元使用两项投入（X_1 与 X_2）生产一项产出（Y），等产量线以图 4-1 的 QQ′表示，我们可借由这条等产量线来衡量技术效率。今有某一家公司 P 使用较多的投入数量组合来生产同一单位的产出，则该公司的技术无效率即可用 SP 的距离来表示。此段距离是在产出无须减少的情况下，所有投入项可以等比率缩减的数量（读者可以对照第三章中多投入案例的缩减路径及缩减因素），我们通常以比率形态表示，亦即 OS/OP 的比率，此比率代表为了达成技术效率的生产境界，所有投入项需要缩减的百分比，公司的技术效率（TE）最常使用下述比率衡量（下标"i"代表投入变量）。

$$TE_i = OS/OP \tag{4-1}$$

此比率等于 1–SP/OP，这个值介于 0~1，亦代表公司技术无效率程度的指标，此数值等于 1 时，表示公司具有完全技术效率。例如，S 点就具有技术效率，因为 S 点位于等产量线上。

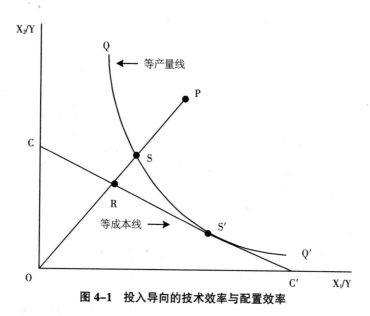

图 4-1 投入导向的技术效率与配置效率

假如我们可以获得投入价格比率资料，则可以进一步计算出配置效率，以图 4-1 的等成本线 CC′ 的斜率表示两项投入的价格比率，公司 P 点的配置效率（AE）可用下述比率加以定义。

$$AE_i = OR/OS \tag{4-2}$$

RS 距离代表的是：假如公司要在同时具有配置效率与技术效率的点 S′ 下生产，取代原有技术效率，但配置却在无效率的 S 点，此时所造成的生产成本的减少值。

总经济效率（OE）可用下述比率加以定义：

$$OE_i = OR/OP \tag{4-3}$$

其中 RP 距离也可解释为减少的成本，而技术效率与配置效率衡量的乘积，即为总经济效率。

$$TE_i \times AE_i = (OS/OP) \times (OR/OS) = (OR/OP) = OE_i \tag{4-4}$$

综上所述，假如一个决策单元同时具有技术效率与配置效率，我们可以说该决策单元具有总经济效率。未具备总经济效率的决策单元可以通过技术效率与配置效率的改善，提升其整体效率。

二、产出导向衡量法（Output-Oriented Measures）

上文探讨的是投入导向技术效率与配置效率问题，投入导向技术效率所探讨的问题是："在不减少产出数量下，决策单元可以等比率缩减多少投入量，以达到投入技术效率境界"；而产出导向技术效率所探讨的问题则是："在不改变投入使用数量下，决策单元可以等比率扩展多少产出量，以达到产出技术效率境界"。

投入导向与产出导向衡量的差异可以使用单一投入 X、单一产出 Y 的简单案例来说明，这可以图 4-2(a) 加以说明，其中的生产技术呈现规模报酬递减，以 $f(X)$ 表示，无效率的公司是在 I 点营运。Farrell 投入导向的技术效率（TE_i）等于 AB/AI 比率，而产出导向的技术效率（TE_o）等于 CI/CD 比率，仅有当固定规模报酬存在时，产出导向与投入导向的技术效率（TE）才会相等（Färe and Lovell，1978）。固定规模报酬（CRS）的案例如图 4-2(b) 所示，其中，AB/AI = CI/CD。

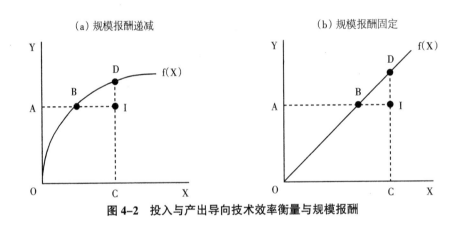

（a）规模报酬递减 　　　　　　　　　　　（b）规模报酬固定

图 4-2　投入与产出导向技术效率衡量与规模报酬

我们可以借由两个产出（Y_1 与 Y_2）与单一投入（X_1）的案例来说明产出导向衡量法，假如我们将投入维持在一特定水平，则可以使用两个产出的生产可能曲线（Production Possibility Curve）来呈现生产技术，我们以图 4-3 说明产出导向衡量法。其中，PP′ 是生产可能曲线，而 A 点代表无效率公司，在 A 点营运的无效率公司落在该曲线之下，PP′ 代表生产可能的上限。

Farrell 产出导向的效率衡量可以定义如下：在图 4-3 中，AB 距离代表技术无效率，亦即，在不增加投入数量下，产出还可以增加的数量，因此，产出导向的技术效率为下述比率（下标"o"代表产出变量）。

$$TE_o = OA/OB \tag{4-5}$$

假如我们可以获得产出价格资讯，则可以画出等收益线（Isorevenue）RR′，并定义配置效率为：

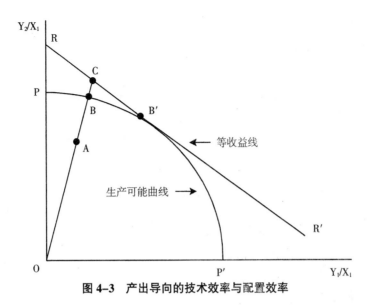

图 4-3 产出导向的技术效率与配置效率

$$AE_o = OB/OC \tag{4-6}$$

在投入导向案例中，我们以配置无效率来解释成本尚可减少的幅度；而在产出导向案例中，我们以配置无效率来解释收益尚可增加的幅度，同样地，我们定义总经济效率为这两个效率的乘积。

$$EE_o = (OA/OC) = (OA/OB) \times (OB/OC) = TE_o \times AE_o \tag{4-7}$$

投入导向的总经济效率，考量的是投入成本的减少，因此亦称为成本效率（Cost Efficiency）；产出导向的总经济效率，考量的是产出收益的增加，因此亦称为收益效率（Revenue Efficiency）。成本效率与收益效率属于 DEA 的配置模式，我们将于第十章详细阐述配置模式。

第二节 CCR 模式

第一节讨论的 Farrell 模式假设规模报酬不变，根据既有的资料构成等产量线来评估各决策单元的效率，Farrell 并将他的概念推广到多项投入与多项产出下的效率衡量，但似乎不是很成功。在 Farrell（1957）发表文章后的 20 年内，仅有少数研究者采用 Farrell 模式来进行应用研究，虽然 Boles（1966）和 Afriat（1972）两位学者曾提出以数学规划法求解的构想，然而，直到 Charnes、Cooper 和 Rhodes 于 1978 年将 Farrell 对于多项投入与多项产出以线性规划方式求解，此问题才真正获得解决。

Charnes 等人在文章中首度使用资料包络分析（Data Envelopment Analysis，DEA）这个术语。我们可以说，资料包络分析法是起源于 Charnes、Cooper 和 Rhodes（1978）文中所提出的 CCR 模式，其后 Banker、Charnes 和 Cooper（1984）将规模报酬为固定的限制取消，提出 BCC 模式，这两个模式被学界公认为是 DEA 领域中最具有影响力的模式（Seiford，1996）。

本节将分别从投入导向及产出导向衡量观点，分别以比率形式、原问题及对偶问题三种形式描述，并以一个简单案例来说明 CCR 模式的运作方式，下一节则介绍 BCC 模式。

一、投入导向 CCR 模式

（一）比率形式（Ratio Form）

介绍 DEA 的一项直观方法是通过比率形式（Ratio Form），我们假设有 n 个厂商（或称为决策单元，DMU），则每一个 DMU 的效率可表示如下：

$$效率 = \frac{产出的加权和}{投入的加权和} = \frac{\sum W_i O_i}{\sum W_j I_j}$$

W_i、W_j 分别为产出与投入项的权重，O_i、I_j 分别代表产出与投入项。各 DMU 可任选加权系数，以表示对此因子的重视程度，但在任选的过程中，必须满足一个限制条件，即任选的加权系数用于其他厂商时，所评估的效率值不得超过 1，以满足效率值的规定。在此限制条件下，受评估的 DMU 可任选加权系数，以使所评估的效率值达到最大，此观念以数学规划式表示，即为：

$$\text{Max } h_i = \frac{\sum_{r=1}^{s} u_r Y_{rj}}{\sum_{i=1}^{m} v_i X_{ij}}$$

$$\text{s.t.} \quad \frac{\sum_{r=1}^{s} u_r Y_{rj}}{\sum_{i=1}^{m} v_i X_{ij}} \leqslant 1, \quad j = 1, 2, \cdots, n$$

$$u_r, v_i \geqslant \varepsilon > 0, \quad r = 1, 2, \cdots, s, \quad i = 1, 2, \cdots, m \tag{4-8}$$

式（4-8）中，假设某一 DMU 有 s 项产出，m 项投入，共有 n 个 DMU，h_i 表示 n 个 DMU 中某一特定受评估 DMU 的效率指标（生产力）。

Y_{rj} 表示第 j 个 DMU 的第 r 项产出数量；

X_{ij} 表示第 j 个 DMU 的第 i 项投入数量。

其中，所有的加权系数（权重因子）u_r 及 v_i 都必须为正值，不得为 0，其所代表的意义是投入或产出因素均不得忽略不计，在实际求解时的处理方式是令 u_r, $v_i \geqslant \varepsilon > 0$，其中 ε 设定为极小的正值，在实际应用上常设为 10^{-4} 或 10^{-6}，Charnes（1979）等人称 ε 为非阿基米德数（Non–Archimedean Number）。

式（4-8）即为 Charnes、Cooper 和 Rhodes（1978）所提出的分数线性规划（Fractional Linear Programming）模式，在学理上与 Farrell 所提出的相同。由式（4-8）可以发现 DEA 方法每次均将一个 DMU 的投入与产出当作目标函数，而所有的 DMU 的投入与产出为限制条件，在效率值不得大于 1 的限制之下，寻求对该 DMU 最有利的投入项与产出项的加权值（u_r，v_i），而使得该 DMU 有最大的效率值。此外，由于每个被评估的 DMU 都有机会成为目标函数，而且每个分数规划所对应的条件完全相同，因此，我们可以说 DEA 方法求出的各 DMU 的效率值具有相同的比较基础。

（二）原问题（Primal Problem）

式（4-8）的分数线性规划在实际求解时，会产生无穷组解的情况，如（u^*，v^*）是一组解，（αu^*，αv^*）为另一组解。因此，Charnes 和 Cooper（1962）将其转换为线性规划（Linear Programming）模式，也就是将分母设限为 1，转换后的变量（权重因子）由（u_r，v_i）改变为（μ_r，ν_i），此种模式又称为 DEA 线性规划的乘数形式（Multiplier Form），可以使用式（4-9）表示。此模式所求出的效率值 g_i^* 与前述分数规划式的效率值 h_i^* 相等（$g_i^* = h_i^*$）。

令 $v_i = \nu_i/t$，$u_r = \mu_r/t$，$t^{-1} = \sum_{i=1}^{m} v_i X_{ij}$，则

$$\text{Max } g_k = \sum_{i=1}^{s} \mu_r Y_{rj}$$

$$\text{s.t.} \quad \sum_{i=1}^{m} \nu_i X_{ij} = 1$$

$$\sum_{i=1}^{s} \mu_r Y_{rj} - \sum_{i=1}^{m} \nu_i X_{ij} \leqslant 0, \quad j = 1, 2, \cdots, n$$

$$\mu_r, \nu_i \geqslant \varepsilon > 0, \quad i = 1, 2, \cdots, m; r = 1, 2, \cdots, s \tag{4-9}$$

（三）对偶问题（Dual Problem）

由于原问题的限制式数目（n + s + m + 1）比变量数目（s + m）多，将其转变成对偶问题（Dual）后，限制条件（s + m）会少于变量数目（n + s + m + 1），而投入与产出个数（s + m）[变量个数]通常少于受评 DMU 个数，在计算方面可能比较方便。同时，转变成对偶形式后，我们可以得到更多的信息（Boussofiane et al.，1991），使用线性规划的对偶形式，我们可以导出与原问题等同的包络形式（Envelopment Form）问题，如式（4-10）所示。

$$\text{Min } Z_i = \theta - \varepsilon \left(\sum_{i=1}^{m} s_i^- + \sum_{r=1}^{s} s_r^+ \right)$$

$$\text{s.t.} \quad \sum_{j=1}^{n} \lambda_j X_{ij} - \theta X_{ij} + s_i^- = 0, \quad i = 1, 2, \cdots, m$$

$$\sum_{j=1}^{n} \lambda_j Y_{rj} - s_r^+ = Y_{rj}, \quad r = 1, 2, \cdots, s$$

$$\lambda_j, \ s_i^-, \ s_r^+ \geq 0, \quad j = 1, 2, \cdots, n, \quad i = 1, 2, \cdots, m, \quad r = 1, 2, \cdots, s \qquad (4\text{--}10)$$

θ 代表受评单元的射线效率，比较精确的说法是它代表缩减因素（参阅第三章第二节），在投入导向中，投入射线效率与缩减因素相等；s_i^- 与 s_r^+ 分别表示各项投入与产出项的差额（Slack）。当 $\theta = 1$，且 $s_i^- = 0$，$s_r^+ = 0$，则该 DMU 相对其他 DMU 是有效率的。此种定义与 Koopmans（1951）对技术效率的定义一致，亦即若 DMU 在效率边界上营运，且所有差额均为 0，则该 DMU 具有技术效率，此种定义比 Farrell（1957）的技术效率仅探讨射线效率（Radial Efficiency），却忽略差额的存在，更为严谨。

读者须注意此处所称的差额是非射线差额（Non-radial Slack），与可以等比率扩展或缩减的射线差额（Radial Slack）在性质上并不相同，非射线差额是纯量（Scalar），我们仅能对存在差额的投入项进行缩减，而射线差额则是向量（Vector），我们可以等比率缩减所有投入项的数量。s_i^- 与 s_r^+ 所代表的是可自由处置（Free Disposable）的数量，除去此数量仍能有同样的表现（高强、黄旭男、Sueyoshi，2003），我们将于后文说明投入差额（Input Slack）。差额在经济学上的意义为：若 $Z_k < 1$，则只要将该 DMU 的投入与产出做下列的调整，即可使该 DMU 达到有效率。

$$\Delta X_{ij} = (X_{ij} - \theta X_{ij}) + s_i^{-*}, \quad i = 1, 2, \cdots, m$$

$$\Delta Y_{rj} = (Y_{rj} + s_r^{+*}) - Y_{rj}, \quad r = 1, 2, \cdots, s \qquad (4\text{--}11)$$

式（4-11）表示无效率的 DMU_j 可将其每项投入都缩减 $(1 - \theta)$ 倍，即成为 θX_{ij}，亦即效率边界上的投射点，此时射线效率为 1，若 $s_i^{-*} > 0$，则表示尚有投入差额存在，此时可将投入再减少 s_i^{-*} 的数量，而仍不影响产出，同时，即使所有投入都已缩减到极限，存在产出差额的产出项仍可再增加 s_r^{+*} 的数量，在进行这些调整之后，DMU_j 才会成为相对有效率的决策单元。

读者配合图 4-4 的案例，应会更容易理解，$X_{ij} - \theta X_{ij}$ 就是图 4-4 的 BB′（射线差额），s_i^{-*} 则是 CB′（非射线差额），DMU_j 的第 i 项投入的总投入差额等于射线差额与非射线差额的总和，亦即 $\Delta X_{ij} = (X_{ij} - \theta X_{ij}) + s_i^{-*}$。至于产出项部分，由于设定为投入导向，产出固定不变，因此，我们仅能增加原本就存在产出差额的产出项数量，增加的数量即为产出差额 s_r^{+*}。

此外，$\lambda_j^* \neq 0$ 所对应的 DMU，构成决策单元 j 的参考集合（Reference Set），是决策单元 j 在计算效率时的参考同侪（Peers），因此可视为决策单元 j 的学习标杆（Benchmark）。

（四）投入差额（Input Slack）

DEA 是由折线线段（Piecewise Linear）建构效率边界，但这可能会在效率衡量上产生一些争议，因为折线边界的部分线段可能与轴线平行。以图 4-4 为例，我们可以看出 C 与 D 的这两个 DMU 是有效率的，而 A 与 B 是无效率的 DMU，若我们以 Farrell（1957）技术效率来衡量相对效率，则 A 与 B 的技术效率分别为 OA′/OA 与 OB′/OB。然而，有争议的是，B′ 是否为一个有效率的 DMU，因为我们可以再减少 X_2 的使用数量（CB′ 的数量），却依然生产相同的产出，这个可自由处置的数量被称为投入差额（Input Slack），有些学者称为投入超额（Input Excess），属于非射线差额（Non-radial Slack），BB′ 则为射线差额（Radial Slack）。B′ 虽在效率边界上，却仍有投入过剩的情形，必须再减去差额 CB′，才能成为相对有效率的 DMU。

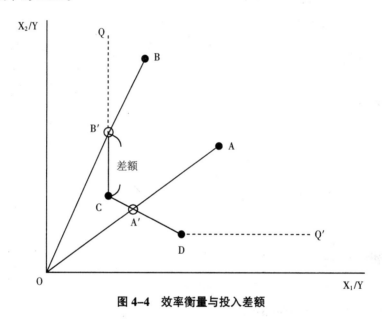

图 4-4 效率衡量与投入差额

二、产出导向 CCR 模式

前文的效率值是假设产出水平相同，对投入资源的使用情形进行比较，因而称为投入导向效率（Input-oriented Efficiency），本小节说明的是产出导向效率（Output-oriented Efficiency），亦即假设投入水平相同，对产出状况进行比较，以下分别以比率形式、原问题、对偶问题三种形式说明产出导向 CCR 模式。

（一）比率形式（Ratio Form）

产出导向的比率形式可以式（4-12）表示，比较式（4-9）与式（4-12）之后，我们可以发现，投入导向 CCR 模式所求得的目标函数值 h_j，恰为产出导向 CCR 模式所求得的目标函数值的倒数 f_j（$f_j^* = h_j^*$），亦即在固定规模报酬情况下，产出效率值会等于投入效率值（参阅图 4-2）。

$$\text{Min } \frac{1}{f_j} = \frac{\sum\limits_{i=1}^{m} v_i X_{ij}}{\sum\limits_{r=1}^{s} u_r Y_{rj}}$$

$$\text{s.t. } \frac{\sum\limits_{i=1}^{m} v_i X_{ij}}{\sum\limits_{r=1}^{s} u_r Y_{rj}} \geq 1, \quad j = 1, 2, \cdots, n$$

$$u_r, v_i \geq \varepsilon > 0, \quad r = 1, 2, \cdots, s; \, i = 1, 2, \cdots, m \qquad (4\text{-}12)$$

（二）原问题（Primal Problem）

式（4-12）的目标函数为分数形式，在实际求解时，会产生无穷组解的情况，且不易计算，因此我们比照投入导向的处理方式，将分母设限为 1，转换成线性规划模式，形成产出导向的原问题：

令 $v_i = \upsilon_i/t$，$u_r = \mu_r/t$，$t^{-1} = \sum\limits_{r=1}^{s} u_r Y_{rj}$，则

$$\text{Min } w_j = \sum_{i=1}^{m} \upsilon_i X_{ij}$$

$$\text{s.t. } \sum_{i=1}^{s} \mu_r Y_{rj} = 1$$

$$-\sum_{i=1}^{s} \mu_r Y_{rj} + \sum_{i=1}^{m} \upsilon_i X_{ij} \geq 0, \quad j = 1, 2, \cdots, n$$

$$\mu_r, \upsilon_i \geq \varepsilon > 0, \quad i = 1, 2, \cdots, m; \, r = 1, 2, \cdots, s \qquad (4\text{-}13)$$

（三）对偶问题（Dual Problem）

式（4-13）所对应的对偶问题如下：

$$\text{Max } \frac{1}{Z_j} = \theta + \varepsilon \left(\sum_{i=1}^{m} s_i^+ + \sum_{r=1}^{s} s_r^- \right)$$

$$\text{s.t. } \sum_{j=1}^{n} \lambda_j Y_{rj} - \theta Y_{rj} - s_r^- = 0,$$

$$\sum_{j=1}^{n} \lambda_j X_{ij} + s_i^+ = X_{ij},$$

$$\lambda_j, \, s_i^-, \, s_r^+ \geq 0, \quad j = 1, 2, \cdots, n; \, i = 1, 2, \cdots, m; \, r = 1, 2, \cdots, s \qquad (4\text{-}14)$$

θ 代表受评单元的扩展因素（参阅第三章第一节），在产出导向中，产出射线效率为扩展因素的倒数，当 $\theta = 1$，且 $s_i^- = 0$，$s_r^+ = 0$，则该 DMU 相对其他 DMU 是有效率的，无

效率的 DMU 的投入与产出做下列的调整，即可使该 DMU 达到有效率。

$$\Delta X_{ij} = X_{ij} - (X_{ij} - s_i^{-*}), \quad i = 1, 2, \cdots, m$$

$$\Delta Y_{rj} = (\theta_{rj} - Y_{rj}) + s_r^{+*}, \quad r = 1, 2, \cdots, s \tag{4-15}$$

式（4-15）表示无效率的 DMU_j 可将其每项产出都增加 $(\theta - 1)$ 倍，即成为 θY_{rj}，亦即效率边界上的投射点，此时射线效率为 1，若 $s_i^{+*} > 0$，则表示尚有产出差额存在，此时可将产出再增加 s_i^{+} 的数量，而仍不影响投入。同时，即使所有产出都已增加到极限，存在投入差额的投入项仍可再减少 s_r^{-} 的数量，在进行这些调整之后，DMU_j 才会成为相对有效率的决策单元。

读者配合图 4-5 的案例，应会更容易理解，$\theta Y_{rj} - Y_{rj}$ 就是图 4-5 的 EE′（射线差额），s_i^{+*} 则是 AE′（非射线差额），DMU_j 的第 r 项产出的总产出差额等于射线差额与非射线差额的总和，亦即 $\Delta Y_{rj} = (\theta_{rj} Y_{rj} - Y_{rj}) + s_i^{+*}$。至于投入项部分，由于设定为产出导向，投入固定不变。因此，我们仅能缩减原本就存在投入差额的投入项数量，缩减的数量即为投入差额 s_r^{-*}。

（四）产出差额（Output Slack）

我们使用一个产出导向 DEA 的两投入案例来说明产出差额，A、B、C、E 构成生产可能线，亦即效率边界（见图 4-5），坐落在此线段以下的观察点，以及位于 E′ 右侧与 Y_2 轴线垂直的线段，属于无效率的 DMU。关于射线差额，要以生产点扩展到效率边界投射点的距离而计算，产出射线差额为 EE′，产出射线效率为 OE/OE′。E 点的投射点为 E′，E′ 位于效率边界，但却不是有效率 DMU，因为 Y_1 的产出数量可以增加 AE′，而且无须增加任何的投入，因此，在此案例中，Y_1 产出项的非射线产出差额为 AE′。

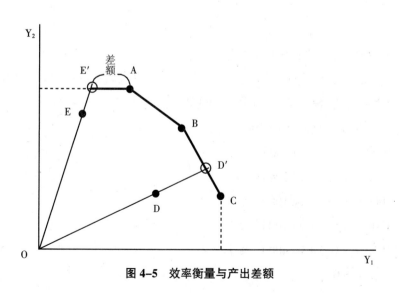

图 4-5　效率衡量与产出差额

三、CCR 模式案例

以大学营运绩效评估的案例来说明 CCR 模式的运作方式。假设我们必须评定五所大学的营运绩效，为使说明容易了解，我们将此释例限定为两种投入（教职员薪资和校产）、单一产出（学生注册人数）的情况，假设所有大学的产出均相同，均在固定规模报酬（Constant Return to Scale，CRS）下生产，通过投入资源的缩减来改善效率，因此，属于投入导向（Input-oriented）的 CCR 模式衡量法，五所大学的投入与产出如表 4-1 所示。

表 4-1　五所大学的投入与产出资料

大学	投入资源		服务产出
	教职员薪资（万新台币）	校产（亿新台币）	学生注册人数（人）
A	2000	300	1000
B	3000	200	1000
C	4000	100	1000
D	2000	200	1000
E	1000	400	1000

现在教育部所面临的问题是：哪些大学的经营无效率？其缺乏效率的程度有多大？这些问题的答案可作为教育部奖励绩优学校的依据，并可将绩优学校的做法推广到管理不佳的学校，以协助其改善经营管理。

在这个简单的释例中，我们只要稍微留意，即可明显看出，A、B 两所大学较其他大学没有效率。其中，A 大学与 D 大学的学生注册人数及教职员薪资均相同，A 大学却多使用 100 亿新台币的校产；B 大学与 D 大学的学生注册人数及校产均相同，B 大学的教职员薪资却多出 1000 万新台币。至于 C、D、E 三所大学的比较就稍微困难了。由表 4-1 的资料，我们无法决定何者较有效率，除非我们知道教职员薪资和校产之间的相对价格。此时，资料包络分析即为一种非常有用的分析方法。

我们援引前文 CCR 模式的线性规划式，以五所大学的效率评估为例，如欲求 A 大学的效率值，可以使用式（4-16）的分数规划式表示：

$$\text{Max } E_A = u_1(1000)/[v_1(2) + v_2(300)]$$

$$\text{s.t.} \quad u_1(1000)/[v_1(2) + v_2(300)] \leq 1$$

$$u_1(1000)/[v_1(3) + v_2(200)] \leq 1$$

$$u_1(1000)/[v_1(4) + v_2(100)] \leq 1$$

$$u_1(1000)/[v_1(2) + v_2(200)] \leq 1$$

$$u_1(1000)/[v_1(1) + v_2(400)] \leq 1$$

$$u_1, \ v_1, \ v_2 > 0 \tag{4-16}$$

依此类推，若要求取其他大学的效率值时，只需将目标方程式中的相关数值做一代换即可，受限制的诸不等式因其对每一所大学均相同，可以不必更换。

在运用一般计算机程序求解上述线性规划问题时，式（4-16）可改写为：

$$\text{Max } E_A = u_1(1000)$$

$$\text{s.t.} \quad v_1(2) + v_2(300) = 1$$

$$u_1(1000) - (2v_1 + 300v_2) \leqslant 0$$

$$u_1(1000) - (3v_1 + 200v_2) \leqslant 0$$

$$u_1(1000) - (4v_1 + 100v_2) \leqslant 0$$

$$u_1(1000) - (2v_1 + 200v_2) \leqslant 0$$

$$u_1(1000) - (1v_1 + 400v_2) \leqslant 0$$

$$u_1, \ v_1, \ v_2 > 0 \tag{4-17}$$

表 4-2　五所大学的资料包络分析结果

大学	相对效率	效率评鉴参考集合
A	0.857	D（0.714）；E（0.286）
B	0.857	D（0.714）；C（0.286）
C	1	无
D	1	无
E	1	无

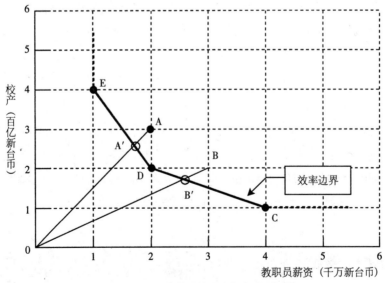

图 4-6　五所大学的效率边界与缩减路径

表 4-2 列出了资料包络分析的初步结果，如先前的判断，A、B 两所大学的效率值小于1，显示两校较缺乏效率。另外，资料包络分析结果可以告知教育部对 A、B 两所大学

进行效率评鉴的基准学校组合，亦即 A、B 两所大学的参考同类（Peers）。举例而言，A 大学的效率评鉴结果，表 4-2 括号中的数字是 D、E 两所大学在参考集合中的权重 λ_D 与 λ_E。

根据资料包络分析的结果显示，C、D、E 三所大学是五校中较有效率的大学，此现象可以用图 4-6 解释。图 4-6 中的粗黑实线代表最有效率的大学，以 B 大学为例，资料包络分析显示其效率与 CD 的实线段相较只有 85.7%。如果 B 大学想提高它的效率，方法之一是缩减其投入资源至目前水平的 85.7%（B′），亦即使用 171 亿新台币的校产（200 亿新台币 × 0.857）和花费 2750 万新台币的教职员薪资（3000 万新台币 × 0.857），这些数字可由资料包络分析自动算出，如表 4-3 所示。

表 4-3　DEA 所计算 B 大学欠缺效率的幅度

产出/投入项	C 大学		D 大学		B 大学		
	实际投入产出	权重（λ_C）	实际投入产出	权重（λ_D）	投入产出投射	实际投入产出	射线差额
学生注册人数（人）	1000	0.286	1000	0.714	1000	1000	0
教职员薪资（千万新台币）	4	0.286	2	0.714	2.57	3	0.43
校产（百亿新台币）	1	0.286	2	0.714	1.71	2	0.29

注：C 大学实际投入产出 × C 大学权重 + D 大学实际投入产出 × D 大学权重 = B 大学投入产出投射值。

如表 4-3 所示，如果依据某一比例糅合 C 大学与 D 大学的管理技巧，即可创造出一个假设的大学 B′，此大学的产出与 B 大学相同，但其所需的投入较 B 大学少。因此，如果 B 大学采取 C 大学与 D 大学的运作技术，应可减少教职员薪资 430 万新台币、校产 29 亿新台币，而仍能维持 1000 人的学生注册人数。资料包络分析对每一个欠缺效率的决策单元都可自动算出这些数据，读者亦可自行依据上述方式计算出 A 大学欠缺效率的幅度。

以上只是一个简单的释例，若在多投入与多产出的复杂情况里，资料包络分析更能显示它的功能。因为在这种复杂的情况下，决策者无法如前面的释例直接用图形或直觉去评估各决策单元的相对效率，但是资料包络分析法却能提供决策者所需的各项数字。Taesik Ahn 等人（1988）曾应用 DEA 评估美国德州境内三所大学的管理效率；澳大利亚新英格兰大学教授 Coelli（1996）曾应用 DEA 来衡量澳大利亚 36 所大学的行政部门、学术部门以及大学整体的经营效率，读者可以参阅这两篇实证研究。

第三节　BCC 模式

CCR 模式与 Farrell 模式相同，均假设所有 DMU 都在固定规模报酬下营运，我们可以用 CCR 模式来衡量生产效率。然而，当生产无效率时，可能有部分是营运规模不当使然，而并非技术无效率的缘故。有鉴于此，Banker、Charnes 和 Cooper（1984）将 CCR 模式做了修正，亦即当规模报酬可以变动时，我们所衡量出的技术效率，已排除规模效率（Scale Efficiency）的影响，这种模式称为 BCC 模式。

BCC 模式也可由投入与产出两种导向来探讨，本节将分别探讨投入导向 BCC 模式、产出导向 BCC 模式，同样地，也分成比率形式、原问题、对偶问题三种形式。而通过 CCR 模式与 BCC 模式之间的关系，可以计算出规模效率、纯技术效率、总技术效率，由 BCC 模式的某些变量，我们可以得知各 DMU 的规模报酬状况，根据规模报酬状况，我们可以提出营运规模调整的方向。本节也将探讨上述内容，最后则以一个简单的 BCC 模式案例来说明此模式的应用方式与分析方法。

一、投入导向 BCC 模式

（一）比率形式（Ratio Form）

BCC 模式的投入导向比率形式比 CCR 模式多了一个变量 u_0，u_0 的作用是它代表规模报酬形态，BCC 模式的投入导向比率形式如下式所示：

$$\text{Max } h_j = \frac{\sum_{r=1}^{s} u_r Y_{rj} - u_0}{\sum_{i=1}^{m} v_i X_{ij}}$$

$$\text{s.t.} \quad \frac{\sum_{r=1}^{s} u_r Y_{rj} - u_0}{\sum_{i=1}^{m} v_i X_{ij}} \leq 1, \quad j = 1, 2, \cdots, n$$

$$u_r, \ v_i \geq \varepsilon > 0, \quad r = 1, 2, \cdots, s, \ i = 1, 2, \cdots, m \tag{4-18}$$

（二）原问题（Primal Problem）

式（4-18）分数线性规划在实际求解时，会产生无穷组解的情况，可将其转换为线性规划模式，也就是将分母设限为 1，以便于求解。如式（4-19）所示：

令 $v_i = \upsilon_i/t$，$u_r = \mu_r/t$，$t^{-1} = \sum_{i=1}^{m} v_i X_{ij}$，则

$$\text{Max } g_j = \sum_{i=1}^{s} \mu_r Y_{rj} - u_0$$

$$\text{s.t.} \quad \sum_{i=1}^{m} \upsilon_i X_{ij} = 1$$

$$\sum_{i=1}^{s} \mu_r Y_{rj} - \sum_{i=1}^{m} \upsilon_i X_{ij} - u_0 \leq 0, \quad j = 1, 2, \cdots, n$$

$$\mu_r, \upsilon_i \geqslant \varepsilon > 0, \quad i = 1, 2, \cdots, m; r = 1, 2, \cdots, s \tag{4-19}$$

由 u_0 可看出规模报酬的情况，如下所示：

当 $u_0 = 0$ 时，代表规模报酬固定；

当 $u_0 > 0$ 时，代表规模报酬递减；

当 $u_0 < 0$ 时，代表规模报酬递增。

（三）对偶问题（Dual Problem）

为了计算方便，并得到更多的信息，可以将式（4-19）转变成对偶形式，如式（4-20）所示。

$$\text{Min } Z_j = \theta - \varepsilon \left(\sum_{i=1}^{m} s_i^- + \sum_{r=1}^{s} s_r^+ \right)$$

$$\text{s.t.} \quad \sum_{j=1}^{n} \lambda_j X_{ij} - \theta X_{ij} + s_i^- = 0, \quad i = 1, 2, \cdots, m$$

$$\sum_{j=1}^{n} \lambda_j Y_{rj} - s_r^+ = Y_{rj}, \quad r = 1, 2, \cdots, s$$

$$\sum_{j=1}^{n} \lambda_j = 1$$

$$\lambda_j, s_i^-, s_r^+ \geqslant 0, \quad j = 1, 2, \cdots, n; i = 1, 2, \cdots, m; r = 1, 2, \cdots, s \tag{4-20}$$

BCC 模式比 CCR 模式多了一个凸性限制式 $\sum \lambda_j = 1$，可将资料点包络得更为紧密，BCC 模式衡量的是纯技术效率（Pure Technical Efficiency，PTE），CCR 模式衡量的是总技术效率（Technical Efficiency，TE），两者的差异即为规模效率（Scale Efficiency，SE）。规模效率（SE）= 总技术效率（TE）/纯技术效率（PTE）。

在对偶问题中，可由 $\sum \lambda_j^*$ 看出规模报酬的情况，如下所示：

当 $\sum \lambda_j^* = 1$ 时，代表规模报酬固定；

当 $\sum \lambda_j^* > 1$ 时，代表规模报酬递减；

当 $\sum \lambda_j^* < 1$ 时，代表规模报酬递增。

决策单元在固定规模报酬下营运，最具生产力，规模效率为 1，此时 CCR 模式与 BCC 模式的技术效率相等（TE = PTE = SE = 1）。

BCC 的对偶模式，无效率 DMU 需缩减的投入数量及需增加的产出数量，计算方式与 CCR 模式相同，投入需减少 ΔX_{ij}，产出需增加 ΔY_{rj}。

$$\Delta X_{ij} = (X_{ij} - \theta X_{ij}) + s_i^{-*}, \quad i = 1, 2, \cdots, m$$

$$\Delta Y_{rj} = (Y_{rj} + s_r^{+*}) - Y_{rj}, \quad r = 1, 2, \cdots, s \tag{4-21}$$

二、产出导向 BCC 模式

前文 BCC 模式的效率值是假设产出水平相同，对投入资源的使用情形进行比较，因而称为投入导向效率（Input-oriented Efficiency），本小节说明的是产出导向效率（Output-oriented Efficiency），亦即假设投入水平相同，对产出的状况进行比较，以下分别以比率形式、原问题、对偶问题三种形式说明产出导向 BCC 模式。

（一）比率形式（Ratio Form）

产出导向的比率形式如式（4-22）所示：

$$\text{Min } \frac{1}{f_j} = \frac{\sum_{i=1}^{m} v_i X_{ij} + \upsilon_0}{\sum_{r=1}^{s} u_r Y_{rj}}$$

$$\text{s.t.} \quad \frac{\sum_{i=1}^{m} v_i X_{ij} + \upsilon_0}{\sum_{r=1}^{s} u_r Y_{rj}} \geq 1, \quad j = 1, 2, \cdots, n$$

$$u_r, \ v_i \geq \varepsilon > 0, \quad r = 1, 2, \cdots; \ s, \ i = 1, 2, \cdots, m \tag{4-22}$$

（二）原问题（Primal Problem）

式（4-22）的目标函数为分数形式，在实际求解时，会产生无穷组解的情况，且不易计算，因此我们比照投入导向的处理方式，将分母设限为 1，转换成线性规划模式，形成产出导向的原问题：

令 $v_i = \upsilon_i/t$，$u_r = \mu_r/t$，$t^{-1} = \sum_{r=1}^{s} u_r Y_{rj}$，则

$$\text{Min } w_j = \sum_{i=1}^{m} \upsilon_i X_{ij} + \upsilon_0$$

$$\text{s.t.} \quad \sum_{i=1}^{s} \mu_r Y_{rj} = 1$$

$$-\sum_{i=1}^{s} \mu_r Y_{rj} + \sum_{i=1}^{m} \upsilon_i X_{ij} \geq 0, \quad j = 1, 2, \cdots, n$$

$$\mu_r, \ \upsilon_i \geq \varepsilon > 0, \quad i = 1, 2, \cdots, m; \ r = 1, 2, \cdots, s \tag{4-23}$$

由 υ_0 可看出规模报酬的情况，如下所示：

当 $\upsilon_0 = 0$ 时，代表规模报酬固定；

当 $\upsilon_0 > 0$ 时，代表规模报酬递减；

当 $\upsilon_0 < 0$ 时，代表规模报酬递增。

（三）对偶问题（Dual Problem）

式（4-23）所对应的对偶问题如下：

$$\text{Max} \ \frac{1}{Z_j} = \theta + \varepsilon \left(\sum_{i=1}^{m} s_i^+ + \sum_{r=1}^{s} s_r^- \right)$$

$$\text{s.t.} \ \sum_{j=1}^{n} \lambda_j Y_{rj} - \theta Y_{rj} - s_r^- = 0, \quad r = 1, 2, \cdots, s$$

$$\sum_{j=1}^{n} \lambda_j X_{ij} + s_i^+ = X_{ij}, \quad i = 1, 2, \cdots, m$$

$$\sum_{j=1}^{n} \lambda_j = 1$$

$$\lambda_j, \ s_i^-, \ s_r^+ \geq 0, \quad j = 1, 2, \cdots, n; \ i = 1, 2, \cdots, m; \ r = 1, 2, \cdots, s \quad (4\text{-}24)$$

θ 代表受评单元的扩展因素，在产出导向中，产出射线效率为扩展因素的倒数，当 $\theta = 1$，且 $s_i^- = 0$，$s_r^+ = 0$，则该 DMU 相对其他 DMU 是有效率的，无效率的 DMU 的投入与产出做下列的调整，即可使该 DMU 达到有效率。

$$\Delta X_{ij} = X_{ij} - (X_{ij} - s_i^{-*}), \quad i = 1, 2, \cdots, m$$

$$\Delta Y_{rj} = (\theta_{rj} - Y_{rj}) + s_r^{+*}, \quad r = 1, 2, \cdots, s \quad (4\text{-}25)$$

三、BCC 模式案例

我们假设有五家公司，均使用 1 项投入，生产 1 项产出，投入与产出资料如表 4-4 所示，而 BCC 与 CCR DEA 结果绘制于图 4-7。假定我们使用投入导向，则效率值应由图 4-7 的平行面向衡量，当我们假设生产技术为固定规模报酬时，D 公司是唯一有效率的公司（亦即位于 CCR 效率边界上）；而当我们假设为变动规模报酬时，A、D、E 三家公司则同时成为有效率的公司。

表 4-4　BCC 模式案例资料

公司	投入	产出
A	2	1
B	4	2
C	5	3
D	4	4
E	6	5

我们以 E 公司来说明各种效率值的计算方式，E 公司在变动规模报酬生产技术下，属于有效率的公司，BCC 技术效率为 1，但在固定规模报酬生产技术下，却属于无效率的公司，E 公司的 CCR 技术效率等于 5/6 = 0.833。而规模效率等于 CCR 技术效率与 BCC 技术

表 4-5　BCC 投入导向 DEA 分析结果

公司	CCR 技术效率	BCC 技术效率	规模效率	规模报酬
A	0.500	1.000	0.500	递增
B	0.500	0.667	0.750	递增
C	0.600	0.667	0.900	递增
D	1.000	1.000	1.000	固定
E	0.833	1.000	0.883	递减
效率平均值	0.687	0.867	0.797	

注：分析结果由 DEAP 2.1-XP 软件计算得出。

效率的比率，亦即 0.833/1 = 0.833。由表 4-5 我们可以得知，E 公司是处于规模报酬递减的情况，必须缩减其营运规模，以达最适生产规模；反之，A、B、C 三公司是位于 BCC 边界的规模报酬递增的情况，可以扩增其营运规模，达到规模效率的境界。读者亦可从产出导向探讨此一案例的效率分析结果（如表 4-6 所示），只有在 CCR 模式下，投入导向与产出导向的效率值才会完全相同。

表 4-6　BCC 产出导向 DEA 分析结果

公司	CCR 技术效率	BCC 技术效率	规模效率	规划报酬
A	0.500	1.000	0.500	递增
B	0.500	0.500	1.000	固定
C	0.600	0.667	0.900	递减
D	1.000	1.000	1.000	固定
E	0.833	1.000	0.883	递减
效率平均值	0.687	0.833	0.847	

注：分析结果由 DEAP 2.1-XP 软件计算得出。

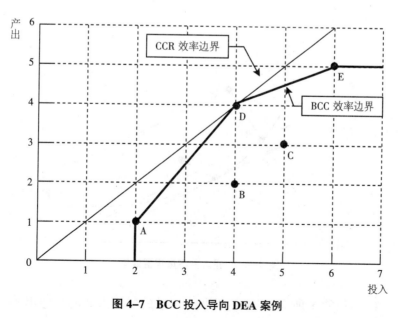

图 4-7　BCC 投入导向 DEA 案例

第四节 配置效率

当我们探讨成本或利润的问题时，而且价格资料也可以取得，此时便适合做成本极小化（Cost Minimization）或利润极大化（Profit Maximization）的目标行为假设，绩效衡量也因纳入这些资讯而更加精确。在此种案例中，除了技术效率外，也可以探讨配置效率（Allocative Efficiency），配置效率又称为价格效率（Price Efficiency），生产同量的产品可采用不同的投入因子组合，而各投入因子的市场价格不同，以最经济、成本最低的组合来生产，其配置效率最高。

一、投入配置效率

Farrell（1957）由投入因子的观点，将整体效率（或称总经济效率）分解为技术效率与配置效率相乘。假设以 X_1 与 X_2 两投入因子生产产品 Y，如图 4-8 所示。

曲线 U_0 代表具有技术效率厂商生产 U_0 单位的 Y 所需 X_1 与 X_2 的组合情形，如前所述，厂商 A 的技术效率为 OB/OA，厂商 C 的技术效率为 OD/OC，图 4-8 中直线 C_0 为等成本线（Isocost），为两投入因子 X_1 与 X_2 的价格比，代表同一金额所能购买不同 X_1 与 X_2 的组合情形。B 与 D 的技术效率同为 1，但 D 所需生产成本为 C_0，B 所需生产成本为 C_1，D 为所有生产 U_0 单位厂商中所需投入成本最低者，因此 B 的配置效率为 C_0/C_1，此比值又等于 OE/OB。

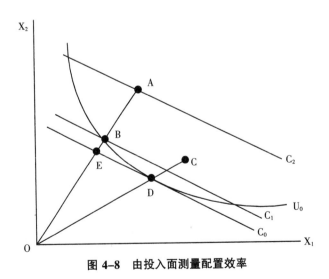

图 4-8　由投入面测量配置效率

厂商生产 U_0 单位的 Y 所需 X_1 与 X_2 两投入因子的量均为 B 的 OA/OB 倍，只要 X_1 与

X_2两投入因子的价格固定，不受购买量所影响，则 A 与 B 应具有相同的配置效率 OE/OB。A 生产 U_0 单位的成本为 C_2，因此，A 的整体效率为 C_0/C_2，此比值等于 OE/OA，而 OE/OA 又可拆解为 （OE/OB）×（OB/OA），恰为配置效率与技术效率的乘积，又称为成本效率（Cost Efficiency）。此处只考虑由不同投入因子的组合生产单一产品的情形，因此所得到的配置效率严格上应称为投入配置效率，接着将讨论由单一投入因子生产不同产品组合所得出的产出配置效率。

二、产出配置效率

配置效率亦可由产出面来讨论，图 4-9 中，V_0 曲线代表 V_0 量的单一投入因子 X，生产两种产品 Y_1 与 Y_2 的组合情形，V_0 曲线上各厂商技术效率为 1。Y_1 与 Y_2 有其市场价格，V_0 曲线上各点的产品组合，以技术效率而言，效率虽为 1，但所卖得的价格并非一致。图 4-9 中，P_0 为依 Y_1 与 Y_2 的价格比所画出的等收益线 （Isorevenue），厂商 B 与 D 虽均有 1.0 的技术效率，但 B 仅能卖得 P_1 单位的收益，而 D 能卖得 P_0 单位的收益，为所有厂商中最高者。因此可定义 B 的产出配置效率为 P_1/P_0，此比值亦等于 OB/OC。厂商 A 所生产的 Y_1 与 Y_2 与厂商 B 所生产的 Y_1 与 Y_2 为等比关系（同一条射线，产出比率相同），只要 Y_1 与 Y_2 价格固定，不因量的多寡而变动，则 A 的产出配置效率相等，同为 OB/OC。整体而言，A 以 V_0 的投入量，生产收益为 P_2，而最有效率厂商 D 的收益为 P_0，因此 A 的整体效率为 $P_2/P_0 = OA/OC$，此比值可拆解为 （OB/OC）×（OA/OB） 的乘积，亦即配置效率与技术效率的乘积，又称为收益效率（Revenue Efficiency）。

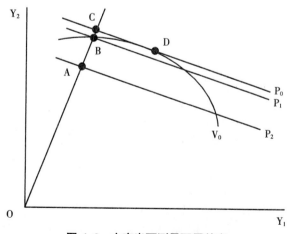

图 4-9　由产出面测量配置效率

第五节 自由处置与拥挤效率

我们曾经说明投入差额与产出差额，差额是可自由处置（Free Disposable）的量，Ganley 和 Cubbin（1992）指出，自由处置可以通过边际生产力（Marginal Productivity）来加以说明，假如边际生产力等于 0，则称该投入具有强势自由处置（Strong Disposability）特性。以图 4-10 为例，我们可以说 ABCD 边界呈现出强势自由处置，因为虽然 BC 线段的投入边际生产力为正值，然而 CD 水平线段（斜率为 0）与 AB 垂直线段（斜率为 ∞）投入边际生产力均为 0，投入增加，产出却不变。

假如边际生产力为负值，则可称其具有弱势自由处置（Weak Disposability）或拥挤现象（Congestion）（Fare & Grosskopf，1983），亦即投入增加，产出却减少的状况，例如：工会阻止裁员、政府设定各种投入的使用水准（Coelli、Prasad & Battese，1998），可能会造成冗员充斥、投入过剩的恶果。以图 4-10 为例，我们可以说 EBCD 边界呈现出弱势自由处置或拥挤现象，因为 EB 线段的投入边际生产力为负值。

图 4-10 中，H 点的弱势自由处置的技术效率（TE_w）为 OG/OH，强势自由处置的技术效率（TE_s）为 OF/OH，两者的比率值 $TE_s/TE_w = OF/OG$，即为拥挤效率（Congestion Efficiency）。

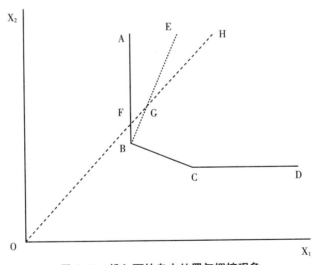

图 4-10 投入面的自由处置与拥挤现象

图 4-11 则说明了产出面的自由处置与拥挤现象，ABCE 边界呈现出产出的弱势自由处置，ABCD 边界呈现出产出的强势自由处置，G 点的弱势自由处置的技术效率（TE_w）

为 OG/OH，强势自由处置的技术效率（TE$_s$）为 OG/OJ，拥挤效率为 OH/OJ。

目前，SAITECH 公司所出版的 DEA-SOLVER 软件包可以计算出拥挤效率，有兴趣的读者可借由软件操作与报表分析，进一步了解拥挤效率的含义。

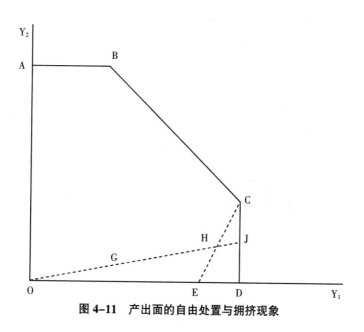

图 4-11　产出面的自由处置与拥挤现象

第六节　小结

本章介绍 Farrell 模式、CCR 模式、BCC 模式等资料包络分析基本模式，以及配置效率、自由处置与拥挤效率等相关概念，下一章（第五章）将说明资料包络分析的使用程序及效率排序方法，第六章至第十章则介绍资料包络分析的扩张模式，读者务必先了解资料包络分析基本模式，才比较容易衔接后续的 DEA 扩张模式。

第五章　资料包络分析法的操作程序

　　资料包络分析的运作需按照一定的程序，才能正确地评估受评单元的经营效率。Golany 与 Roll（1989）归纳出 DEA 的运作程序，如图 5-1 所示，其主要程序包括决策单元的界定、投入产出项的选取、分析模式的选定及分析结果的解释等。本章将详述这些 DEA 运作程序，以及各程序的内容、步骤与应注意的关键点，并说明效率排序的方法。

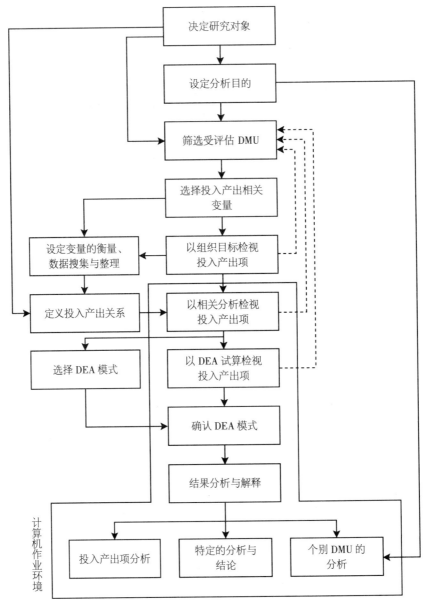

图 5-1　DEA 运作流程

资料来源：Golany & Roll（1989）；高强、黄旭男、Sueyoshi（2003）。

第一节　决策单元的界定

在进行资料包络分析的运作时，第一个步骤就是界定出受评单元（DMU）的范围，以下列出四项界定 DMU 时宜遵循的选取准则：

一、DMU 需具有决策管理功能（Decision Making Unit）

在界定 DMU 时，我们需考量这些受评单元是否具有决策功能，具备决策管理功能的受评单元才有主动调整投入或产出量配置的权利，进而改善其生产效率。因此，如银行分行、快餐店分店虽为公司的分支单元，但仍具有决策管理功能，且可因此有管理改善作为者，均可界定为 DMU。

二、DMU 的选取应该考虑生产过程的组织同构型（Homogenous Group）

在选取 DMU 时，另外需考虑的准则是 DMU 的生产过程应具有同构型，即宜具有相同种类的投入资源，生产相同种类的产品或服务，且应在同一市场条件下生产，如此才能在同一基准下进行效率评估。此外，我们亦可选取跨区域甚至跨国界的同构型组织作为 DMU。例如，Whiteman 和 Pearson（1993）使用 DEA 来衡量澳大利亚电信与其他 20 国的电信公司的相对绩效；蓝武王、林村基（2003）使用 DEA 来比较包括台铁在内的 74 家铁路公司的营运效率，这些 DMU 虽位处不同地区，但均为同构型组织，因此亦可作为受评 DMU，但仍需注意不同地区 DMU 的市场条件的差异性，避免做出不适当的比较。

三、DMU 的选取宜考虑完整性比较，避免有效率 DMU 的遗漏

在选取 DMU 时，常会遇到某些组织或单元的投入及产出资料不易取得的情况，倘若删除这些资料不全的组织或单元，而这些组织或单元又是相当重要的评比对象，则可能导致效率评估结果产生严重的扭曲与偏误。因此，我们在选取 DMU 时，宜考虑进行完整性的比较，可通过变量合并或数据替代等方式，解决资料不全的问题。为此，DMU 个数越多越没有遗漏，其效率前缘边界越可靠，其效果自然越佳，但 DMU 个数越多，同构型可能会降低，从而影响结果，所以 DMU 个数与同构型常出现利弊权衡问题（Trade-off）。

四、可以纳入理论（虚拟）DMU

按照前述三项准则所选取出的受评单元均为真实的 DMU，然而，当我们要探讨环境因素对效率评估结果的影响时，便可以考虑纳入理论（虚拟）DMU，此处所称的理论（虚

拟）DMU 就是 DEA 效率评估结果中，无效率 DMU 投射到效率边界所形成的假设性 DMU，它是由参考同类的线性组合所产生，事实上并不存在。因此，我们若将理论（虚拟）DMU 纳入受评 DMU 中，再次执行 DEA 分析，比较原先无效率 DMU 与理论（虚拟）DMU 之间的效率差异，即可得出环境因素对效率的影响效果。Charnes、Cooper 和 Rhodes（1981）提出的一阶段模式，以及 Pastor（1995）提出的双重 DEA 形式（Double DEA Format）均将理论（虚拟）DMU 纳入受评 DMU 中，读者可参阅本书第八章的内容说明。

第二节　投入产出项的选取

以 DEA 方法评估的相对效率是建立在各受评决策单元的投入产出数据上，若选择了不适当的投入产出项，势将扭曲效率评估的结果。有鉴于此，本节首先探讨组织目标与选取投入产出项的关系，说明如何由组织目标建立评估准则，再具体化为投入产出项的过程。其次探讨如何运用相关分析，由投入产出资料验证投入产出项是否能解释其对效率的影响，并介绍两种筛选投入产出项的方法，即统计回归分析常用的后退消去法（Backward Elimination）及前进选择法（Forward Selection）。最后则依据 DEA 模式本身的特性，说明如何决定投入产出项的个数及一般的经验法则。

一、组织目标与投入产出项选取

效率评估为组织进行管理控制的一种决策支持行为，投入产出项的选取乃源自于管理控制上的评估目标。而组织的整体规划是基于其经济目标、财务目标与社会使命，同时考量其所处环境下的优势（Strength）及劣势（Weakness），机会（Opportunities）及威胁（Threats），据以拟定组织目标，在组织目标拟定之后，再研究实现组织目标的指导策略及具体可行的行动方案。而为确保各种行动方案均能获致预期成果，有必要进行管理控制的活动，如图 5-2 所示，我们可以了解效率评估在管理职能中所扮演的角色。

效率评估既为管理控制的决策支援机制，则其评估目标必导源于组织的管理目标，依据管理目标建立评估准则以作为管理控制的标准，而将评估准则具体化表示即为投入产出项的形式。以系统理论而言，组织活动是将投入的各项资源转换成产出，投入是对产出具有贡献的各种资源，而产出是达成组织目标的具体化的衡量项目。因此，只要确立组织目标应即能构建评估准则，进而选定投入产出项（高强、黄旭男、Sueyoshi，2003）。

为进一步筛选投入产出项目以衡量组织的效率，可依据一套专家访问的程序予以界定，这些利用专家协助建构目标与投入产出的方法，还包括头脑风暴法（Brainstorming）、德尔菲法（Delphi）及一般深度访谈法等。以黄旭男（1993）提出的专家访问步骤阐释

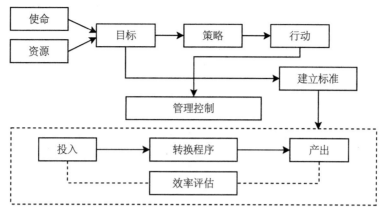

图5-2　由管理目标选取投入产出项

资料来源：黄旭男（1993）。

如下：

（1）访问组织的管理阶层，要求其厘定组织目标及管理目标。

（2）由组织目标及管理目标界定产出项。

（3）由产出项及组织的资源界定投入项。

（4）将从文献及经验得知的投入产出种类及项目列出，以供受访者参考，进而要求受访者确认投入产出项。

（5）将从文献及经验得知的投入产出项列出，以供受访者参考，进而要求受访者确认投入产出的衡量指标。

（6）搜集并取得投入产出资料。

（7）确认投入产出项及衡量指标，并完成资料搜集之后，再进一步与受访者深谈分析其含义，以便进一步确认。

二、投入产出项的确认

运用 DEA 方法时，必须选择适当的投入产出项。从管理学角度而言，影响组织经营效率的投入及产出因素相当多，但在实际衡量时受到资料建置的成本及可用资料的限制，难以考虑过多的投入产出因素，否则依据帕累托最优（Pareto Optimal）的观点，各 DMU 只要有任一项投入或产出的优势，其效率值均将为 1（Farrell，1957），如此将失去效率衡量的用意，因此适当的投入产出项的选取极有必要。关于此问题，史济增（1973）曾提出选定投入产出项的两项原则：

（1）尽可能将完全替代的因素或可完全互补的生产因素归入同类。

（2）尽可能使异类因素之间绝无完全替代或完全互补关系存在。

上述两项原则缺乏操作性定义，且不够具体，黄旭男（1993）认为，投入产出项的确定，可用逐步回归分析的运作方式，如后退消去法（Backward Elimination）及前进选择法（Forward Selection）两种方式选取适当的投入产出项。而不论采用何种方式，选取投入产出项都必须以统计上的相关分析、回归分析、因素分析及主成分分析来检验投入产出项的相关程度，证实投入数量增加时，产出数量亦会增加，以符合 DEA 的同向扩张性（Isotonicity）的要求。

除了采用相关分析来验证同向扩张性之外，借由后退消去法及前进选择法的使用，更可进一步通过投入产出项的乘数值（Multiplier），亦即权重值（u_r，v_i）来确认同向扩张性是否存在，当乘数趋近于 0 时，代表该投入或产出项对效率评估的影响非常微小，可优先去除该投入项或产出项。

（一）后退消去法

后退消去法可逐步消去对效率较无影响的因子，其方法如表 5-1 所示。

表 5-1　后退消去法

		步骤 1	步骤 2	步骤 3	步骤 4	步骤 5	步骤 6
投入	X_1	*	*	*	*	*	*
	X_2	*	*	*	*	*	
	X_3	*	*	*			
产出	Y_1	*	*	*	*	*	*
	Y_2	*	*	*	*		
	Y_3	*	*				
	Y_4	*					

由前文初步界定出所有可能的投入产出项之后，可由下列步骤消去对效率较无影响的投入产出项，后退消去法的执行步骤如下：

（1）步骤一：可就所界定投入产出项因子（设为 X_1、X_2、X_3、Y_1、Y_2、Y_3、Y_4 七项）的资料，以 DEA 模式执行求出各 DMU 的效率，并求得投入产出项所对应的虚拟乘数（此处为 u_r，r = 1，2，3，4 及 v_i，i = 1，2，3）。

（2）步骤二：将步骤 1 各 DMU 的 u_r、v_i 值趋近于 0 者予以消去。当 u_r、v_i 值非趋近于 0，则计算 u_r、v_i 值与第一步骤所求得的效率的相关系数，假设相关系数绝对值最小者为 Y_4，则优先考虑消去 Y_4，再将 X_1、X_2、X_3、Y_1、Y_2、Y_3 等资料以 DEA 模式执行，求出各 DMU 的效率。

（3）步骤三：重复步骤二，假设退出模式的因子依次为 Y_3、X_3、X_2，如表 5-1 所示，直到投入产出项的个数达到分析者的要求为止。

（二）前进选择法

除了后退消去法之外，我们也可采用前进选择法逐步选择进入 DEA 模式的投入产出因子，其方法如表5-2所示。

由前文初步界定出所有可能的投入产出项之后，可由下列步骤确定投入产出项，前进选择法的执行步骤如下：

（1）步骤一：可就所界定投入产出项因子由理论及实际上筛选较能解释效率者 X_1、Y_1 的资料，以 DEA 模式执行求出各 DMU 的效率。

（2）步骤二：寻找其余各项因子与第一步骤所求得的效率相关系数最大者，假设为 X_2，再将 X_1、X_2、Y_1 的资料以 DEA 模式执行求出各 DMU 的效率。

（3）步骤三：重复步骤二，假设进入模式的因子依次为 Y_2、X_3、Y_3、X_4，如表5-2所示，直到投入产出项的个数达到分析者的要求为止。

表5-2　前进选择法

		步骤 1	步骤 2	步骤 3	步骤 4	步骤 5	步骤 6
投入	X_1	*	*	*	*	*	*
	X_2		*	*	*	*	*
	X_3				*	*	*
产出	Y_1	*	*	*	*	*	*
	Y_2			*	*	*	*
	Y_3					*	*
	Y_4						*

三、投入产出项个数的决定

DEA 方法的优点在于可以处理多投入多产出问题，然而其所能处理的投入产出项数目有一定的限制。倘若有五项投入（X_1、X_2、X_3、X_4、X_5）、四项产出（Y_1、Y_2、Y_3、Y_4），则可得出 20 项产出投入比率，亦即（Y_1/X_1、Y_1/X_2、Y_1/X_3、Y_1/X_4）、（Y_2/X_1、Y_2/X_2、Y_2/X_3、Y_2/X_4）、（Y_3/X_1、Y_3/X_2、Y_3/X_3、Y_3/X_4）、（Y_4/X_1、Y_4/X_2、Y_4/X_3、Y_4/X_4）、（Y_5/X_1、Y_5/X_2、Y_5/X_3、Y_5/X_4）20 项比率值，因而理论上至少必须有 20 个以上的受评估 DMU，否则会丧失其区别力及鉴别力（Discriminating Power）。

Thompson 等人（1986）和 Bowlin（1987）由实证经验上获得一个经验法则，即受评估 DMU 的个数应为投入项与产出项个数和的两倍以上，其分析结果的可信度与可解释性最高；Banker 等人（1989）则建议 DMU 的个数应为投入项与产出项个数和的三倍以上。

第三节　DEA 分析模式的选定

在选定投入产出项后，下一步则需选择 DEA 分析模式。本节先说明 DEA 分析模式的选定准则，之后再依据 Cooper、Seiford 和 Tone（2007）所区分的四种类型，共计 37 种分析模式，扼要介绍各种 DEA 分析模式，第十章再做更详细的探讨。

一、DEA 分析模式的选定准则

DEA 分析模式的选定准则需考虑使用者的分析目的、资料形态、投入产出项的属性、先验信息的有无等因素，如表 5-3 所示，以下分别针对这四项准则所区分出的模式类型叙述如下：

（一）以使用者的分析目的区分

就使用者的分析目的而论，分析模式主要可区分成效率分析模式、效能分析模式，一般 DEA 模式均可进行效率分析。倘若仅有投入产出的数量资料，则宜选择技术效率、规模效率、拥挤效率等模式，假如可获得投入产出的价格资料，更可进一步执行成本效率、收益效率、利润效率、配置效率等模式。

当采用效能分析模式时，因效能是目标的达成程度，此时必须将一般 DEA 模式的投入项以 1 取代（Chang et al.，1995）。因此，倘若仅有产出指标，我们亦可执行 DEA 模式的效能分析，例如以"经建会"界定的区域发展准则中的衡量指标，选取具有代表性的数项指标当作产出项，评估台湾地区 23 个县市区域发展的多维指标衡量，就适合采用效能分析模式。

（二）以资料形态区分

DEA 模式可以处理横断面资料（Cross-section Data）及纵横断面资料（Panel Data），但资料形态会影响 DEA 模式的选定，一般 DEA 模式仅能处理横断面资料，衡量的是静态效率。若要处理纵横断面资料，则宜采用视窗分析（Window Analysis）及麦氏指数（Malmquist Index），使用窗口分析可以扩增 DMU 数目，增加效率分析的区别力与辨识力；麦氏指数则可测量跨期技术效率变动、技术变革及总要素生产力变化，这两个模式将在第六章进行较为详细的探讨。至于时间序列资料（Time-series Data），由于每一期仅有一个观测值，而 DEA 模式属于边界评估法，每一期均需有足够的观测值，以便估计每一期的效率边界，因此时间序列资料并不适合执行 DEA 模式，但可以采用回归分析法或指数分析法，例如最小平方法或 Tornqvist 指数分析法来测量总要素生产力变化。

（三）以投入产出项的属性区分

投入产出项的属性可就决策者对变量的可掌控程度，分为可控制变量（Controllable Variables）、不可控制变量（Non-controllable Variables）、非任意变量（Non-discretionary Variables）。传统 DEA 模式均假设投入产出项变量可由决策者控制，执行一般的 DEA 模式即可；不可控制变量是指决策者无法控制的变量，例如气候因素的下雪量，决策者无法控制该变量，亦无法调整该变量的数值。而非任意变量是无法由决策者任意调整的变量，例如发电厂的电力供应量受契约限制，无法任由决策者调整供电量。然而，与不可控制变量的差别在于，非任意变量会受到限制，但并非完全无法调整。不可控制变量模式及非任意变量模式将在第八章进行较为详细的探讨。

（四）以先验信息有无区分

投入产出项资料若能将专家已知的先验信息（Prior Information）纳入 DEA 模式中，则评估结果将更具说服力。因此，若采用 Thompson 等人（1986）的保证区域法（Assurance Region，AR），可求出更贴近于真实的效率值。保证区域法是对各投入项之间，以及各产出项之间的权重比率设定上限与下限。以 CCR 模式为例，在加入保证区域限制条件后，其分析模式如式（5-1）所示：

$$\text{Max } h_j = \sum_{r=1}^{s} u_r Y_{rj}$$

$$\sum_{i=1}^{m} v_i X_{ij} = 1$$

$$\sum_{r=1}^{s} u_r Y_{rj} - \sum_{i=1}^{m} v_i X_{ij} \leq 0, \quad j = 1, 2, \cdots, n$$

$$\alpha_i^L \leq v_i/v_1 \leq \alpha_i^U, \quad i = 2, 3, \cdots, m$$

$$\beta_r^L \leq u_r/u_1 \leq \beta_r^U, \quad r = 2, 3, \cdots, s \tag{5-1}$$

式中，α_i^L、α_i^U 表示投入项权重比率（v_i/v_1）的下限与上限，β_r^L、β_r^U 表示产出项权重比率（u_r/u_1）的下限与上限。

表 5-3　DEA 模式的选定准则

选定准则	模式类型
分析目的 • 效率分析 • 效能分析	 • 技术效率、规模效率、拥挤效率、成本效率、收益效率、利润效率、配置效率 • 效能衡量
资料形态 • 横断面资料 • 纵横断面资料	 • 一般的 DEA 模式 • 窗口分析、麦氏指数
投入产出项属性 • 可控制变量 • 不可控制变量 • 非任意变量	 • 一般的 DEA 模式 • 不可控制变量 DEA 模式 • 非任意变量 DEA 模式
先验信息有无 • 无 • 有	 • 一般的 DEA 模式 • 保证区域模式

二、各种 DEA 分析模式

Cooper、Seiford 和 Tone（2007）将所有的 DEA 模式区分为四种类型，亦即：①射线效率（Radial）形式；②非射线效率具导向（Non-radial and Oriented）形式；③非射线效率无导向（Non-radial and Non-oriented）形式；④射线及非射线效率（Radial and Non-radial）形式。

射线效率（Radial Efficiency）意指投入或产出数量可以等比率缩减或扩增的效率衡量形式，其忽略（非射线）差额（Slacks）的存在；非射线效率（Non-radial Efficiency）则直接处理（非射线）差额，而非等比率调整投入或产出数量；导向模式（Oriented）意指效率评估是采用投入导向或产出导向，亦即效率评估的主要目标或为投入缩减，或为产出扩增；无导向模式（Non-oriented）则是可以同时进行投入缩减及产出扩增。

表5-4中，四类 DEA 分析形式可再区分成 37 种模式，其中：I 与 O 分别代表投入与产出导向；C 与 V 分别代表固定规模报酬与变动规模报酬。例如 AR-I-C 代表固定规模报酬假设下，投入导向的保证区域模式。以下将依据四种类型，分别说明 37 种模式的英文缩写符号所代表的模式意义。

表 5-4　Cooper 等人（2007）区分的 DEA 分析模式类型

类型	分析模式
射线效率形式	CCR, BCC, IRS, DRS, GRS, AR, ARG, NCN, NDSC, BND, CAT, SYS, Bilateral, Scale Elasticity, Congestion, Window, Malmquist-Radial, Adjusted Projection, FDH
非射线效率具导向形式	SBM-Oriented, Super-efficiency-Oriented, Malmquist, Network DEA（Oriented）
非射线效率无导向形式	Cost, New-Cost, Revenue, New-Revenue, Profit, New Profit, Cone-Ratio, SBM-Non-Oriented, Super-SBM-Non-Oriented, Malmquist-CRS（V, G）, Undesirable Outputs, Weighted SBM, Network DEA（Non-Oriented）
射线及非射线效率形式	Hybrid

（一）射线效率形式

（1）CCR（Charnes-Cooper-Rhodes），CCR 模式。即 Charnes、Cooper 和 Rhodes（1978）提出的 CCR 模式，CCR 模式假设所有 DMU 都在固定规模报酬下营运，权重总和下界 L = 0，上界 U = ∞，亦即 $0 \leqslant \sum \lambda \leqslant \infty$。

（2）BCC（Banker-Charnes-Cooper），BCC 模式。即 Banker、Charnes 和 Cooper（1984）提出的 BCC 模式，BCC 模式对 CCR 模式提出修正，认为规模报酬可以变动，权重总和 $\sum \lambda = 1$。

（3）IRS（Increasing Return-to-Scale Model），规模报酬递增模式。IRS 模式放宽 BCC

模式权重总和 $\sum \lambda = 1$ 的限制，权重总和下界 L = 1，上界 U = ∞，亦即 $1 \leq \sum \lambda \leq \infty$。

（4）DRS（Decreasing Return-to-Scale Model），规模报酬递减模式。DRS 模式放宽 BCC 模式权重总和 $\sum \lambda = 1$ 的限制，权重总和下界 L = 0，上界 U = 1，亦即 $0 \leq \sum \lambda \leq 1$。

（5）GRS（General Return-to-Scale Model），一般规模报酬模式。权重总和下界 $0 \leq L \leq 1$，上界 $U \geq 1$，称为 GRS 模式，它运用这些上下界来控制规模报酬可允许变动的范围，例如 L = 0.7，U = 1.3，意指权重总和 $\sum \lambda$ 最多可以递减达到 L = 0.7，递增最多达到 U = 1.3。

（6）AR（Assurance Region Model），保证区域模式。AR 模式允许投入项与投入项之间、产出项与产出项之间，设定虚拟乘数（Virtual Multiplier）比率的上下限，借以增加区别及鉴别力，此模式读者可以参阅式（5-1）。

（7）ARG（Assurance Region Global Model），保证区域整体模式。ARG 模式的限制条件，则是把式（5-1）的限制式改为各投入项（或产出项）的加权值占全部投入项（或产出项）加权值总和比率的上下限，例如投入项有销售人员（Sales）与资本额（Capital）两项，则其限制式可表示如式（5-2）：

$$L \leq \frac{v(1) \times Sales}{v(1) \times Sales + v(2) \times Capital} \leq U \tag{5-2}$$

（8）NCN（Non-controllable Variable Model），不可控制变量模式。不可控制变量是决策者完全无法控制的变量，例如衡量百货公司的经营绩效时，使用地区人口数作为不可控制变量，列为不可控制的产出项，执行 NCN 模式，不可控制变量无法进行任何调整。

（9）NDSC（Non-discretionary Variable Model），非任意变量模式。非任意变量是决策者无法任意控制的变量，与不可控制变量的差异是，非任意变量可以进行有限度的调整，并非完全不可变动，例如发电厂的电力供应量受契约限制，无法任由决策者调整供电量。

（10）BND（Bounded Variable Model），设限变量模式。BND 模式是 NCN 及 NDSC 的扩展模式，投入或产出数量受限制的变量，必须列出该变量的上下限。例如当我们要评估各座职业篮球场的经营绩效，可以把观众人数列为一项产出变量，但每座职业篮球场的观众人数有其上限，因此所有球场中最多的观众容纳人数可视为此项产出变量的上限值，最少的观众容纳人数视为下限值。

（11）CAT（Categorical Variable Model），类别变量模式。经营环境常是管理者无法掌控的，例如在评估某一家大卖场的分店经营绩效时，有必要将分店的销售环境考虑进去，区分其究竟处于艰困销售环境、正常销售环境还是具有优势的销售环境，若将这三类销售环境放在一起比较，可能会产生不公平的评估结果。针对上述问题，我们可以将艰困销售环境归为类别 1，正常销售环境归为类别 2，具有优势的销售环境归为类别 3。在执行效率评估时，类别1艰困销售环境的分店仅能与同为类别1的分店一起比较；类别2正常销售环境的分店可与类别1及类别2的分店一起比较；类别3具有优势的销售环境的分店则可与所有类别的分店一起比较，这可确保没有任何一家分店会与比其更具有销售环境优势的分店进行不公平的比较。

（12）SYS（Different System Model），差异系统模式。DEA模式假设生产可能集合P具有凸性（Convex），若有两个生产行为$A(x_1, y_1)$、$B(x_2, y_2)$位于生产可能线上，亦即生产效率边界，则我们将A、B两点连成AB线段，则位于此线段上的任何一点均属于生产可能集合P。然而，倘若A、B采用不同的生产工具或技术时，前述假设并不成立，此时宜采用差异系统模式。

（13）Bilateral（Bilateral Comparison Model），对等比较模式。假若将所有DMU区分成两群体A、B，A(B)群体的每个DMU是与B(A)群体的DMU为比较对象来进行效率评估，此时A(B)群体DMU将以B(A)群体的DMU为参考对象，此种群体间（Inter-group）的相互比较，可以增加效率评估的区别与鉴别力，称为对等比较模式（Bilateral Comparison Model）。例如我们要比较坐落在商业区的便利商店（A群体）与坐落在住宅区的便利商店（B群体）的经营效率差异，则可考虑采用对等比较模式。

（14）Scale Elasticity（Scale Elasticity Model），规模弹性模式。BCC模式可以区别各DMU的规模报酬情况为递增、固定、递减，同样地，我们也可采用规模弹性模式来区别规模报酬情况。

（15）Congestion（Congestion Model），拥挤模式。边际生产力为负时，即产生拥挤效果，拥挤模式可以检测出具有拥挤现象的DMU，以及造成DMU发生拥挤现象的因素来源。

（16）Window（Window Analysis Model），窗口分析模式。窗口分析模式可以扩增DMU数目，增加效率分析的区别与辨别力，并可检定各DMU的效率稳定度。

（17）Malmquist-Radial（Malmquist Productivity Index Model Under the Radial Scheme），在射线效率衡量下的麦氏生产力指数模式。麦氏指数可以测量跨期技术效率变动、技术变革及总要素生产力变化，麦氏指数的距离函数可使用DEA模式求解，Malmquist-Radial模式所测量的是射线效率，其所有效率与生产力变动的计算是采用射线效率形式。

（18）Adjusted Projection（Adjusted Projection Model），调整投射值模式。使用BCC、CCR或AR模式所得出的投入或产出目标投射值可能会有不符合现实的情况，例如投入缩减或产出扩增的改进幅度过大，不切实际，此时我们可以借由设定投射值的标准来进行调整，经调整投射值后，原先有效率DMU的效率值仍设定为1，因此效率边界并不会移动。

（19）FDH（Free Disposal Hull Model），自由处置模式。FDH模式假设效率评估仅会受到实际观测绩效值影响，其参考同类为实际观测值所自然形成的DMU，而无效率

DMU 的投射点亦为实际的 DMU，而非经线性规划建构的假设性 DMU，因此其效率边界呈现阶梯状，而非一般 DEA 模式的包络线，FDH 模式评估的准则包括凌驾性（Dominance）与效率。

（二）非射线效率具导向形式

（1）SBM-Oriented（Slack-Based Measure Model in Input/Output Orientation），投入或产出导向的以差额变量为基础的衡量模式。SBM-Oriented 模式的效率测量是以非射线差额为标的，需选择投入或产出导向其中一种来进行效率改善。

（2）Super-efficiency-Oriented（Super-efficiency Model in Input/Output Orientation），投入或产出导向的超级效率模式。超级效率模式主要是针对效率值同为 1 的 DMU 进行排序，其允许受评估 DMU 不被效率边界所包络，因此效率值可以大于 1，具导向则是指需选择投入或产出导向。

（3）Malmquist（Malmquist Model），麦氏生产力指数模式。Malmquist 模式代表投入或产出导向的麦氏生产力指数模式。

（4）Network DEA（Oriented）（Input or Output-Oriented Network DEA Model），投入或产出导向的网络 DEA 模式。传统 DEA 模式将每个变量归类为投入项或产出项，但不能同时既为投入项，又为产出项，有些变量在某一构面为投入，但在另一构面为产出，亦即为中间财，若这些构面有紧密相关的联结关系，则宜采用网络 DEA 模式来加以分析。Network DEA（Oriented）模式是需选择投入或产出导向的网络 DEA 模式。图 5-3 为传统 DEA 模式与网络 DEA 模式的示意图，在（b）图中，构面 1 的产出为构面 2 的投入，构面 1 的产出为构面 3 的投入，构面 2 的产出为构面 3 的投入，三个构面之间存在紧密相关的联结关系。

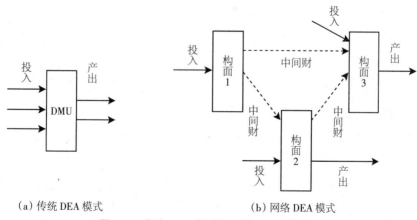

（a）传统 DEA 模式　　　　　　（b）网络 DEA 模式

图 5-3　传统 DEA 模式与网络 DEA 模式

（三）非射线效率无导向形式

（1）Cost（Cost Efficiency Model），成本效率模式。假如我们可以获得投入价格资料，则可以执行成本效率模式。

（2）New Cost（New Cost Efficiency Model），新成本效率模式。新成本效率模式修正成本效率模式，认为投入项的单位成本大小会直接影响成本效率。

（3）Revenue（Revenue Efficiency Model），收益效率模式。假如我们可以获得产出价格资料，则可以执行收益效率模式。

（4）New Revenue（New Revenue Efficiency Model），新收益效率模式。新收益效率模式修正收益效率模式，认为产出项的单位成本大小会直接影响收益效率。

（5）Profit（Profit Efficiency Model），利润效率模式。成本效率模式与收益效率模式的整合模式，必须同时拥有投入及产出价格资料，才能执行利润效率模式。

（6）New Profit（New Profit Efficiency Model），新利润效率模式。新利润效率模式修正利润效率模式，认为投入项及产出项的单位成本大小会直接影响利润效率。

（7）Cone-Ratio（Cone-Ratio Efficiency Model），锥比率效率模式。锥比率效率模式与保证区域模式同为乘数限制模式，假设投入项与产出项的乘数限制于多面锥凸性空间（Polyhedral Convex Cone）。

（8）SBM-Non-Oriented（Slack-Based Measure Without Orientation），无导向性的以差额变量为基础的衡量模式。以差额变量为基础的衡量模式，不设定投入或产出导向。

（9）Super-SBM-Non-Oriented（Super-efficiency Model Without Orientation），无导向性的超级效率模式。超级效率模式，不设定投入或产出导向。

（10）Malmquist C(V, G)（Malmquist Model under Constant Return to Scale），规模报酬固定（变动、一般）下的麦氏生产力指数模式。麦氏生产力指数模式，假设生产过程为固定规模报酬、变动规模报酬、一般规模报酬。

（11）Undesirable Outputs（Undesirable Outputs Model），非需求产出模式。非需求产出模式分成两种类型，一种是 Bad-Outputs（不良产出）模式，此模式将产出项区分成好的（需求）产出及不良的（非需求）产出，两者之间没有相互关系；另一种是 Non-Separable（不可切割）模式，此模式的好的（需求）产出及不良的（非需求）产出彼此不可切割，减少非需求产出不可避免也要减少需求产出，非需求产出的例子，如二氧化碳（CO_2）排放量、污水排放量均属于此。

（12）Weighted SBM（Weighted Slack-Based Measure Model），纳入权重比率的差额变量为基础的衡量模式。此种模式需纳入权重比率的资料，例如资本与销售人员的权重比率设定为10∶1。

（13）Network DEA（Non-Oriented）（Non-Oriented Network DEA Model），无导向性的

网络 DEA 模式。网络 DEA 模式，不设定投入或产出导向。

（四）射线及非射线效率形式

Hybrid（Combination of both Radial and Non-radial Models），射线及非射线效率混合模式。混合模式有两种类型的投入（产出）资料——射线投入（产出）资料及非射线投入（产出）资料，CCR 模式及 BCC 模式属于射线效率模式，但忽略非射线差额；SBM 模式为射线效率模式，忽略投入（产出）具有可等比率调整的射线特性，混合模式将射线效率模式及非射线效率模式整合成单一模式。

以上 37 种模式若再加以细分，则可推导出 157 个分析模式，我们将在第十章介绍上述所提及的 DEA 扩张模式。除了这些模式之外，DEA 若与模糊理论结合，可形成模糊 DEA 模式，此模式将在第七章详细探讨。另外，DEA 若与随机边界法（Stochastic Frontier Approach，SFA）结合运用，即为 Fried 等（2002）提出的三阶段 DEA 模式，此模式将在第八章详细探讨。

第四节　分析结果的解释

本节将说明 DEA 模式的分析结果，分成效率分析、差额变量分析、敏感度分析三个部分依序解释说明如下：

一、效率分析

执行 DEA 模式后，可以得到受评决策单元的相对效率值，即经与同类比较而得出的效率值，我们可以依据各决策单元点所处的位置，将其区分成四种类型。

（一）凌驾边界点（Dominated Frontier）

凡不被任何决策单元凌驾的效率边界决策单位点，如图 5-4 中的 A、B、C、E、G，称为凌驾边界点，这些决策单元的射线效率值为 $1(\theta_k^* = 1)$，参考同类仅有自己本身（$\lambda_k^* = 1$，$\lambda_j^* = 0$，$j \neq k$），差额变量均为 $0(s_i^- = 0,\ s_r^+ = 0)$。

（二）重叠边界点（Redundant Frontier）

凡被其他决策单元的权重凌驾的效率边界决策单元点，如图 5-4 中的 D、F，称为重叠边界点，这些决策单元的射线效率值为 $1(\theta_k^* = 1)$，参考同类除了自己本身之外，尚有其他决策单元（$\lambda_k^* < 1$，$\lambda_j^* > 0$，$j \neq k$），差额变量均为 $0(s_i^- = 0,\ s_r^+ = 0)$。

（三）差额边界点（Slack Frontier）

凡被其他决策单元的效率边界线凌驾的效率边界决策单元点，如图 5-4 中的 I、H，称为差额边界点，这些决策单元的射线效率值为 $1(\theta_k^* = 1)$，但不曾为其他决策单元的参考同类，且至少有一差额变量大于 0，例如决策单元 H 的 X_1，决策单元 I 的 X_2 均有差额存在。

(四) 非效率边界点 （Nonfrontier）

凡不在效率边界的决策单元点，如图 5-4 中的 J、K、L，称为非效率边界点，这些决策单元的射线效率值小于 $1(\theta_k^* < 1)$，属于相对无效率的决策单元。

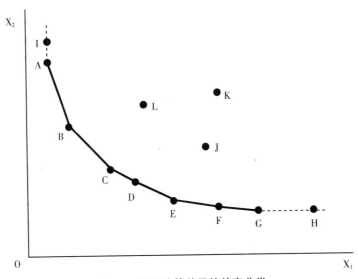

图 5-4 受评决策单元的效率分类

对于相对无效率的决策单元，我们可以进一步探究造成无效率的原因，例如规模无效率抑或技术无效率所导致，如果可以获得投入或产出价格资料，还可以进一步探讨配置无效率的情况。

二、差额变量分析

效率分析可以让我们了解各决策单元的相对效率，以及造成无效率的原因。差额变量则可提供无效率决策单元改进的幅度与方向。DEA 是以折线线性（Piecewise Linear）的方式，连接各前缘边界点，形成效率前缘边界，再以此效率前缘边界作为效率测量的标准，可以得出各投入及产出项的差额变量。换言之，差额变量分析可以指出各决策单元在目前经营情况下的资源使用状况，以及宜改进的幅度与方向。读者可参阅本书第四章第二节及第三节对偶问题中关于差额的解释说明，此处不再赘述。

三、敏感度分析

当受评估决策单元的数目有所变动，或选择不同的投入及产出项，或投入及产出项的数值变动三种情况发生时，均有可能影响 DEA 效率前缘边界的形状或位置。为了使效率测量结果更具说服力，实有必要进行敏感度分析（Sensitivity Analysis），以确保效率测量结果的可信度。DEA 模式的敏感度分析主要目的为借由减少或增加 DMU 数目，或是减少或增加投入及产出项，观察所有 DMU 效率值的变化。

第五节　效率值排序

DEA 模式的排序方法可分为两种类型，一类是对乘数（或称权数、权重）设定限制，借由减少有效率的 DMU 数目，增加区别及鉴别力；另一类是直接通过效率值的转换计算，得出效率指标，再根据效率指标的数值予以排序，如此可以解决当众多 DMU 效率值均为 1 时，无法排序的窘境。

本节将分为乘数设定的探讨、效率指标两种类型，探讨效率值排序问题，其中乘数设定部分，将汇总整理各种乘数探讨的理论及实证研究，并介绍较常使用的保证区域（Assurance Region，AR）模式及锥比率（Cone-ratio）模式；效率指标部分则介绍交叉效率（Cross Efficiency）及超级效率（Super Efficiency）两种效率指标。

一、乘数设定的探讨

对 DEA 模式的乘数探讨始于 Charnes 等人（1979），陆续已有许多学者钻研此问题，有关探讨乘数的文献如表 5-5 所示，读者可参阅这些探讨乘数的相关文献。

表 5-5　探讨乘数的理论及实证研究

作者	主要贡献
Charnes、Cooper & Rhodes（CCR）（1978）	将 Farrell（1957）的观念予以推广，建立一般化的数学规划模式，该模式对乘数的设定为非负条件（≥ 0）
Charnes、Cooper & Rhodes（CCR）（1979）	修正原始模式（CCR）中有关各个乘数的限制，从非负条件（≥ 0）修正为绝对为正（> 0）的限制
Boyd & Färe（1984）	对 CCR 模式中乘数的非负条件提出评论
Lewin & Morey（1985）	引进非阿基米德数（$\geq \varepsilon$，$\varepsilon = 10^{-6}$）
Färe & Hunsaker（1986）	提出乘数设限方法
Dyson & Thanassouis（1988）	修正 DEA 模式以处理当乘数受限制时的效率评估问题
Golany（1988）	引进各乘数间顺序关系的概念，以扩展 CCR 模式的应用范围
Charnes、Cooper、Wei & Hung（1989）	提出乘数设限的方法（锥比率模式）

作者	主要贡献
萧基渊（1989）	讨论乘数的重要性
Cook、Roll & Kazakov（1990）	应用乘数设限模式衡量美国高速公路维护巡逻站的效率
Thompson、Langemeier、Lee & Thrall（1990）	讨论 DEA 模式中乘数的范围在效率分析上的角色（AR 法）
Wong & Beasley（1990）	修正 DEA 模式中以处理乘数受限时的效率评估
张国平等（1991）	提出对于乘数绝对为正的限制并无帮助，并另外提出修正模式
Roll、Cook & Golany（1991）	发展寻找乘数设限范围的技巧（CSW 法）
Ali、Cook & Seiford（1991）	探讨 DEA 模式中，乘数间有次序关系时模式的修正
Cook、Kress & Seiford（1992）	探讨如何修正 DEA 模式，使其评估结果可区分效率边界间的优劣
Roll & Golany（1993）	讨论处理乘数设限的理论方法
Yolalan（1993）	探讨有关投入与产出因素的乘数对效率衡量的影响
黄旭男（1993）	探讨区界确定分析法的使用
吴志诚（1994）	探讨乘数的设限是否会影响效率值
陈健治（1994）	探讨乘数的设限是否会影响效率值
Allen、Athanassopoulos、Dyson & Thanassoulis（1997）	将 AR 法的限制式改为各投入（或产出）的加权值占全部投入（或产出）加权值总和比率的上下限（ARG 法）
Cooper、Seiford & Tone（2000）	在不良产出模式中，必须设定好的（需求）产出与不良（非需求）产出的乘数比率

资料来源：吴济华、刘春初（1998）及本书作者汇总整理。

Boussofine、Dyson 和 Thanassoulis（1991）认为，DEA 模式中经由运算得出的乘数同时具有优点及缺点。优点是乘数的产生不受人为主观因素的影响，具有公平性及公正性；缺点是如果乘数是刻意选择，将可能造成该 DMU 为相对有效果，因此其测量出的效率未必来自本质效率（Inherent Efficiency），而是来自乘数的选择。

Charnes、Cooper 和 Rhodes（1978）提出的 CCR 模式，将乘数设定为大于等于零（≥0），此限制会造成不合理的现象，亦即各 DMU 为求本身效率极大化，将会舍弃不利的因子，即令其乘数为 0，此为 CCR 模式的一项缺点。

基于上述乘数未设限所产生的问题，部分学者不断地研究以修正 CCR 模式，如 Charnes、Cooper 和 Rhodes（1979）修正其原始模式（CCR 模式）中乘数的限制，从非负条件（≥0）调整为绝对为正（>0）的限制。Lewin 和 Morey（1985）引进非阿基米德数（ε，$\varepsilon = 10^{-6}$）来限制各投入产出项的乘数，使其不为 0。Färe 和 Hunsaker（1986）提出若给予一固定值（ε，$\varepsilon = 10^{-6}$），并无法适用于所有情况，而且此修正还是无法解决前述的问题。

因此，1988 年以后陆续有许多学者针对乘数未设限的缺点提出不同的修正方向（如乘数应该设限与乘数顺序的观念），以修正原始 CCR 模式。从此 DEA 模式乘数自动赋予的优点，反而成为其缺点。学者为了弥补此缺点，均认为乘数应该给予设限，以决定其乘数范围，有关乘数范围的设定，汇整相关文献可归纳为两种类型：

（1）绝对设限法：指各投入、产出项乘数的上下限明确地给予一个数值。如下限法、平均乘数比率法、共同乘数组合法（CSW 法）。

（2）相对设限法：指选定某一投入或产出项为基准，其他投入或产出项相较于此基准，就其相对重要性设定上下限，如保证区域模式（Assurance Region，AR）、锥比率模式（Cone-ratio）。

本节将说明两个较为常用的乘数设限模式，亦即保证区域模式、锥比率模式。

（一）保证区域模式

我们以一个简单的数字案例来说明保证区域法的基本概念，表 5-6 包含六所大学的整体绩效的比较资料，评估的属性包含研究能力与教学能力，使用这两项能力来衡量大学整体绩效，每一个属性均以 1~10 尺度表示，1 代表最低技巧水准，10 代表最高技巧水准。

表 5-6 六所大学的研究能力及教学能力评比分数

大学代号	研究能力	教学能力
A	9	2
B	3	9
C	7	7
D	3	6
E	3	2
F	4	5

以 DEA 的线性规划模式来评估一个 DMU 的相对效率时，我们必须解出每一个 DMU 的线性规划，以获得所有受评 DMU 的相对效率。在大学绩效评估的案例中，借由改变每次受评估 DMU 的目标函数系数，可以得出六所大学的相对效率，表 5-7 为六所大学的 CCR 模式效率评估结果，其中相对效率是扩展因素的倒数值。

表 5-7 六所大学的 CCR 模式效率评估结果

大学代号	研究能力乘数（u_r）	教学能力乘数（u_t）	两属性乘数比率（u_r/u_t）	扩展因素	相对效率	效率排序
A	0.111	0.000	无限大	1.000	1.000	1
B	0.047	0.095	0.50	1.000	1.000	1
C	0.102	0.041	2.50	1.000	1.000	1
D	0.067	0.133	0.50	1.401	0.714	4
E	0.263	0.105	2.50	2.577	0.388	6
F	0.071	0.143	0.50	1.499	0.667	5

如表 5-7 所示 DEA 法允许属性的重要性比率范围可以从零一直到无限大，这既是DEA 的优点，亦是缺点。优点是研究者在界定效率边界点时，无须对属性价值做出判断；缺点则是，事实上研究者会对某些效率边界点赋予较高的价值，然而，DEA 模式却赋予效

率边界点相同的价值。

传统 DEA 模式的一项重要扩张模式为允许研究者设定属性相对重要性的范围，亦即保证区间模式。在图 5-5 中，尽管 A 大学、B 大学与 C 大学的研究能力及教学能力差异甚大，但三所大学都同样位于效率边界上。为了比较这些位于效率边界上的大学的经营绩效，我们必须对研究能力及教学能力的相对重要性做出判断，以进一步辨识大学的经营绩效。倘若我们设定研究能力的重要性为教学能力的2~3 倍，则属性乘数的限制式可以表示如下：

$2 \leqslant u_r/u_t \leqslant 3$

假如我们将此限制式加到线性规划模式中，并计算 B 大学的相对效率，可以发现与最佳值 1.0 相比，B 大学的极大值为 0.714。B 大学由原先有效率的 DMU 变成无效率的 DMU。

如图 5-5 所示，最佳大学的界定方式，须视 u_r/u_t 的比率而定，较小比率（小于 0.5）对教学能力最高的 B 大学较为有利，较大比率（大于 2.5）对研究能力最高的 A 大学较为有利，介于 0.2~2.5 的中间比率值则对教学能力及研究能力均佳的 C 大学较为有利。当比率值设定必须介于 2.0~3.0 的保证区域时，A 大学与 C 大学依旧位于效率边界上，因此，我们需要一个更小的保证区域（例如 $2.8 \leqslant u_r/u_t \leqslant 3$），以进一步辨识 A 大学与 C 大学的经营绩效。

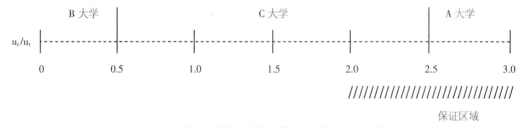

图 5-5　每个效率边界点的最适区域及保证区域

图 5-6 显示了属性乘数的比率范围对 DEA 效率边界造成的影响。其主要理论是效率边界的斜率不得小于属性乘数比率下界的范围。在原先的效率边界中，从 B 大学到 C 大学所构成的效率边界线段（虚线部分），其斜率为-0.5，此线段现在被通过 C 点斜率为-2.0 的线段（粗实线部分）所取代，B 点的效率降为 71.4%，其至原点距离为原点到 AR 模式效率边界距离的 71.4%，AC 线段斜率为-2.5，大于限制条件下界的斜率-2.0，因此 AC 线段仍为效率边界，A、C 点依旧位于效率边界上，仍为有效率的大学。

表 5-8 为六所大学的 AR 模式（一）（限制式为 $2 \leqslant u_r/u_t \leqslant 3$）效率评估结果，A、C 的效率值依旧同为 1，我们可将乘数比率缩小为 $2.8 \leqslant u_r/u_t \leqslant 3$，执行 AR 模式（二），其效率评估结果如表 5-9 所示，经过缩小保证区域范围后，我们即可轻易地完成效率排序。

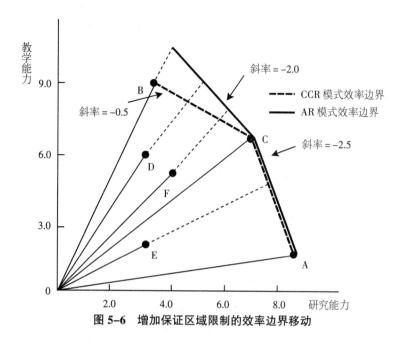

图 5-6　增加保证区域限制的效率边界移动

表 5-8　六所大学的 AR 模式（一）效率评估结果

大学代号	研究能力乘数（u_r）	教学能力乘数（u_t）	两属性乘数比率（u_r/u_t）	扩展因素	相对效率	效率排序
A	0.103	0.034	3.00	1.000	1.000	1
B	0.134	0.067	2.00	1.400	0.714	3
C	0.102	0.041	2.50	1.000	1.000	1
D	0.166	0.083	2.00	1.750	0.571	5
E	0.263	0.105	2.50	2.579	0.388	6
F	0.154	0.077	2.00	1.615	0.619	4

表 5-9　六所大学的 AR 模式（二）效率评估结果

大学代号	研究能力乘数（u_r）	教学能力乘数（u_t）	两属性乘数比率（u_r/u_t）	扩展因素	相对效率	效率排序
A	0.103	0.034	3.00	1.000	1.000	1
B	0.161	0.057	2.80	1.563	0.640	3
C	0.105	0.037	2.80	1.022	0.978	2
D	0.194	0.069	2.80	1.889	0.529	5
E	0.269	0.096	2.80	2.615	0.382	6
F	0.173	0.061	2.80	1.679	0.596	4

（二）锥比率模式

相对设限法除了保证区域模式外，还有另一模式即锥比率模式（Cone-ratio Model），该模式是由 Charnes 等人（1990）所提出，是将投入及产出乘数限制在一个封闭的多面凸锥（Polyhedral Convex Cone）空间内。假设投入项乘数 v 存在于由 k 个正值方向向量

(Nonnegative Direction Vectors) (a_j) $(j = 1, 2, \cdots, k)$ 所构成的多面凸锥空间内，则乘数 v 如式（5-3）表示：

$$v = \sum_{j=1}^{k} \alpha_j a_j \qquad \alpha_j \geqslant 0(\forall j)$$
$$= A^T \alpha \tag{5-3}$$

式中，$A^T = (a_1, a_2, \cdots, a_k) \in R^{m \times k}$，而 $\alpha^T = (\alpha_1, \alpha_2, \cdots, \alpha_k)$，多面凸锥空间 V 可定义如式（5-4）：

$$V = A^T \alpha \tag{5-4}$$

若多面凸锥空间 V 以两面向的案例呈现，则其图形如图 5-7 所示：

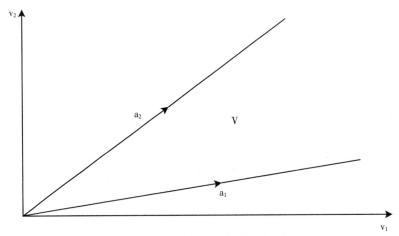

图 5-7　两向量构成的多面凸锥空间

相似地，假设产出项乘数 u 存在于由 l 个正值方向向量 (b_j) $(j = 1, 2, \cdots, l)$ 所构成的多面凸锥空间内，则乘数 u 可以式（5-5）表示：

$$u = \sum_{j=1}^{l} \beta_j b_j \qquad \beta_j \geqslant 0(\forall j)$$
$$= B^T \beta \tag{5-5}$$

式中，$BT = (b1, b2, \cdots, bl) \in Rm \times l$，而 $\beta T = (\beta1, \beta2, \cdots, \beta l)$，多面凸锥空间 U 可定义如式（5-6）：

$$U = B^T \beta \tag{5-6}$$

假设 A 与 B 矩阵构成多面凸锥空间 V 与 U，则投入导向 CR-CCR 模式可以式（5-7）的对偶式表示：

min θ

s.t.　$\theta(Ax_0) - A(X)\lambda \geqslant 0$

　　　$(By_0) - (BY)\lambda \leqslant 0$

$$\lambda \geqslant 0 \tag{5-7}$$

式中，x_0 为受评的目标 DMU 的投入项所构成的向量，y_0 为受评的目标 DMU 的产出项所构成的向量。X 为所有 DMU 的投入项所构成的矩阵，Y 为所有 DMU 的产出项所构成的矩阵，θ 代表射线效率，$\lambda = (\lambda_1, \lambda_2, \cdots, \lambda_n)$，为权重所构成的向量。由式（5-7）可以知道，多面锥比率模式也可以使用 CCR 模式的包络形态来求解。

二、效率指标

前面介绍的保证区间模式及锥比率模式均需限定乘数的范围，然而，我们也可由效率值本身着手，将效率值经由转换计算来予以排序。交叉效率（Cross Efficiency）及超级效率（Super Efficiency）是两种常用的效率指标，本节将依序探讨这两种效率排序方法。

（一）交叉效率

交叉效率衡量法（Cross Efficiency Measure, CEM）最早由 Sexton 等人（1986）所提出，以用来区别真正有效率的 DMU，其衡量方法是以其他受评 DMU 所选择的最佳乘数来评估自己的效率，再求出平均值，因此又称为同侪评估。而传统 CCR 模式则是采用最有利于自己的乘数来计算自己的效率，则称为自我评估。

Sexton 等人（1986）的交叉效率模式主要标的（Primal Goal）在于极大化自我评估的效率，次要标的（Secondary Goal）则是极小化同侪评估的效率值平均，其线性规划式如式（5-8）及式（5-9）所示：

$$\max E_{kk} = \frac{\sum_{r=1}^{s} u_{rk} y_{rk}}{\sum_{i=1}^{m} v_{ik} x_{ik}}$$

$$\text{s.t.} \quad E_{kl} = \frac{\sum_{r=1}^{s} u_{rk} y_{rl}}{\sum_{i=1}^{m} v_{ik} x_{il}} \leqslant 1$$

$$\sum_{i=1}^{m} v_{ik} x_{ik} = 1$$

$$v_{ij}, \; u_{ij} \geqslant 0, \quad \forall i, r, \; j = 1, 2, \cdots, m \quad l \neq k \tag{5-8}$$

$$\min M_k = \sum_{l=1, \; l \neq k}^{m} E_{kl} / (m-1) \tag{5-9}$$

式中，E_{kk} 为自我评估效率，E_{kl} 为同侪评估效率，M_k 为同侪评估的效率值平均，表 5-10 为交叉效率示意表，自我评估效率不能列入计算，因此每个 DMU 都有 $(m-1)$ 个同侪评估效率值，取其算数平均值即为平均交叉效率。

表 5–10　交叉效率示意

DMU	1	2	…	j	…	m	平均值
1	—	E_{12}	…	E_{1j}	…	E_{1m}	M_1
2	E_{21}	—	…	E_{2j}	…	E_{2m}	M_2
⋮	⋮	⋮	⋮	⋮	⋮	⋮	⋮
k	E_{k1}	E_{k2}	…	E_{kj}	…	E_{km}	M_k
⋮	⋮	⋮	⋮	⋮	⋮	⋮	⋮
m	E_{m1}	E_{m2}	…	E_{mj}	…	—	M_m

(二) 超级效率

在大多数的 DEA 模式中，均将有效率的 DMU 给予 1 的效率值，Andersen 和 Petersen (1993) 为了将效率的 DMU 加以排序，乃将有效率的 DMU 分别从效率边界中剔除，以其他剩余的 DMU 为基础，形成新的效率边界，计算剔除的 DMU 到新效率边界的距离。由于剔除的 DMU 不被效率边界所包络，因此所衡量出来的新效率值会大于 1，如此将更易于排序，这就是超级效率的概念。

由于超级效率是计算剔除的 DMU 到新效率边界的距离，因此距离愈大，则超级效率值会愈大；反之，距离愈小，则超级效率值会愈小。超级效率的线性规划式如式（5–10）所示：

$$\min \theta$$

$$\theta X_{ik} \geqslant \sum_{j \in J-k} \lambda_j X_{ij}, \quad i = 1, 2, \cdots, m$$

$$Y_{rk} \leqslant \sum_{j \in J-k} \lambda_j Y_{rj}, \quad r = 1, 2, \cdots, s$$

$$\lambda_j \geqslant 0, \quad j \in J-k \tag{5-10}$$

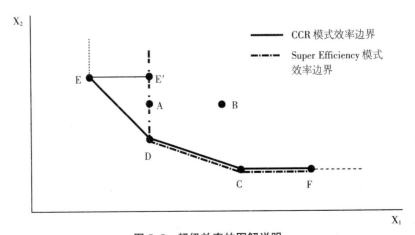

图 5–8　超级效率的图解说明

以图 5-8 为例，要衡量决策单元 E 的超级效率，需将 E 剔除在效率边界外，原效率边界为 FCDE，新效率边界为 FCDA，E 的超级效率可通过 E 到新效率边界的距离来衡量，亦即 EE′，其他效率边界点 C、D、F 的超级效率计算方式亦相同。

表 5-11 为超级效率范例的效率分析及排序结果，假设有六家百货公司，使用两项投入 X_1、X_2，生产一项产出 Y，若执行 CCR 模式，则 C、E 两家百货公司均为有效率的DMU，效率值同为 1。此时，我们可以进一步使用超级效率模式，计算出 C、E 两家百货公司的超级效率，以区别出哪一家百货公司的经营效率较佳。分析结果发现，C 百货公司的超级效率为 2，大于 E 百货公司的超级效率 1.5，显示 C 百货公司的效率表现优于 E 百货公司。而其他 A、B、D、F 四家百货公司在 CCR 模式中为无效率的 DMU，不适用超级效率，因此这四家百货公司的效率值维持固定不变。

表 5-11 超级效率范例的效率分析及排序结果

百货公司代号	投入产出资料			CCR 效率值	超级效率值	排序
	X_1	X_2	Y			
A	4	3	1	0.636	0.636	4
B	7	3	1	0.412	0.412	5
C	3	1	1	1.000	2.000	1
D	4	2	1	0.700	0.700	3
E	2	3	1	1.000	1.500	2
F	6	6	1	0.389	0.389	6

第六节 小结

本章说明资料包络分析的运作程序及效率排序方法，DEA 分析模式发展迄今，已延伸发展出许多扩张模式，第六章至第九章将介绍 DEA 扩张模式，包括麦氏 DEA、模糊DEA、三阶段 DEA、网络 DEA 等模式。第十章将介绍其他 DEA 分析模式，如加法模式、SBM 模式、配置效率模式、非需求产出模式等，这些模式都有计算机软件可以执行，本书附录将介绍四种 DEA 计算机软件，包括 IDEAS（1995）、DEAP2.1-XP（1996）、Banxia Frontier Analyst3（2003）、DEA-SOLVER6.0（2007），以及随机边界法（SFA）计算机软件FRONTIER4.1（1996），并详细说明软件操作步骤与报表结果分析。软件操作仅是一项使用工具，读者仍应了解 DEA 理论，才可正确使用以上模式而不致在实务操作时出现错误应用。

第六章 技术效率变动与技术变革测量——麦氏 DEA

当我们以横断面资料（Cross-section Data）来衡量相对效率时，测量的仅是单一时间点的静态效率，使用 CCR 模式或 BCC 模式就可以解出各决策单元的相对效率。然而，当我们需要处理纵横断面资料（Panel Data），涉及跨期的效率比较时，现有的 DEA 基本模式仍不足以求解此跨期的效率变动，在面临此种状况下，一般可以使用以下两种方法来求解。其中一种方法是窗口分析（Window Analysis）；另一种方法为麦氏指数（Malmquist Index，MI），本章将先介绍窗口分析，接着探讨投入导向麦氏指数、产出导向麦氏指数，最后则以一个简单案例来说明麦氏 DEA 的分析结果。

第一节 窗口分析（Window Analysis）

本节先介绍窗口分析的基本概念，之后再以一个窗口分析实证案例来说明跨期效率比较的应用程序，并解读窗口分析的结果及其意涵。

一、窗口分析基本概念

窗口分析（Window Analysis）的名称与基本概念是源自于 Klopp（1985）的研究计划，他针对美国陆军招募计划研发出一套分析方式，称为窗口分析。窗口分析除了可以解决受评单元数目太少，无法执行 DEA 基本模式所产生的问题之外，亦可进行受评决策单元的跨期效率比较。

窗口分析是将多期的资料每数期归为一个窗口，各窗口的期数均相同，将相同受评单元在不同时期的数据当作不同的受评估单元来比较。如表 6-1 所示，若以 k 期为一窗口的长度，第一个窗口的资料由 1~k 期所构成，次一个窗口则以第 k + 1 期来取代第 1 期的资料，以维持相同的窗口长度，以此观念继续移动窗口直至所有的期数（m）均考虑完毕为止，每个受评单元共会产生 m − k + 1 个视窗列。由于每一个窗口均有 k 个受评单元，因而若原始受评估单元个数为 N 个，则以窗口分析受评估单元个数可扩增为 N × k 个，达到增加受评估单元个数以强化鉴别力的功能。

只要将 N × k 个受评单元的投入产出资料代入传统的 DEA 模式，即可获得视窗分析的结果。不同的是，每一个受评估单元共有 k 期，每一期均可获得一个效率值，因此每一受评单元均有 k 个效率值。此外，还可利用栏距（Column Range，CR）观察每一期各个受评估单元其效率的稳定性如何，栏距变动越小表示越稳定。同理，若欲了解跨时期每一个受评估单元的稳定性，则可综合 m 期的全距（Total Range）来加以考虑。而每一个受评估单元可求算 k(m − k − 1) 个效率值的平均值（M）以及变异数（V）代表每一个受评估单元在第 1~m 期的平均相对效率及其变动状况。综合栏距则代表一个决策单元在各时期中两个不同视窗的差异情形。

表 6-1　窗口分析法示意表

DMU	视窗	1期	2期	3期	4期	5期	平均数	变异数	综合栏距	全距
A	W_1	A_{11}	A_{12}	A_{13}			M_A	V_A	CR_A	TR_A
	W_2		A_{22}	A_{23}	A_{24}					
	W_3			A_{33}	A_{34}	A_{35}				
B	W_1	B_{11}	B_{12}	B_{13}			M_B	V_B	CR_B	TR_B
	W_2		B_{22}	B_{23}	B_{24}					
	W_3			B_{33}	B_{34}	B_{35}				
C	W_1	C_{11}	C_{12}	C_{13}			M_C	V_C	CR_C	TR_C
	W_2		C_{22}	C_{23}	C_{24}					
	W_3			C_{33}	C_{34}	C_{35}				
D	W_1	D_{11}	D_{12}	D_{13}			M_D	V_D	CR_D	TR_D
	W_2		D_{22}	D_{23}	D_{24}					
	W_3			D_{33}	D_{34}	D_{35}				
E	W_1	E_{11}	E_{12}	E_{13}			M_E	V_E	CR_E	TR_E
	W_2		E_{22}	E_{23}	E_{24}					
	W_3			E_{33}	E_{34}	E_{35}				

注：A_{11} 的 A 代表决策单位，第一个 1 代表窗口序号，第二个 1 代表期别。

二、窗口分析实证案例

本节以游秉睿（2006）针对中国台湾六支职棒球队的技术效率评估研究为窗口分析案例。由于中国台湾的职棒球队只有六队，为解决受评决策单元太少所可能导致区别与辨别力不足的问题，乃采用窗口分析进行跨球季的职棒球队技术效率评估。

在该研究中，受评估的球季涵盖 2004 年上半年至 2005 年下半年，跨越四个半年，亦即有四期的投入与产出资料，以三个半年为一个窗口，亦即以三期为一个窗口的长度，因此 2004 年上半年、2004 年下半年、2005 年上半年为第一个窗口，而 2004 年下半年、2005 年上半年、2005 年下半年为第二个窗口，每个窗口都有 6 × 3 = 18 个 DMUs。分别对两个窗口执行 CCR 模式的 DEA 分析。

表 6-2 为六支职棒球队的窗口分析结果，我们可由此表的数值比较四个半年来各支职棒球队的技术效率，其中以 B 球队的技术效率平均值 0.896 为最大，而变异数以 D 球队的 0.055 为最小，C 球队的 0.121 为最大。全距则以 C 球队的 0.292 为最大，代表 C 球队在四个半季中表现最不稳定，综合栏距则以 A 球队的 0.086 为最大，Max(1 − 0.965, 0.812 − 0.726) = 0.086，代表 A 球队在每个半年之间表现最不稳定。

表 6-2 中国台湾六支职棒球队窗口分析结果

职棒球队	2004 年上半年	2004 年下半年	2005 年上半年	2005 年下半年	平均值	变异数	综合栏距	全距
A	1.000	0.965 1.000	0.726 0.812	0.774	0.880	0.112	0.086	0.274
B	1.000	0.933 0.970	0.820 0.853	0.797	0.896	0.076	0.037	0.203
C	0.933	1.000 1.000	0.754 0.765	0.708	0.860	0.121	0.011	0.292
D	0.881	0.781 0.790	0.724 0.749	0.715	0.773	0.055	0.025	0.166
E	0.907	0.687 0.709	0.945 0.954	0.742	0.824	0.113	0.022	0.267
F	0.655	0.784 0.787	0.654 0.715	0.789	0.731	0.060	0.061	0.135

第二节 麦氏指数 (Malmquist Index)

本节所探讨的内容以麦氏总要素生产力指数为依据，此领域最富影响力的研究当属 Nishimizu and Page（1982）与 Färe et al.（1994）所进行的研究，Nishimizu and Page（1982）系使用 Aigner and Chu（1968）的线性规划法，应用到前南斯拉夫的社会部门的纵横断面资料（Panel Data），建构参数生产边界，并以效率变化与技术变革的总和来衡量总要素生产力成长。Färe et al.（1994）则采用 Caves、Christensen and Diewert（1982）所定义的总要素生产力（TFP）成长指数，并叙述如何使用 DEA 方法来估计距离函数（Distance Functions），他们也指出如何将得出的总要素生产力指数，解构成技术效率变化与技术变革。

这两篇研究的实质差异在于，Nishimizu and Page（1982）使用参数法（随机边界法，SFA）直接计算技术效率变化与技术变革，两者整合为总要素生产力变化，而 Färe et al.（1994）则使用非参数法（数据包络分析法，DEA）计算距离函数，再计算麦氏总要素生产力变化指数，之后再将此指数解构成技术效率变化与技术变革。

本节将采用 Färe et al.（1994）使用的非参数法（资料包络分析法，DEA）计算距离函数，然后再计算麦氏总要素生产力变化指数。本节先探讨投入导向技术效率变动、技术变革、麦氏指数，并以 Ray and Desli（1997）所提出的固定规模报酬麦氏指数的解构方式来说明规模效率变动。我们将以图形、距离函数及线性规划式来说明投入导向的各种效率变动与技术变革测量，读者需配合各种图形说明，俾以确实了解麦氏指数的意涵。

一、技术效率变动（Technical Efficiency Change）

技术效率变动又称追赶效果（Catch-up Effect），意指一个决策单元（DMU）的技术效率的改进或衰退的程度。我们以图 6-1 来说明技术效率变动，图中 $S(x_s, y_s)$ 为第 s 期的投入及产出值，S' 为 S 在第 s 期效率边界的投射点；$T(x_t, y_t)$ 为第 t 期的投入及产出值，T' 为 T 在第 t 期效率边界的投射点，此案例设定为投入导向，生产过程为固定规模报酬，由投入的缩减来改善技术效率，我们将在下一节说明产出导向麦氏指数。

从第 s 期到 t 期的技术效率变动可以表示如下：

$$技术效率变动 = \frac{T(x_t, y_t) \text{ 于第 t 期的技术效率}}{S(x_s, y_s) \text{ 于第 s 期的技术效率}}$$

从第 s 期到第 t 期的技术效率变动可以式（6-1）计算：

$$技术效率变动 = \frac{BT'}{BT} \bigg/ \frac{AS'}{AS} \tag{6-1}$$

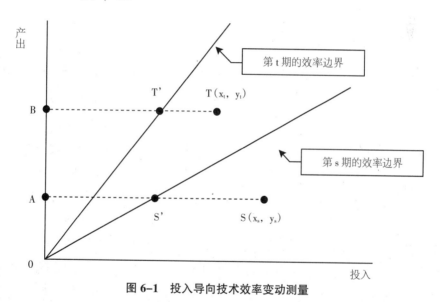

图 6-1　投入导向技术效率变动测量

式（6-1）也可以转变为式（6-2）的距离函数：

$$技术效率变动 = \frac{d_i^t(x_t, y_t)}{d_i^s(x_s, y_s)} \tag{6-2}$$

在式（6-2）中，$d_i^t(x_t, y_t)$ 代表从第 t 期的观测值到第 t 期效率边界的距离，$d_i^s(x_s, y_s)$ 代表从第 s 期的观测值到第 s 期效率边界的距离，式（6-2）衡量的是第 s 期与第 t 期间，投入导向的技术效率的变动，亦即技术效率变动等于第 t 期的技术效率与第 s 期的技术效率的比率。

若计算得出的技术效率变动值＞1，代表第 s~t 期的技术效率呈现进步趋势；技术效率

变动值 = 1，代表技术效率维持固定不变；当技术效率变动值 < 1，代表技术效率呈现衰退趋势。

$d_i^s(x_s, y_s)$ 与 $d_i^t(x_t, y_t)$ 两个距离函数，可以借由下述两个线性规划式（6-3）与式（6-4）求得，亦即投入导向 CCR 模式。

$$d_i^s(x_s, y_s) = \underset{\theta, \lambda}{\text{Min}} \quad \theta$$

$$\text{s.t.} \quad Y_s\lambda \geq y_s$$

$$\theta x_s \geq X_s\lambda$$

$$\lambda \geq 0 \tag{6-3}$$

$$d_i^t(x_t, y_t) = \underset{\theta, \lambda}{\text{Min}} \quad \theta$$

$$\text{s.t.} \quad Y_t\lambda \geq y_t$$

$$\theta x_t \geq X_t\lambda$$

$$\lambda \geq 0 \tag{6-4}$$

二、技术变革（Technique Change）

为了完整评估总要素生产力的变动，我们除了要评估技术效率变动之外，亦要将影响总要素生产力变动的另一项来源——技术变革（Technique Change）列入考虑。

技术变革又称效率边界移动效果（Frontier-shift Effects），或创新效果（Innovation Effects），它反映出两个时期之间效率边界的变动情形。我们以图 6-2 来说明技术变革，图 6-2 中 $S(x_s, y_s)$ 为第 s 期的投入及产出值，S' 为 S 在第 s 期效率边界的投射点，C 为 S 在第 t 期效率边界的投射点；$T(x_t, y_t)$ 为第 t 期的投入及产出值，T' 为 T 在第 t 期效率边界的投射点，D 为 T 在第 s 期效率边界的投射点，此案例设定为投入导向。

前文的技术效率变动，是衡量第 s 期（或第 t 期）观测值到第 s 期（或第 t 期）效率边界的距离的比率，亦即衡量的是同一时期的观测值到效率边界的距离。技术变革则除了需衡量同一时期的观测值到效率边界的距离外，亦需衡量第 s 期（或第 t 期）观测值到第 t 期（或第 s 期）效率边界的距离，亦即需衡量跨期的效率指数（Inter-temporal Efficiency Index，IEI）。例如，式（6-6）中的分母项 AC/AS，以及式（6-8）的分子项 BD/BT 均属跨期的效率指数。

以图 6-2 为例，$S(x_s, y_s)$ 的投射点由第 s 期效率边界上的 S'，移动到第 t 期效率边界上的 C，则 $S(x_s, y_s)$ 的技术变革如式（6-5）所示：

$$\varphi_S = \frac{AS'}{AC} \tag{6-5}$$

式（6-5）可以式（6-6）呈现：

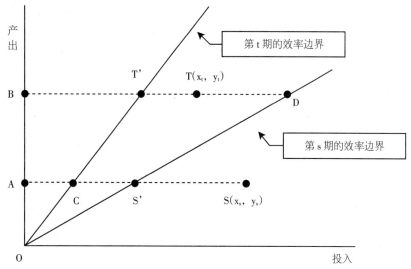

图 6-2　投入导向技术变革测量

$$\varphi_S = \frac{\dfrac{AS'}{AS}}{\dfrac{AC}{AS}} = \frac{S(x_s,\ y_s) \text{ 投射在第 s 期效率边界的技术效率}}{S(x_s,\ y_s) \text{ 投射在第 t 期效率边界的技术效率}} \tag{6-6}$$

相似地，$T(x_t,\ y_t)$ 的投射点由第 t 期效率边界上的 T'，移动到第 s 期效率边界上的 D，$T(x_t,\ y_t)$ 的技术变革可以式（6-7）表示：

$$\varphi_T = \frac{BD}{BT'} \tag{6-7}$$

式（6-7）可以式（6-8）呈现：

$$\varphi_T = \frac{\dfrac{BD}{BT}}{\dfrac{BT'}{BT}} = \frac{T(x_t,\ y_t) \text{ 投射在第 s 期效率边界的技术效率}}{T(x_t,\ y_t) \text{ 投射在第 t 期效率边界的技术效率}} \tag{6-8}$$

我们将 S（x_s，y_s）的技术变革 ϕS，与 T（x_t，y_t）的技术变革 ϕT，取两者的几何平均数（Geometric Mean），技术变革 φ 如式（6-9）所示：

$$\text{技术变革（φ）} = \sqrt{\varphi_S \varphi_T} = \sqrt{\frac{AS'}{AC} \cdot \frac{BD}{BT'}} \tag{6-9}$$

式（6-9）也可以转变为式（6-10）的距离函数：

$$\text{技术变革} = \left[\frac{d_i^s(x_s,\ y_s)}{d_i^t(x_s,\ y_s)} \times \frac{d_i^s(x_t,\ y_t)}{d_i^t(x_t,\ y_t)} \right]^{1/2} \tag{6-10}$$

在式（6-10）中，i 代表投入面，$d_i^s(x_s,\ y_s)$ 代表从第 s 期的观测值到第 s 期效率边界的距离，$d_i^t(x_s,\ y_s)$ 代表从第 s 期的观测值到第 t 期效率边界的距离，$d_i^s(x_t,\ y_t)$ 代表从第 t

期的观测值到第 s 期效率边界的距离，$d_i^t(x_t, y_t)$ 代表从第 t 期的观测值到第 t 期效率边界的距离。其中，$d_i^s(x_s, y_s)$ 与 $d_i^s(x_t, y_t)$ 为跨期效率指数（IEI）。在实证应用上，我们必须计算这四项距离，以得出技术变革效果。

三、麦氏指数（Malmquist Index）

麦氏指数（Malmquist Index，MI）可以用来衡量跨期总要素生产力的变动，麦氏指数可由技术效率变动与技术变革两者相乘得出。因此，我们将式（6-2）（技术效率变动）与式（6-10）（技术变革）的距离函数相乘，可得出麦氏指数的距离函数如式（6-11）所示：

$$\text{麦氏指数（MI）} = \frac{d_i^t(x_t, y_t)}{d_i^s(x_s, y_s)} \left[\frac{d_i^s(x_s, y_s)}{d_i^t(x_s, y_s)} \times \frac{d_i^s(x_t, y_t)}{d_i^t(x_t, y_t)} \right]^{1/2}$$

$$= \left[\frac{d_i^s(x_t, y_t)}{d_i^s(x_s, y_s)} \times \frac{d_i^t(x_t, y_t)}{d_i^t(x_s, y_s)} \right]^{1/2} \tag{6-11}$$

由式（6-11）中，我们可以看出麦氏指数是由四个距离函数所组成，亦即 $d_i^s(x_s, y_s)$、$d_i^t(x_t, y_t)$、$d_i^t(x_s, y_s)$、$d_i^s(x_t, y_t)$，其中 $d_i^s(x_s, y_s)$、$d_i^t(x_t, y_t)$ 衡量的是同一时期的观测值到效率边界的距离；而 $d_i^t(x_s, y_s)$、$d_i^s(x_t, y_t)$ 则是衡量跨期的效率指数（IEI）。假如 $T(x_t, y_t)$ 未被第 s 期的效率边界所包络（见图 6-1），则 IEI > 1，这个概念与 Andersen & Petersen（1993）所提出的超级效率（Super-efficiency）相一致，超级效率允许效率值可以大于 1，读者可参阅第五章超级效率（Super-efficiency）模式。

当麦氏指数 > 1 时，代表决策单位从第 s 期到第 t 期为止，总要素生产力呈现进步趋势；当麦氏指数 = 1 时，代表总要素生产力维持固定不变；当麦氏指数 < 1 时，代表总要素生产力呈现衰退趋势。

有许多方法可以使用来衡量距离函数，包括数学规划法或计量经济法在内，而通过距离函数的计算，可以得出麦氏指数（总要素生产力变动），在数学规划法之中，最热门的方法是 Färe et al.（1994）所提出的 DEA 线性规划法。而计量经济法则以随机边界法（SFA）为常用的方法，有兴趣的读者可参阅 Coelli et al.（1998）第十章的内容。本节采用 DEA 线性规划法来说明式（6-11）中四个距离函数的求解方式，假设生产过程具有固定规模报酬（CRS）特性，则我们可以将四个距离函数以下述四个线性规划式呈现，如式（6-12）~式（6-15）所示：

$$d_i^s(x_s, y_s) = \underset{\theta, \lambda}{\text{Min}} \quad \theta$$

$$\text{s.t.} \quad Y_s\lambda \geq y_s$$

$$\theta x_s \geq X_s\lambda$$

$$\lambda \geq 0 \tag{6-12}$$

$$d_i^t(x_t, \ y_t) = \underset{\theta, \lambda}{Min} \ \theta$$

s.t.　$Y_t\lambda \geqslant y_t$

　　$\theta x_t \geqslant X_t\lambda$

　　$\lambda \geqslant 0$ 　　　　　　　　　　　　　　　　　　　　　　　　　　　　(6-13)

$$d_i^t(x_s, \ y_s) = \underset{\theta, \lambda}{Min} \ \theta$$

s.t.　$Y_t\lambda \geqslant y_s$

　　$\theta x_s \geqslant X_t\lambda$

　　$\lambda \geqslant 0$ 　　　　　　　　　　　　　　　　　　　　　　　　　　　　(6-14)

$$d_i^s(x_t, \ y_t) = \underset{\theta, \lambda}{Min} \ \theta$$

s.t.　$Y_s\lambda \geqslant y_t$

　　$\theta x_t \geqslant X_s\lambda$

　　$\lambda \geqslant 0$ 　　　　　　　　　　　　　　　　　　　　　　　　　　　　(6-15)

在解出上述四个线性规划问题后，将四个技术效率值代入式（6-11）中，即可得出投入导向的麦氏指数。然而，麦氏指数亦可由产出面予以探讨，我们将在下一节说明产出导向的麦氏指数。

四、规模效率变动（Scale Efficiency Change）

上述探讨的技术效率变动是固定规模报酬下的技术效率变动，我们亦可求出变动规模报酬下的技术效率变动，亦即纯技术效率变动（Pure Technical Efficiency Change，PTEC），我们只要将式（6-3）与式（6-4）各自加入凸性限制式（$\sum \lambda = 1$），即可求得纯技术效率变动，而许多研究者如 Färe et al.（1994）、Lovell and Grifell-Tatje（1994）、Ray and Delsi（1997）、Balk（2001）等人，曾将规模效率变动效果（Scale Efficiency Change Effects）纳入麦氏指数的计算，我们将以 Ray and Desli（1997）所提出的解构方式来说明规模效率变动。

固定规模报酬的麦氏指数 MI_C，可解构成变动规模报酬的麦氏指数 MI_V 与规模效率变动，如式（6-16）所示：

$$MI_C = MI_V \times \left[\frac{\sigma^s(x_t, \ y_t)}{\sigma^s(x_s, \ y_s)} \times \frac{\sigma^t(x_t, \ y_t)}{\sigma^t(x_s, \ y_s)} \right]^{1/2} \tag{6-16}$$

我们以图 6-3 单一投入单一产出的案例来说明规模效率变动，细黑射线 CRS_s 与 CRS_t 分别代表第 s 期与第 t 期在固定规模报酬生产过程下的效率边界，粗黑折线 VRS_s 与 VRS_t 分别代表第 s 期与第 t 期在变动规模报酬生产过程下的效率边界，$S(x_s, \ y_s)$ 与 $T(x_t, \ y_t)$ 分别代表第 s 期与第 t 期受评估的决策单位。

式 (6-16) 括号内的第一个分数式中，分子项 $\sigma^s(x_t, y_t)$ 可以 (BD/BT)/(BH/BT) = BD/BH 来计算，BD/BT 是第 t 期受评估的决策单位 $T(x_t, y_t)$ 以第 s 期的 CRS 效率边界为参考标准所得出的跨期效率指数，BH/BT 是第 t 期受评估的决策单元 $T(x_t, y_t)$ 以第 s 期的 VRS 效率边界为参考标准所得出的跨期效率指数；分母项 $\sigma^s(x_s, y_s)$ 可以 (AF/AS)/(AI/AS) = AF/AI 来计算，AF/AS 是第 s 期受评估的决策单元 $S(x_s, y_s)$ 以第 s 期的 VRS 效率边界为参考标准所得出的纯技术效率，AI/AS 是第 t 期受评估的决策单元以第 s 期的 CRS 效率边界为参考标准所得出的技术效率。因此，第一个分数式可以 (BD/BH)/(AF/AI) 表示，也就是以第 s 期的生产技术为评估标准，从 $S(x_s, y_s)$ 到 $T(x_t, y_t)$ 所造成的规模效率变动。相同地，以第 t 期的生产技术为评估标准，从 $S(x_s, y_s)$ 到 $T(x_t, y_t)$ 所造成的规模效率变动，可以 (BJ/BG)/(AE/AC) 表示，这就是式 (6.16) 括号内的第二项分数式，两项分数式的几何平均数即代表决策单元从第 s 期到第 t 期的平均规模效率变动。

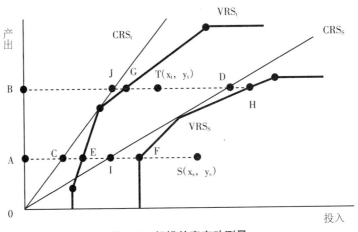

图 6-3　规模效率变动测量

Ray and Delsi (1997) 将固定规模报酬的麦氏指数 MI_C，解构成如式 (6-17) 所示：

$$MI_C = \text{Catch-up}(V) \times \text{Frontier-shift}(V) \times \text{Scale Efficiency Change} \tag{6-17}$$

亦即，固定规模报酬的麦氏指数 = 纯技术效率变动 × 变动规模报酬下的技术变革 × 规模效率变动。

以式 (6-18)~式 (6-20) 来说明上式，其中，V 代表变动规模报酬。

$$纯技术效率变动 = \frac{d_V^t(x_t, y_t)}{d_V^s(x_s, y_s)} \tag{6-18}$$

$$变动规模报酬技术变革 = \left[\frac{d_V^s(x_s, y_s)}{d_V^t(x_s, y_s)} \times \frac{d_V^s(x_t, y_t)}{d_V^t(x_t, y_t)} \right]^{1/2} \tag{6-19}$$

$$规模效率变动 = \left[\frac{\sigma^s(x_t, \ y_t)}{\sigma^s(x_s, \ y_s)} \times \frac{\sigma^t(x_t, \ y_t)}{\sigma^t(x_s, \ y_s)} \right]^{1/2} \tag{6-20}$$

当规模效率变动 > 1 时，表示相对于第 s 期，第 t 期愈来愈接近固定规模报酬，亦即决策单元愈趋向最适生产规模；当规模效率变动 < 1 时，表示相对于第 s 期，第 t 期愈来愈偏离固定规模报酬，亦即决策单元愈远离最适生产规模。

第三节　产出导向麦氏指数（Output–Oriented Malmquist Index）

本节探讨产出导向技术效率变动、技术变革、麦氏指数，我们将以图形、距离函数及线性规划式来说明产出导向的各种效率变动与技术变革测量，前文已说明过的部分，本节将不再重复叙述。

一、技术效率变动（Technical Efficiency Change）

我们以图 6-4 来说明产出导向技术效率变动，图中 $S(x_s, \ y_s)$ 为第 s 期的投入及产出值，S'为 S 在第 s 期效率边界的投射点；$T(x_t, \ y_t)$ 为第 t 期的投入及产出值，T'为 T 在第 t 期效率边界的投射点，此案例设定为产出导向，生产过程为固定规模报酬，由产出的扩增来改善技术效率。

从第 s 期到第 t 期的技术效率变动可以式（6-21）计算：

$$技术效率变动 = \frac{BT}{BT'} \bigg/ \frac{AS}{AS'} \tag{6-21}$$

式（6-21）也可以转变为式（6-22）的距离函数：

$$技术效率变动 = \frac{d_o^t(x_t, \ y_t)}{d_o^s(x_s, \ y_s)} \tag{6-22}$$

在式（6-22）中，$d_o^t(x_t, \ y_t)$ 代表从第 t 期的观测值到第 t 期效率边界的距离，$d_o^s(x_s, \ y_s)$ 代表从第 s 期的观测值到第 s 期效率边界的距离，式（6-22）衡量的是第 s 期与第 t 期间，产出导向的技术效率的变动，亦即，产出技术效率变动等于第 t 期的产出技术效率与第 s 期的产出技术效率的比率。

$d_o^s(x_s, \ y_s)$ 与 $d_o^t(x_t, \ y_t)$ 两个距离函数，可以借由下述两个线性规划式（6-23）与式（6-24）求得，亦即产出导向 CCR 模式。

$$\left[d_o^s(x_s, \ y_s) \right]^{-1} = \underset{\theta, \lambda}{Max} \quad \theta$$

$$s.t. \quad Y_s\lambda \geqslant \theta y_s$$

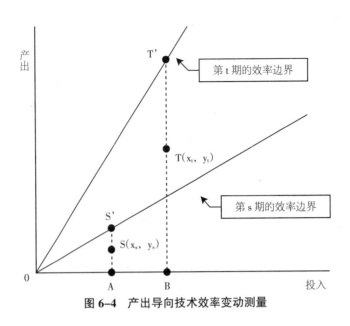

图 6-4　产出导向技术效率变动测量

$$x_s \geq X_s \lambda$$

$$\lambda \geq 0 \tag{6-23}$$

$$[d_o^t(x_t, y_t)]^{-1} = \underset{\theta, \lambda}{\text{Max}} \quad \theta$$

s.t.　$Y_t \lambda \geq \theta y_t$

　　　$x_t \geq X_t \lambda$

　　　$\lambda \geq 0 \tag{6-24}$

二、技术变革（Technique Change）

我们以图 6-5 来说明产出技术变革，图中 $S(x_s, y_s)$ 为第 s 期的投入及产出值，S' 为 S 在第 s 期效率边界的投射点，C 为 S 在第 t 期效率边界的投射点；$T(x_t, y_t)$ 为第 t 期的投入及产出值，T' 为 T 在第 t 期效率边界的投射点，D 为 T 在第 s 期效率边界的投射点，此案例设定为产出导向。

技术变革 φ 以式（6-25）表示：

$$\text{技术变革}(\varphi) = \sqrt{\varphi_s \varphi_T} = \sqrt{\frac{AC}{AS'} \cdot \frac{BT'}{BD}} \tag{6-25}$$

式（6-25）也可以转变为式（6-26）的距离函数：

$$\text{技术变革} = \left[\frac{d_o^s(x_s, y_s)}{d_o^t(x_s, y_s)} \times \frac{d_o^s(x_t, y_t)}{d_o^t(x_t, y_t)} \right]^{1/2} \tag{6-26}$$

在式（6-26）中，o 代表投入面，$d_o^s(x_s, y_s)$ 代表从第 s 期的观测值到第 s 期效率边界的距离，$d_o^t(x_s, y_s)$ 代表从第 s 期的观测值到第 t 期效率边界的距离，$d_o^s(x_t, y_t)$ 代表从第 t

期的观测值到第 s 期效率边界的距离，$d_o^t(x_t,\ y_t)$ 代表从第 t 期的观测值到第 t 期效率边界的距离，其中 $d_o^t(x_s,\ y_s)$ 与 $d_o^s(x_t,\ y_t)$ 为跨期效率指数（IEI）。在实证应用上，我们必须计算这四项距离，以得出产出技术变革效果。

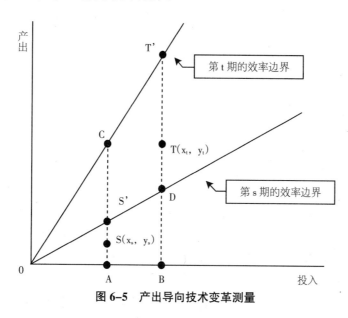

图 6-5　产出导向技术变革测量

三、麦氏指数（Malmquist Index）

我们将式（6-22）（技术效率变动）与式（6-26）（技术变革）的距离函数相乘，可得出产出麦氏指数的距离函数如式（6-27）所示：

$$\text{麦氏指数（MI）} = \frac{d_o^t(x_t,\ y_t)}{d_o^s(x_s,\ y_s)} \left[\frac{d_o^s(x_s,\ y_s)}{d_o^t(x_s,\ y_s)} \times \frac{d_o^s(x_t,\ y_t)}{d_o^t(x_t,\ y_t)} \right]^{1/2}$$

$$= \left[\frac{d_o^s(x_t,\ y_t)}{d_o^s(x_s,\ y_s)} \times \frac{d_o^t(x_t,\ y_t)}{d_o^t(x_s,\ y_s)} \right]^{1/2} \tag{6-27}$$

由式（6-27）中，我们可以看出产出麦氏指数是由四个距离函数所组成，亦即 $d_o^s(x_s,\ y_s)$、$d_o^t(x_t,\ y_t)$、$d_o^t(x_s,\ y_s)$、$d_o^s(x_t,\ y_t)$，其中，$d_o^s(x_s,\ y_s)$、$d_o^t(x_t,\ y_t)$ 衡量的是同一时期的观测值到效率边界的距离；而 $d_o^t(x_s,\ y_s)$、$d_o^s(x_t,\ y_t)$ 则是衡量跨期的效率指数（IEI）。

我们采用 DEA 线性规划法来说明式（6-27）中四个距离函数的求解方式，假设生产过程具有固定规模报酬（CRS）特性，则我们可以将四个距离函数以下述四个线性规划式呈现，如式（6-28）~式（6-31）所示：

$$\left[d_o^s(x_s,\ y_s) \right]^{-1} = \underset{\theta,\lambda}{\text{Max}} \quad \theta$$

$$\text{s.t.} \quad Y_s\lambda \geq \theta y_s$$

$$x_s \geq X_s \lambda$$

$$\lambda \geq 0 \tag{6-28}$$

$$\left[d_o^t(x_t, y_t)\right]^{-1} = \underset{\theta, \lambda}{\text{Max}} \quad \theta$$

$$\text{s.t.} \quad Y_t \lambda \geq \theta y_t$$

$$x_t \geq X_t \lambda$$

$$\lambda \geq 0 \tag{6-29}$$

$$\left[d_o^t(x_s, y_s)\right]^{-1} = \underset{\theta, \lambda}{\text{Max}} \quad \theta$$

$$\text{s.t.} \quad Y_t \lambda \geq \theta y_s$$

$$x_s \geq X_t \lambda$$

$$\lambda \geq 0 \tag{6-30}$$

$$\left[d_o^s(x_t, y_t)\right]^{-1} = \underset{\theta, \lambda}{\text{Max}} \quad \theta$$

$$\text{s.t.} \quad Y_s \lambda \geq \theta y_t$$

$$x_t \geq X_s \lambda$$

$$\lambda \geq 0 \tag{6-31}$$

在解出上述四个线性规划问题后，将四个技术效率值代入式（6-27）中，即可得出产出导向的麦氏指数。

第四节 麦氏 DEA 案例

麦氏 DEA 方法已被应用在很多领域的研究中，如医院、学校、连锁速食店、银行分行等的跨期效率与生产力变量比较，这些研究均使用纵横面数据来建构麦氏总要素生产力指数，我们将以一个简单数值案例，并使用澳洲新英格兰大学效率及生产力研究中心所撰写的 DEAP2.1-XP（1997）计算机程序来执行麦氏 DEA 模式（参阅附录二）。

在此简单数值案例中，假设有五家汽车公司，使用两项投入（销售人员、广告费用），生产一项产出（营业额），我们假设汽车公司的生产过程具有固定规模报酬特性，由投入面来改善效率，因此要评估的是 2005~2007 年各家汽车公司的投入导向技术效率变动、技术变革及总要素生产力变动情形，各家汽车公司的投入、产出及年期资料如表 6-3 所示。

表 6-3　五家汽车公司 2005~2007 年的投入及产出资料

汽车公司代号	2005 年			2006 年			2007 年		
	销售人员（人）	广告费用（亿元）	营业额（亿元）	销售人员（人）	广告费用（亿元）	营业额（亿元）	销售人员（人）	广告费用（亿元）	营业额（亿元）
A	719	19	400	850	22	339	894	23	125
B	358	8	92	418	11	120	427	13	34
C	264	6	74	280	7	65	291	9	54
D	190	4	44	231	6	66	255	6	56
E	532	13	243	547	15	212	592	17	317

一、技术效率变动结果分析

表 6-4 为五家汽车公司 2005~2007 年的技术效率变动情形，我们可以看出五家汽车在 2005~2006 年的技术效率变动值均大于 1，代表五家汽车 2006 年的技术效率均高于 2005 年的技术效率，技术效率呈现出进步现象。2006~2007 年的技术效率变动值则仅有 E 汽车公司大于 1，呈现进步现象，其他四家汽车公司则呈现衰退现象，其中 A、B 两家汽车公司呈现出严重衰退现象。若以两个跨期的技术效率变动平均值观之，则仅有 E 汽车公司的技术效率呈现进步趋势，其他四家汽车公司则呈现衰退趋势。

表 6-4　五家汽车公司 2005~2007 年的技术效率变动

汽车公司代号	2005~2006 年技术效率变动	2006~2007 年技术效率变动	汽车公司平均技术效率变动
A	1.000	0.291	0.540
B	1.138	0.207	0.522
C	1.029	0.575	0.769
D	1.371	0.699	0.979
E	1.094	1.029	1.061
年平均值	1.153	0.478	0.742

注：表中平均值均为几何平均值。

二、技术变革结果分析

表 6-5 为五家汽车公司 2005~2007 年的技术变革情形，我们可以看出五家汽车公司在 2005~2006 年的技术变革值均小于 1，代表五家汽车公司 2006 年的生产技术均低于 2005 年的生产技术，生产技术呈现出衰退现象。2006~2007 年，五家汽车公司的技术变革值则均大于 1，生产技术呈现进步现象（创新效果）。若以两个跨期的技术变革平均值观之，则五家汽车公司的生产技术均呈现稍微衰退趋势。

表 6-5　五家汽车公司 2005~2007 年的技术变革

汽车公司代号	2005~2006 年技术变革	2006~2007 年技术变革	汽车公司平均技术变革
A	0.724	1.210	0.936
B	0.726	1.285	0.966
C	0.732	1.275	0.966
D	0.731	1.212	0.941
E	0.724	1.312	0.975
年平均值	0.727	1.258	0.957

注：表中平均值均为几何平均值。

三、总要素生产力变动结果分析

表 6-6 为五家汽车公司 2005~2007 年的总要素生产力变动情形，我们可以看出仅有 D 汽车公司在 2005~2006 年的总要素生产力变动值略大于 1，其他四家汽车的总要素生产力呈现出衰退现象。2006~2007 年，仅有 E 汽车公司的总要素生产力呈现进步现象。若以两个跨期的总要素生产力变动平均值观之，则仅有 E 汽车公司的总要素生产力呈现稍微进步趋势，A、B、C 三家汽车公司则呈现严重衰退趋势。

表 6-6　五家汽车公司 2005~2007 年的总要素生产力变动

汽车公司代号	2005~2006 年总要素生产力变动	2006~2007 年总要素生产力变动	汽车公司平均总要素生产力变动
A	0.724	0.353	0.505
B	0.957	0.266	0.504
C	0.753	0.733	0.743
D	1.002	0.847	0.921
E	0.793	1.350	1.035
年平均值	0.838	0.601	0.710

注：表中平均值均为几何平均值。

表 6-7 为五家汽车公司 2005~2007 年的跨期效率及生产力平均变动情形，由于总要素生产力变动（麦氏指数）= 技术效率变动 × 技术变革，我们可以借此找出总要素生产力衰退的主要因素，据以提出总要素生产力应如何改进与提升的方向与建议。由表 6-7 可以得知 A、B、C 三家汽车公司的总要素生产力衰退的主因为技术效率衰退，因此亟须改善这三家汽车公司的技术效率，若进一步将技术效率变动解构成纯技术效率变动与规模效率变动，则更可以确认技术效率衰退的原因是源自于纯技术效率衰退，抑或规模效率衰退，如此将更能找出总要素生产力衰退的根本因素，提出更为具体的改善方案。

表 6-7 五家汽车公司 2005~2007 年的跨期效率及生产力平均变动

汽车公司代号	跨期平均技术效率变动	跨期平均技术变革	跨期平均总要素生产力变动
A	0.540	0.936	0.505
B	0.522	0.966	0.504
C	0.769	0.966	0.743
D	0.979	0.941	0.921
E	1.061	0.975	1.035
年平均值	0.742	0.957	0.710

注：表中平均值均为几何平均值。

第五节 小结

本章探讨两种可以处理纵横断面资料（Panel Data）的 DEA 分析模式，亦即视窗分析与麦氏 DEA，窗口分析比较适合应用于决策单位（DMU）数目不足的情况，借由窗口分析增加 DMU 数目，以增加效率分析结果的区别与辨别力；若要进行跨期的效率变动、技术变革、规模效率变动与总要素生产力变动的比较，则仍以麦氏指数较为合适。

读者必须了解麦氏指数的图形范例、距离函数，以及求解距离函数的 DEA 的线性规划式，才能真正了解麦氏指数的意涵。本章所称的麦氏指数是由数学规划法——DEA 求解四项距离函数，另一种求解麦氏指数的计量经济法——随机边界法（SFA）并不在本章的探讨内容中，有兴趣的读者可参阅 Nishimizu 和 Page（1982）的研究论文。

本章所使用的总要素生产力变动（Total Factor Productivity Change，TFPC）这一名词与麦氏指数（Malmquist Index，MI）的意义相同，衡量的是两个时期的总要素生产力变动情形；追赶效果（Catch-up Effects）与技术效率变动（Technical Efficiency Change）指涉的意义亦相同，衡量的是两个时期的技术效率的比率。此外，效率边界移动效果（Frontier-shift Effects）、创新效果（Innovation Effects）与技术变革（Technique Change），意义也相一致，衡量的是两个时期之间效率边界的变动情形，读者需先了解这些名词的意涵，才不至于有所混淆。

第七章　模糊资料包络分析

资料包络分析（DEA）在实际应用上，需要确定所有的投入及产出资料都以精确的数值形式呈现。然而，决策者在评估替选方案，或进行决策时，经常面临不确定的环境或不精确的信息，而在一些应用案例中，投入及产出资料可能具有不明确性，此时 DEA 基本模式并无法处理这些不明确的资料。有鉴于此，部分研究者提出解决此问题的方法，即模糊资料包络分析（Fuzzy Data Envelopment Analysis，FDEA），这些学者包括 Sengupta（1992）、Seaver & Triantis（1992）、Cooper，Park & Yu（1999）、Kao 与 Liu（2000）、Guo 与 Tanaka（2001）等均曾应用模糊理论（Fuzzy Set Theory）到 DEA 模式中。唯在实证应用上，模糊资料包络分析（FDEA）的研究论文仍不多见，Kao 与 Liu（2000）是发表较多篇 FDEA 文章的研究者，被引用的次数也最多，因此，本章主要将介绍 Kao 与 Liu（2000）所提出的 FDEA 模式。

为了让读者能确实了解模糊资料包络分析法，我们将先介绍模糊理论的基本概念，之后再进入模糊资料包络分析模式，最后以两个简单的模糊资料案例，即模糊资料范例及缺漏资料范例，说明模糊效率的分析结果与其管理意涵。

第一节 模糊理论（Fuzzy Set Theory）

模糊理论是由美国加州大学教授 Zadeh（1965）所提出，主要是探讨如何将存在真实世界中的模糊现象通过数学化来加以表示其背后意义的科学，模糊数为一不精确数值（Imprecision Numbers）。简单来说，模糊数就是将收集到的资料以数学函数的方式呈现（黄启诚，2005）。本节将依序介绍模糊数（Fuzzy Numbers）的概念，然后再说明模糊运算（Fuzzy Arithmetic）的数学逻辑。

一、模糊数（Fuzzy Numbers）

一般人在日常生活中常会使用一些口语化述词，如旅客对航空公司的服务态度，其感受程度可以用非常满意、满意、普通、不满意、非常不满意来表达，这就是口语化述词（Linguistic Term）。此外，我们也常会以不精确的数值来表达某一件事物，如公车班次在离峰时间约 30 分钟一班。

对于上述的口语化述词，一般会采用李克（Likert）量表来呈现。如将非常满意、满意、普通、不满意、非常不满意分别以 5、4、3、2、1 的分数表示，此种方式的缺点在于非常满意比满意好，不满意比非常不满意好，但程度上非常满意是否为满意的 1.25 倍（5/4），不满意是否为非常不满意的 2 倍（2/1），就值得商榷。而公车班次大约 30 分钟一班，也许 26~34 分钟均有可能出现，但 30 分钟出现的概率应该最高。区间资料假设各区间内数值出现的可能性均相同，显然针对不精确数值，抑或口语化述词，使用区间资料并不十分恰当。Kao 与 Liu（2000）针对这些模糊属性资料发展出一种求解模式，使用模糊数（Fuzzy Numbers）及隶属函数（Membership Function）来表示口语化述词与不精确的数值，此种 DEA 延伸模式称为模糊资料包络分析（FDEA），以下将说明模糊数与模糊隶属函数的意义。

模糊数一般分为梯形模糊数（Trapezoidal Fuzzy Numbers）与三角模糊数（Triangular Fuzzy Numbers），其图形如图 7-1 及图 7-2 所示。我们先介绍梯形模糊数，梯形模糊数是将搜集到的资料提取四个数值来作为计算之用，以数学函数表示，设梯形模糊数 $\widetilde{N}$ 为模糊集合 $F = \{(x, \mu_f(x)), x \in R\}$，$R: -\infty < x < \infty$，$\mu_f(x)$ 为在连续区间 $[0, 1]$ 的函数，梯形模糊数 $\widetilde{N} = (a, b, c, d)$，其中 $a \leqslant b \leqslant c \leqslant d$。当 $x \in (a, b)$ 时，$\mu_f(x)$ 呈现线性单调递增（Monotonic Increasing）；当 $x \in (c, d)$ 时，$\mu_f(x)$ 呈现线性单调递减（Monotonic Decreasing），以式（7-1）表示梯形模糊数的模糊隶属函数 $\mu_{\widetilde{N}}(x)$。

$$\mu_{\widetilde{N}}(x) = \begin{cases} 0 & x < a \\ \dfrac{x-a}{b-a} & a \leqslant x \leqslant b \\ 1 & b < x \leqslant c \\ \dfrac{d-x}{d-c} & c < x \leqslant d \\ 0 & d < x \end{cases} \tag{7-1}$$

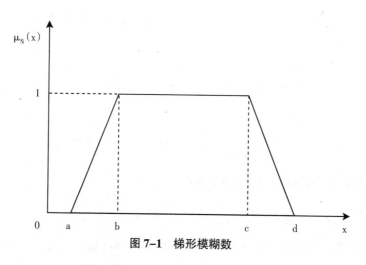

图 7-1 梯形模糊数

使用 α 截集（α-cut）可以将梯形模糊数定义如下：

$\forall \alpha \in [0, 1]$

$\widetilde{N}_\alpha = [a^\alpha, d^\alpha] = [(b-a)\alpha + a, -(d-c)\alpha + d]$

三角模糊数则是将收集到的资料提取三个数值来作为计算之用，以数学函数表示，设三角模糊数 $\widetilde{N}$ 为模糊集合 $F = \{(x, \mu_f(x)), x \in R\}$，$R: -\infty < x < \infty$，$\mu_f(x)$ 为在连续区间 $[0, 1]$ 的函数，三角模糊数 $\widetilde{N} = (a, b, c)$，其中 $a \leq b \leq c$。当 $x \in (a, b)$ 时，$\mu_f(x)$ 呈现线性单调递增；当 $x \in (b, c)$ 时，$\mu_f(x)$ 呈现线性单调递减，如式（7-2）所示三角模糊数的模糊隶属函数 $\mu_{\widetilde{N}}(x)$。

$$\mu_{\widetilde{N}}(x) = \begin{cases} 0 & x < a \\ \dfrac{x-a}{b-a} & a \leq x \leq b \\ \dfrac{c-x}{c-b} & b < x \leq c \\ 0 & c < x \end{cases} \qquad (7-2)$$

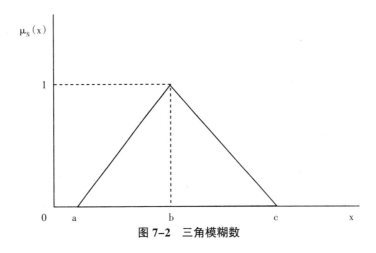

图 7-2　三角模糊数

使用 α 截集（α-cut）可以将三角模糊数定义如下：

$\forall \alpha \in [0, 1]$

$\widetilde{N}_\alpha = [a^\alpha, c^\alpha] = [(b-a)\alpha + a, -(c-b)\alpha + c]$

二、模糊运算（Fuzzy Arithmetic）

本节对模糊运算做一定义，以便于了解后续模糊效率的运算过程，依据模糊数的性质及扩展原理，假设有三角模糊数 $\widetilde{N}_1$ 及 $\widetilde{N}_2$，其中 $\widetilde{N}_1 = (l_1, m_1, u_1)$，$\widetilde{N}_2 = (l_2, m_2, u_2)$，式中，$l_1$ 及 l_2 为三角模糊数的下界，m_1 及 m_2 为三角模糊数的顶点，u_1 及 u_2 为三角模糊数的上界，则我们可以下面四个算式，分别呈现模糊加法、模糊减法、模糊乘法、模糊除法的运算方式，读者只要使用逻辑推理，就可了解这些算式的意涵。以模糊减法为例，减式最小（l_1），被减式最大 （u_2），则为模糊减法的下界；反之，减式最大 （u_1），被减式最小 （l_2），则为模糊减法的下界。其余的模糊加法、模糊乘法及模糊除法，读者都可以用相似的逻辑推理去了解其含义。

（一）模糊加法

$$\widetilde{N}_1 \oplus \widetilde{N}_2 = (l_1 + l_2,\ m_1 + m_2,\ u_1 + u_2)$$

$\oplus$ 为模糊数加法运算子。

（二）模糊减法

$$\widetilde{N}_1 \ominus \widetilde{N}_2 = (l_1 - u_2,\ m_1 - m_2,\ u_1 - l_2)$$

$\ominus$ 为模糊数减法运算子。

（三）模糊乘法

$$\widetilde{N}_1 \otimes \widetilde{N}_2 = (l_1 \times l_2,\ m_1 \times m_2,\ u_1 \times u_2)$$

$\otimes$ 为模糊数乘法运算子。

（四）模糊除法

$$\widetilde{N}_1 \odot \widetilde{N}_2 = (l_1/u_2,\ m_1/m_2,\ u_1/l_2)$$

$\odot$ 为模糊数除法运算子。

第二节 模糊资料包络分析模式

资料包络分析法虽为效率评估的有效方法，但若模式中的资料不全或资料为口语化述词时，资料包络分析法即难以应用。若模式中的缺漏资料或口语化述词能以模糊数值表达时，则成为模糊资料包络分析问题（刘祥泰，1999）。本节主要介绍 Kao 与 Liu（2000）所提出的模糊资料包络分析模式，叙述如何应用 α 截集（α-cut）与扩展原则（Extension Principal）来得出模糊效率。

模糊资料包络分析求解方法

为了说明的连贯性，Kao 与 Liu（2000）以假设生产过程具有变动规模报酬情况的 BCC 模式来呈现投入与产出项均为精确值的资料包络分析模式，假设 X_{ij} 与 Y_{ik} 分别代表第 i 个决策单元（DMU），投入项有 s 个，产出项有 t 个，则要衡量第 r 个决策单元的相对效率可以下述式（7-3）的比率形式求解。

$$E_r = \max \sum_{k=1}^{t} u_k Y_{rk} \bigg/ v_0 + \sum_{k=1}^{t} v_j X_{rj}$$

$$\text{s.t.} \quad \sum_{k=1}^{t} u_k Y_{rk} \Big/ v_0 + \sum_{k=1}^{t} v_j X_{rj} \leqslant 1, \ i = 1, \ \cdots, \ n$$

$$u_k, \ v_j \geqslant \varepsilon > 0, \ v_0 \text{ 无正负限制} \tag{7-3}$$

在式 (7-3) 中，所有的投入项 X_{ij} 与产出项 Y_{ik} 必须为精确值，假如有任何一项投入资料或产出资料为不精确或不确定资料，则要分派（Assign）给这些资料一个精确值，才能适用上述的 BCC 模式。然而，这种处理不精确或不确定资料的方式过于简化，可能会造成效率衡量结果的偏差。对于这种不精确或不确定资料，我们可以使用模糊理论中的隶属函数（Membership Functions）来加以呈现。在直觉上，假如观测资料属于不精确或不确定资料，则该决策单元的效率值也会是不精确的，或者此具有不精确或不确定资料的决策单元（DMU）位于效率生产边界上，则以它为参考集合的决策单元（DMU）的效率值也会是不精确的。然而，事实上并非一定如此，以下我们将说明模糊资料包络分析模式，澄清读者对这些问题的疑惑。

假设投入项 $\widetilde{X}_{ij}$ 与产出项 $\widetilde{Y}_{ik}$ 为模糊资料，且可分别表示成凸性模糊集合中的隶属函数 $\mu_{\widetilde{x}_{ij}}$ 及 $\mu_{\widetilde{y}_{ij}}$，如式 (7-4) 与式 (7-5) 所示：

$$\widetilde{X}_{ij} = \{ (x_{ij}, \ \mu_{\widetilde{X}_{ij}}(x_{ij})) \, | \, x_{ij} \in S(\widetilde{X}_{ij}) \} \tag{7-4}$$

$$\widetilde{Y}_{ik} = \{ (y_{ik}, \ \mu_{\widetilde{Y}_{ik}}(y_{ik})) \, | \, y_{ik} \in S(\widetilde{Y}_{ij}) \} \tag{7-5}$$

式中，$S(\widetilde{X}_{ij})$ 与 $S(\widetilde{Y}_{ik})$ 分别为 $\widetilde{X}_{ij}$ 与 $\widetilde{Y}_{ik}$ 的集合，代表第 r 个决策单元的第 j 项投入与第 k 项产出的集合，为了计算具有不精确投入及产出资料的 DMU_r 的效率值，DEA 模式应以式 (7-6) 呈现：

$$\widetilde{E}_r = \max \sum_{k=1}^{t} u_k \widetilde{Y}_{rk} \Big/ v_0 + \sum_{k=1}^{t} vj \widetilde{X} rj$$

$$\text{s.t.} \quad \sum_{k=1}^{t} u_k \widetilde{Y}_{rk} \Big/ v_0 + \sum_{k=1}^{t} v_j \widetilde{X}_{rj} \leqslant 1, \ i = 1, \ \cdots, \ n$$

$$u_k, \ v_j \geqslant \varepsilon > 0, \ v_0 \text{ 无正负限制} \tag{7-6}$$

在式 (7-6) 中，所有的投入项及产出项均被假定为模糊资料，若观测值中某些投入项及产出项为精确值，则可将精确值表示成退化形式的隶属函数（即值域中仅有单一数值），如精确值 3 表示成三角模糊数即为（3，3，3）。而当某一项观测值为缺漏资料（Missing Data）时，我们可以从其他决策单位相同投入或产出变项的观测值，选取最小值、最大值、中位数，分别设定为最悲观值（Most Pessimistic Value）、最乐观值（Most Optimistic Value）、最可能值（Most Likely Value），建构成三角隶属函数，形成三角模糊数的下界、上界及顶点，在所有缺漏资料都建构为三角隶属函数后，即可应用 Kao 与 Liu

（2000）的模糊资料包络分析模式，读者可参阅 Kao 与 Liu（2000）针对中国台湾 24 所大学图书馆的管理效率，所进行的附有三笔缺漏资料的模糊资料包络分析案例。

Kao 与 Liu（2000）的基本构想是应用 α 截集与扩展原则，将模糊资料包络分析问题转换成一组传统资料包络分析模式来求解，如式（7-7）及式（7-8）所示。

$$(X_{ij})_\alpha = \{x_{ij} \in S(\widetilde{X}_{ij}) \mid \mu_{\widetilde{X}_{ij}} \geq \alpha\} = \left[(X_{ij})_\alpha^L, (X_{ij})_\alpha^L\right]$$

$$= \left[\min_{x_{ij}}\{X_{ij} \in S(\widetilde{X}_{ij}) \mid \mu_{\widetilde{X}_{ij}} \geq \alpha\}, \max_{x_{ij}}\{X_{ij} \in S(\widetilde{X}_{ij}) \mid \mu_{\widetilde{X}_{ij}} \geq \alpha\}\right] \quad (7-7)$$

$$(Y_{ik})_\alpha = \{y_{ik} \in S(\widetilde{Y}_{ik}) \mid \mu_{\widetilde{Y}_{ik}} \geq \alpha\} = \left[(Y_{ik})_\alpha^L, (Y_{ik})_\alpha^L\right]$$

$$= \left[\min_{y_{ik}}\{Y_{ik} \in S(\widetilde{Y}_{ik}) \mid \mu_{\widetilde{Y}_{ik}} \geq \alpha\}, \max_{y_{ik}}\{Y_{ik} \in S(\widetilde{Y}_{ik}) \mid \mu_{\widetilde{Y}_{ik}} \geq \alpha\}\right] \quad (7-8)$$

$(X_{ij})_\alpha$ 及 $(Y_{ik})_\alpha$ 分别代表 $\widetilde{X}_{ij}$ 与 $\widetilde{Y}_{ik}$ 的 α 截集，这些区间范围代表在各种可能 α 水准集合。根据扩展法则（Zadeh，1978；Yager，1981；Zimmerman，1996），决策单元 r 效率值的隶属函数可定义如式（7-9）：

$$\mu_{\widetilde{E}_r}(z) = \sup_{x,y} \min\{\mu_{\widetilde{x}_{ij}}(x_{ij}), \mu_{\widetilde{y}_{ik}}(y_{ik}), \forall i, j, k \mid z = E_r(x, y)\} \quad (7-9)$$

式中，$E_r(x, y)$ 可由（7-3）式计算得出，为了得出在不同 α 水准的 $\widetilde{E}_r$ 的区间范围，我们可以使用一组含有 α 参数的数学规划式如式（7-10）及式（7-11）来表示：

$$(E_r)_\alpha^L = \min.$$
$$(X_{ij})_\alpha^L \leq x_{ij} \leq X_{ij})_\alpha^U$$
$$(Y_{ik})_\alpha^L \leq y_{ik} \leq Y_{ik})_\alpha^U$$
$$\forall i, j, k$$

$$\left\{\begin{array}{l} E_r = \max. \sum_{k=1}^{t} u_k y_{rk} \Big/ \left(v_o + \sum_{j=1}^{s} v_j x_{rj}\right) \\[3mm] s.t. \quad \sum_{k=1}^{t} u_k y_{rk} \Big/ \left(v_o + \sum_{j=1}^{s} v_j x_{rj}\right) \leq 1, \quad i = 1, \cdots, n \\[3mm] u_k, v_j \geq \varepsilon > 0, \quad v_o \text{无正负限制} \end{array}\right. \quad (7-10)$$

$$(E_r)_\alpha^U = \max.$$
$$(X_{ij})_\alpha^L \leq x_{ij} \leq X_{ij})_\alpha^U$$
$$(Y_{ik})_\alpha^L \leq y_{ik} \leq Y_{ik})_\alpha^U$$
$$\forall i, j, k$$

$$
\left|
\begin{array}{l}
E_r = \max. \sum_{k=1}^{t} u_k y_{rk} \Big/ \left(v_o + \sum_{j=1}^{s} v_j x_{rj} \right) \\[2mm]
s.t. \quad \sum_{k=1}^{t} u_k y_{rk} \Big/ \left(v_o + \sum_{j=1}^{s} v_j x_{rj} \right) \leqslant 1, \quad i = 1, \cdots, n \\[2mm]
u_k, \ v_j \geqslant \varepsilon > 0, \ v_o \ \text{无正负限制}
\end{array}
\right. \tag{7-11}
$$

此组模式为二阶段数学规划模式，必须转换为一阶模式才能求解。根据伯瑞图最佳解的观念，受评单元其效率值的上限显然是发生在本身所有产出均出现在上限而所有投入均出现在下限，同时其他所有受评单元的产出均出现在下限而所有投入均出现在上限，因为此种情况对此受评单元最为有利。相反地，受评单元其效率值的下限显然是发生在本身所有产出均出现在下限而所有投入均出现在上限，同时其他所有受评单元的产出均出现在上限而所有投入均出现在下限，因为此种情况对此受评单位最为不利（高强、黄旭男、Sueyoshi，2003）。因此，式（7-10）及式（7-11）等二阶段数学规划模式可转换成下述的式（7-12）及式（7-13）等一阶模式：

$$
\left|
\begin{array}{l}
(E_r)_\alpha^L = \max. \sum_{k=1}^{t} u_k (Y_{rk})_\alpha^L \Big/ \left(v_o + \sum_{j=1}^{s} v_j (X_{rj})_\alpha^U \right) \\[2mm]
s.t. \quad \sum_{k=1}^{t} u_k (Y_{rk})_\alpha^L \Big/ \left(v_o + \sum_{j=1}^{s} v_j (X_{rj})_\alpha^U \right) \leqslant 1 \\[2mm]
\sum_{k=1}^{t} u_k (Y_{ik})_\alpha^U \Big/ \left(v_o + \sum_{j=1}^{s} v_j (X_i)_\alpha^L \right) \leqslant 1, \quad i = 1, \cdots, n; \ i \neq r \\[2mm]
u_k, \ v_j \geqslant \varepsilon > 0, \ v_o \ \text{无正负限制}
\end{array}
\right. \tag{7-12}
$$

$$
\left|
\begin{array}{l}
(E_r)_\alpha^U = \max. \sum_{k=1}^{t} u_k (Y_{rk})_\alpha^U \Big/ \left(v_o + \sum_{j=1}^{s} v_j (X_{rj})_\alpha^L \right) \\[2mm]
s.t. \quad \sum_{k=1}^{t} u_k (Y_{rk})_\alpha^U \Big/ \left(v_o + \sum_{j=1}^{s} v_j (X_{rj})_\alpha^L \right) \leqslant 1 \\[2mm]
\sum_{k=1}^{t} u_k (Y_{ik})_\alpha^L \Big/ \left(v_o + \sum_{j=1}^{s} v_j (X_{rj})_\alpha^U \right) \leqslant 1, \quad i = 1, \cdots, n; \ i \neq r \\[2mm]
u_k, \ v_j \geqslant \varepsilon > 0, \ v_o \ \text{无正负限制}
\end{array}
\right. \tag{7-13}
$$

式（7-12）及式（7-13）等两个一阶模式属于传统 DEA 模式，不论是区间资料、模糊资料，抑或缺漏资料，都可以使用上述模式来求解。

第三节 模糊资料范例

本节以一个简单范例来说明如何应用式（7-12）及式（7-13）等模糊模式，以求解模糊效率值，包括变动规模报酬下的纯技术效率，以及固定规模报酬下的技术效率，并说明如何应用模糊除法求出规模效率。

一、模糊资料的处理

本节以一个模糊资料范例来说明如何求出模糊效率值，假设有 A、B、C、D 四个决策单元，其投入量与产出量有精确值、三角模糊数、梯形模糊数等资料形式，如表 7-1 所示：

表 7-1 模糊资料范例的投入及产出资料

决策单元代号	投入	产出
A	50	(12, 15, 19)
B	40	13
C	(38, 40, 42, 45)	(12, 13, 15, 17)
D	(12, 15, 18)	11

表 7-1 中，A、C 决策单元的产出分别为三角模糊数、梯形模糊数，C、D 决策单元的投入分别为梯形模糊数、三角模糊数，其余资料均为精确值，我们可以将表 7-1 的资料转换成 α 截集，以区间资料形式呈现，精确值可表示成退化形式的隶属函数，如精确值 50 可以 [50，50] 的区间资料形式表示，A 决策单元的产出（12，15，19），以区间资料表示，则为 $[12+(15-12)\alpha，-(19-15)\alpha+19]$，经整理后成为 $[12+3\alpha，19-4\alpha]$，读者可参阅第七章第一节以 α 截集表示三角模糊数、梯形模糊数的定义。将所有资料都转换成模糊资料后，如表 7-2 所示。

表 7-2 模糊资料范例的投入及产出 α 截集

决策单元代号	投入 α 截集	产出 α 截集
A	[50, 50]	$[12+3\alpha，19-4\alpha]$
B	[40, 40]	[13, 13]
C	$[38+2\alpha，45-3\alpha]$	$[12+\alpha，17-2\alpha]$
D	$[12+3\alpha，18-3\alpha]$	[11, 11]

我们可以根据式（7-12）及式（7-13），求解 A、B、C、D 四个决策单元于不同 α 水准下的效率值下限及上限。以 A 决策单元为例，其求解的数学规划问题可以式（7-14）及式（7-15）表示，而 $\tilde{E}_B$、$\tilde{E}_C$、$\tilde{E}_D$ 等决策单元于不同 α 水准下的效率值下限及上限，也可

依相同方式得出。

$$(E_A)^L_\alpha = \max.(12 + 3\alpha)u/[v_0 + 50v_1]$$

s.t. $(12 + 3\alpha)u/[v_0 + 50v_1] \leq 1$

$13u/[v_0 + 40v_1] \leq 1$

$(17 - 2\alpha)u/[v_0 + (38 + 2\alpha)v_1] \leq 1$

$11u/[v_0 + (12 + 3\alpha)v_1] \leq 1$

$u，v_0 \geq 10^{-6}，v_0$ 无正负限制 （7-14）

$$(E_A)^U_\alpha = \max.(19 - 4\alpha)u/[v_0 + 50v_1]$$

s.t. $(19 - 4\alpha)u/[v_0 + 50v_1] \leq 1$

$13u/[v_0 + 40v_1] \leq 1$

$(12 + \alpha)u/[v_0 + (45 - 3\alpha)v_1] \leq 1$

$11u/[v_0 + (18 - 3\alpha)v_1] \leq 1$

$u，v_0 \geq 10^{-6}，v_0$ 无正负限制 （7-15）

模糊效率值的求解可以使用 LINDO、Matlab 等计算机程序，撰写程序指令直接得出各决策单位在不同 α 水准下的效率值下限及上限，亦可使用 DEA 套装软件，如 IDEAS、DEAP、DEA-SOLVER、Frontier Analyst 等计算机软件，不断地调整投入及产出资料上下界而求得。

例如，当 α 水准设定为 0 时，投入及产出区间资料如表 7-3 所示，欲求得 A 决策单元的效率下限，我们可以选取 A 决策单元的投入最大值 50，产出最小值 12，B、C、D 决策单元的投入最小值，分别为 40、38、12，以及产出最大值，分别为 13、17、11，将这些数值输入 DEA 软件包中，执行 BCC 模式，即可得出 A 决策单元在 $\alpha = 0$ 时的纯技术效率值下限，至于上限值则条件完全相反，在此不再赘述。

表 7-3 α 水准 = 0 的投入及产出区间资料

决策单元代号	投入	产出
A	[50, 50]	[12, 19]
B	[40, 40]	[13, 13]
C	[38, 45]	[12, 17]
D	[12, 18]	[11, 11]

二、模糊纯技术效率

表 7-4 是 11 个不同 α 水准下（0，0.1，0.2，…，1.0）所计算得出的变动规模报酬下的纯技术效率值的上下限。

表 7-4　11 个不同 α 水准下的纯技术效率值 $\widetilde{E}_r^{VRS}$ 上下限

α 水准	$[(E_A)_\alpha^L,\ (E_A)_\alpha^U]$		$[(E_B)_\alpha^L,\ (E_B)_\alpha^U]$		$[(E_C)_\alpha^L,\ (E_C)_\alpha^U]$		$[(E_D)_\alpha^L,\ (E_D)_\alpha^U]$	
0	0.327	1	0.517	1	0.372	1	1	1
0.1	0.362	1	0.531	1	0.397	1	1	1
0.2	0.399	1	0.545	1	0.424	1	1	1
0.3	0.439	1	0.560	1	0.453	1	1	1
0.4	0.481	1	0.576	1	0.485	1	1	1
0.5	0.525	1	0.593	1	0.520	1	1	1
0.6	0.572	1	0.610	1	0.559	1	1	1
0.7	0.623	1	0.628	1	0.602	1	1	1
0.8	0.677	1	0.646	1	0.651	1	1	1
0.9	0.736	1	0.666	1	0.708	1	1	1
1.0	0.800	1	0.688	1	0.774	1	1	1

从上述简单范例中，我们可以发现决策单元的投入及产出的隶属函数，与其得出的效率值的隶属函数，两者之间并无关联性存在。举例来说，决策单元 B 的投入项及产出项均为精确值，但其效率值却为模糊数；决策单元 D 的投入项为三角模糊数，但其效率值却为精确值。

此外，A、B、C、D 四个决策单元无论 α 水准为何，其效率的上限值均达到 1，而决策单元 D 更不受投入及产出量变动的影响，其效率值上下限均为 1。这显示效率边界虽会随着决策单元的投入及产出量变动而有所变动，但有些决策单元仍丝毫不受影响，这与受评估决策单元的参考集合有关。

三、模糊技术效率

前文已说明过规模报酬变动下的纯技术效率值 $\widetilde{E}_r^{VRS}$ 的求解过程，而规模报酬固定下的技术效率值 $\widetilde{E}_r^{CRS}$，基本上，模糊技术效率 $\widetilde{E}_r^{CRS}$ 与模糊纯技术效率 $\widetilde{E}_r^{VRS}$ 的求解方法相同，仅需将式（7-12）及式（7-13）中的 v_o 设定为 0，再进行求解即可得出 $\widetilde{E}_r^{CRS}$。

表 7-5 是 11 个不同 α 水准下（0，0.1，0.2，…，1.0）所计算得出的固定规模报酬下的技术效率值上下限。

表 7-5　11 个不同 α 水准下的技术效率值 $\widetilde{E}_r^{CRS}$ 上下限

α 水准	$[(E_A)_\alpha^L,\ (E_A)_\alpha^U]$		$[(E_B)_\alpha^L,\ (E_B)_\alpha^U]$		$[(E_C)_\alpha^L,\ (E_C)_\alpha^U]$		$[(E_D)_\alpha^L,\ (E_D)_\alpha^U]$	
0	0.262	0.622	0.355	0.532	0.291	0.732	1	1
0.1	0.275	0.599	0.363	0.523	0.303	0.708	1	1
0.2	0.289	0.576	0.372	0.514	0.315	0.684	1	1
0.3	0.303	0.553	0.381	0.505	0.327	0.660	1	1
0.4	0.317	0.531	0.390	0.496	0.340	0.638	1	1

α 水准	$[(E_A)_\alpha^L, (E_A)_\alpha^U]$		$[(E_B)_\alpha^L, (E_B)_\alpha^U]$		$[(E_C)_\alpha^L, (E_C)_\alpha^U]$		$[(E_D)_\alpha^L, (E_D)_\alpha^U]$	
0.5	0.331	0.510	0.399	0.488	0.353	0.615	1	1
0.6	0.346	0.489	0.408	0.479	0.366	0.594	1	1
0.7	0.361	0.468	0.417	0.470	0.379	0.572	1	1
0.8	0.377	0.461	0.425	0.460	0.393	0.552	1	1
0.9	0.393	0.428	0.434	0.452	0.408	0.531	1	1
1.0	0.409	0.409	0.443	0.422	0.422	0.511	1	1

四、模糊规模效率

技术效率的值 E_j^{CRS} 会小于或等于纯技术效率值 E_j^{VRS}，如第三章所述，技术效率是以最大生产力（产出/投入）为评估标准，与凸性效率边界为评估标准的纯技术效率相比，显然为较严格的效率衡量。而资料包络分析法中的规模效率（Scale Efficiency）是用来观察受评决策单元与其最适生产规模（Most Productive Scale Size，MPSS）所贴近的比率（Banker，1984；Banker & Thrall，1992），亦即为规模报酬固定及规模报酬变动效率值间的比率。规模效率值 S_j 的求算方式如式（7-16）所示：

$$S_r = E_r^{CRS}/E_r^{VRS} \qquad (7-16)$$

而当 E_r^{CRS} 与 E_r^{VRS} 为模糊数值时，规模效率也会是模糊数值。假设 $[(E_j^{CRS})_\alpha^L, (E_j^{CRS})_\alpha^U]$ 为决策单元 j 在规模报酬固定下的 α 水准集合，而 $[(E_j^{VRS})_\alpha^L, (E_j^{VRS})_\alpha^U]$ 为决策单位 j 在规模报酬变动下的 α 水准集合，则依据式（7-16）及 Kauffman & Gupta（1985）提出的模糊除法，可以将决策单元 j 在 α 水准下的模糊规模效率以式（7-17）表示：

$$(\tilde{S}_j)_\alpha = [(E_j^{CRS})_\alpha^L/(E_j^{VRS})_\alpha^U, (E_j^{CRS})_\alpha^U/(E_j^{VRS})_\alpha^L], \ 且 \ (E_j^{CRS})_\alpha^U/(E_j^{VRS})_\alpha^L \leqslant 1 \qquad (7-17)$$

式（7-17）中，下限值是由分子项最小值（除式）除以分母项最大值（被除式）得出，上限值是由分子项最大值（除式）除以分母项最小值（被除式）得出。而 $(E_j^{CRS})_\alpha^U/(E_j^{VRS})_\alpha^L \leqslant 1$ 表示规模效率不得超过 1，若模糊除法得出的上限值超过 1，则仅能以 1 为上限值。以决策单元 B 为例，在 α 水准 = 0 时，$[(E_B^{CRS})_\alpha^L, (E_B^{CRS})_\alpha^U]$ 为 $[0.355, 0.532]$，$[(E_B^{VRS})_\alpha^L, (E_B^{VRS})_\alpha^U]$ 为 $[0.517, 1]$，决策单元 B 的模糊规模效率应为 $[0.355/1, 0.532/0.517] = [0.355, 1.029]$，但上限值不得超过 1，因此宜表示为 $[0.355, 1]$。

表 7-6 是在 11 个不同 α 水准下 （0，0.1，0.2，…，1.0）所计算得出的规模效率值的上下限。

从表 7-4、表 7-5、表 7-6 中，可以看出仅有决策单元 D 的纯技术效率、技术效率、规模效率为精确值 1，其他决策单元的所有效率值均属模糊数值形式。以管理意涵而论，决策单元 D 的规模效率为精确值 1，代表其属于最适生产规模状态，生产力达到最

表 7-6 11 个不同 α 水准下的规模效率值 $\tilde{S}_r$ 上下限

α 水准	$[(S_A)_\alpha^L,$	$(S_A)_\alpha^U]$	$[(S_B)_\alpha^L,$	$(S_B)_\alpha^U]$	$[(S_C)_\alpha^L,$	$(S_C)_\alpha^U]$	$[(S_D)_\alpha^L,$	$(S_D)_\alpha^U]$
0	0.262	1	0.355	1	0.291	1	1	1
0.1	0.275	1	0.363	0.985	0.303	1	1	1
0.2	0.289	1	0.372	0.943	0.315	1	1	1
0.3	0.303	1	0.381	0.902	0.327	1	1	1
0.4	0.317	1	0.90	0.861	0.340	1	1	1
0.5	0.331	0.971	0.399	0.822	0.353	1	1	1
0.6	0.346	0.855	0.408	0.785	0.366	1	1	1
0.7	0.361	0.751	0.417	0.748	0.379	0.950	1	1
0.8	0.377	0.681	0.425	0.712	0.393	0.848	1	1
0.9	0.393	0.582	0.434	0.679	0.408	0.750	1	1
1.0	0.409	0.511	0.443	0.613	0.422	0.660	1	1

大，无须调整其生产规模。其他决策单元 A、B、C 均未达到最适生产规模状态，这些决策单元的生产规模宜根据各自的规模报酬情况，做适当的调整，以达到规模经济（Scale Economies）的境界。

第四节 缺漏资料范例

评估不确定资料的另一种可行方式为引用"概率"（Possibility），其方式为使用模糊理论中的模糊概率分配来描述概率的大小（Dubios & Prade，1988）。当进行效率测量时，若部分决策单元有缺漏资料（Missing Data），则可将这些缺漏资料表达成概率分配，再运用模糊资料包络分析法来评估效率。本节以十家连锁快餐店的效率量测作为范例，说明如何在有缺漏资料的情况下进行效率评估。

一、范例缺漏资料的说明

假设有十家连锁快餐店，投入项分别为资本额、分店数及员工数，产出项为营业额，各家连锁快餐店的投入及产出资料如表 7-7 所示。在十家连锁快餐店中，有三家连锁快餐店存在缺漏资料，分别是连锁快餐店 I 的资本额，以及连锁快餐店 E、H 的员工数，因此无法以传统 DEA 模式进行经营效率的评估。

表 7-7 十家连锁快餐店的投入及产出资料

快餐店代号	投入项			产出项
	资本额（亿元）	分店数（家）	员工数（人）	营业额（亿元）
A	14	325	3500	154
B	3	58	342	42

快餐店代号	投入项			产出项
	资本额（亿元）	分店数（家）	员工数（人）	营业额（亿元）
C	18	675	5455	239
D	2	22	85	17
E	12	165	*	106
F	49	987	6897	365
G	17	99	321	84
H	5	77	*	29
I	*	453	3234	544
J	8	15	264	33
最小值	2	15	85	17
最大值	49	987	6897	544
中位数	12	132	1788	95

注：* 表示缺漏资料。

前文曾提到，当某一项观测值为缺漏资料（Missing Data）时，我们可以从其他决策单位相同投入或产出变项的观测值，选取最小值（Minimum）、最大值（Maximum）、中位数（Median），分别设定为最悲观值（Most Pessimistic Value）、最乐观值（Most Optimistic Value）、最可能值（Most Likely Value），建构成三角隶属函数，形成三角模糊数的下界、上界及顶点，在所有缺漏数据都建构为三角隶属函数后，即可应用模糊资料包络分析模式。

基于上述，连锁快餐店 I 的资本额缺漏资料，可借由其他连锁快餐店的资本额最小值 2，最大值 49，中位数 12 三项数值，将连锁快餐店 I 的资本额缺漏资料表示成三角模糊数 $\widetilde{X}_{I,1} = (2，12，49)$，其隶属函数如式（7-18）所示：

$$\mu_{\widetilde{X}I,1}(x) = \begin{cases} (x-2)/10, & 2 \leqslant x \leqslant 12 \\ (49-x)/37, & 12 \leqslant x \leqslant 49 \end{cases} \tag{7-18}$$

而连锁快餐店 E、H 的员工数缺漏资料，也可按照前述方式表达成三角模糊数 $\widetilde{X}_{E,3} = \widetilde{X}_{H,3} = (85，1788，6897)$，其隶属函数如式（7-19）所示：

$$\mu_{\widetilde{X}E,3}(x) = \mu_{\widetilde{X}H,3}(x) = \begin{cases} (x-85)/1703, & 85 \leqslant x \leqslant 1788 \\ (6897-x)/5109, & 1788 \leqslant x \leqslant 6897 \end{cases} \tag{7-19}$$

前述隶属函数的 α 截集如式（7-20）所示：

$$(X_{I,1})_\alpha = \left[(X_{I,1})^L_\alpha, (X_{I,1})^U_\alpha \right] = \left[2 + 10\alpha, 49 - 37\alpha \right]$$

$$(X_{E,3})_\alpha = \left[(X_{E,3})^L_\alpha, (X_{E,3})^U_\alpha \right] = \left[85 + 1703\alpha, 6897 - 5109\alpha \right]$$

$$(X_{H,3})_\alpha = \left[(X_{H,3})^L_\alpha, (X_{H,3})^U_\alpha \right] = \left[85 + 1703\alpha, 6897 - 5109\alpha \right] \tag{7-20}$$

其他所有精确值的投入及产出资料，可视为退化的隶属函数。在将所有的资料都转换成隶属函数形式后，即可应用模糊资料分析模式，式（7-12）及式（7-13）来计算十家连锁快餐店的经营效率。

二、缺漏资料范例的效率评估结果

借由模糊资料分析模式的应用，可以计算出十家连锁快餐店的经营效率，表 7-8 显示出十家连锁快餐店在不同 α 水准下的模糊效率，其中有三家（D、I、J）连锁快餐店的纯技术效率为精确值 1，代表这三家连锁快餐店不受 α 水准变动的影响，所有上下限效率值均为 1，是具有纯技术效率的连锁快餐店。

评估模式中虽然仅有三笔资料是模糊数，却有七家连锁快餐店的纯技术效率为模糊效率，究其原因，主要是由于这七家连锁快餐店（A、B、C、E、F、G、H）的参考集合曾出现存有缺漏资料的 E、H、I 的任一家连锁快餐店，因此当这三家连锁快餐店的效率边界因资料变动而有所移动时，曾以这三家连锁速食店任何一家为参考同侪的连锁快餐店，效率值也会随之变动。读者可参考表 7-9 及表 7-10 的各家连锁快餐店的参考集合分布情况，即可发现这种特性。而 D、I、J 三家连锁快餐店的参考集合都为自己本身，因此效率值完全不受影响，维持固定不变。

表 7-8　十家连锁速食店在不同 α 水准下的模糊效率

速食店代号	上下限	$\alpha = 0$	$\alpha = 0.1$	$\alpha = 0.2$	$\alpha = 0.3$	$\alpha = 0.4$	$\alpha = 0.5$	$\alpha = 0.6$	$\alpha = 0.7$	$\alpha = 0.8$	$\alpha = 0.9$	$\alpha = 1.0$
A	L	0.378	0.381	0.383	0.385	0.387	0.390	0.392	0.394	0.397	0.399	0.401
A	U	0.881	0.856	0.827	0.770	0.711	0.653	0.594	0.535	0.466	0.410	0.401
B	L	0.722	0.725	0.727	0.729	0.732	0.746	0.762	0.777	0.793	0.809	0.825
B	U	1.000	1.000	1.000	1.000	1.000	1.000	1.000	1.000	0.942	0.833	0.825
C	L	0.286	0.288	0.291	0.292	0.293	0.295	0.297	0.299	0.301	0.322	0.345
C	U	1.000	1.000	1.000	0.928	0.847	0.766	0.686	0.605	0.518	0.432	0.345
D	L	1.000	1.000	1.000	1.000	1.000	1.000	1.000	1.000	1.000	1.000	1.000
D	U	1.000	1.000	1.000	1.000	1.000	1.000	1.000	1.000	1.000	1.000	1.000
E	L	0.495	0.497	0.500	0.502	0.505	0.507	0.510	0.512	0.515	0.517	0.520
E	U	1.000	1.000	1.000	1.000	0.770	0.644	0.564	0.551	0.540	0.530	0.520
F	L	0.311	0.311	0.311	0.311	0.311	0.311	0.311	0.311	0.311	0.311	0.311
F	U	0.632	0.601	0.567	0.520	0.471	0.422	0.374	0.325	0.312	0.311	0.311
G	L	0.962	1.000	1.000	1.000	1.000	1.000	1.000	1.000	1.000	1.000	1.000
G	U	1.000	1.000	1.000	1.000	1.000	1.000	1.000	1.000	1.000	1.000	1.000
H	L	0.411	0.412	0.412	0.414	0.418	0.423	0.427	0.432	0.436	0.441	0.446
H	U	1.000	0.610	0.537	0.502	0.501	0.500	0.498	0.496	0.479	0.462	0.446
I	L	1.000	1.000	1.000	1.000	1.000	1.000	1.000	1.000	1.000	1.000	1.000
I	U	1.000	1.000	1.000	1.000	1.000	1.000	1.000	1.000	1.000	1.000	1.000
J	L	1.000	1.000	1.000	1.000	1.000	1.000	1.000	1.000	1.000	1.000	1.000
J	U	1.000	1.000	1.000	1.000	1.000	1.000	1.000	1.000	1.000	1.000	1.000

注：L 表示效率值下限，U 表示效率值上限。

表 7-9 列出十家连锁快餐店于 α 水准等于 1 的投入目标值、参考集合及纯技术效率，由于模式设定为投入导向，产出固定不变，因此仅列出三项投入的改进目标值，α = 1 时，三项缺漏资料均以中位数代入，形成传统精确值的 DEA 模式，使用 BCC 模式即可求得纯技术效率，各家无效率连锁快餐店的改进目标值亦为精确值，而由于三项缺漏资料均以概率最高的中位数表示，所得出的效率亦称为最有可能（Most Likely）的效率。

表 7-9 中，D、G、I、J 四家连锁快餐店纯技术效率均为 1，投入数量无须改进调整，目标值与原始值相同，其他六家连锁快餐店 A、B、C、E、F、H，均需缩减其投入数量，以达效率边界，成为具有纯技术效率的连锁快餐店。

表 7-9　十家连锁速食店于 α = 1 投入目标值、参考集合及纯技术效率

速食店代号	资本额（亿元）	分店数（家）	员工数（人）	参考集合	纯技术效率
A	5.62	130	918	D, I, J	0.401
B	2.47	42	234	D, I	0.825
C	6.21	203	1411	D, I	0.345
D	2	22	85	D	1.000
E	6.24	85	654	D, I, J	0.520
F	12.25	307	2147	G, I, J	0.311
G	17	99	321	G	1.000
H	2.22	31	156	D, I	0.466
I	12	453	3234	I	1.000
J	8	15	264	J	1.000

表 7-10 为十家连锁快餐店于 α 水准等于 0 投入目标值、参考集合及纯技术效率，分别列出纯技术效率下限及上限的投入改进目标值，当纯技术效率为模糊数时，可以发现下限及上限的投入改进目标值并不相同。以连锁快餐店 A 为例，其三项投入资本额、分店数、员工数最可能需要改进的目标值分别为 5.62、130、918，而其最保守悲观的改进目标值分别为 5.30、123、949，最乐观的改进目标值分别为 12.34、286、2194。

从表 7-10 中，我们亦可发现有些连锁快餐店其纯技术效率上限的投入缩减目标较连锁快餐店为小，如 E 连锁快餐店员工数的纯技术效率上限的改进目标值为 85，下限的改进目标值为 671，亦即上限需要缩减的投入数量反而较多的情形，此似乎违反一般的思考逻辑，究其原因，仍为效率边界的移动效果所致；反之，若为产出导向案例，则可能会出现上限的改进目标值较大的现象（产出扩增数量较多），此种案例读者可参阅 Kao 与 Liu（2000）的研究论文。

在效率目标改进值中，同样会因效率边界的移动而导致改进目标值为模糊数，其与将中位数代入缺漏资料所计算出的精确效率值相比，模糊效率值可以提供更多的信息，其除了计算出效率值的上下限外，亦可提供改进目标值的可能范围，具有较大的弹性。

表 7-10　十家连锁速食店于 α = 0 投入目标值、参考集合及纯技术效率

速食店代号	上下限	资本额（亿元）	分店数（家）	员工数（人）	参考集合	纯技术效率
A	L	5.30	123	949	D, I, J	0.378
	U	12.34	286	2194	D, C, I	0.881
B	L	2.17	41	236	D, I, J	0.722
	U	3	58	342	B	1.000
C	L	5.15	193	1455	D, I, J	0.286
	U	18	675	5455	C	1.000
D	L	2	22	85	D	1.000
	U	2	22	85	D	1.000
E	L	5.94	81	671	D, I, J	0.495
	U	12	165	85	E	1.000
F	L	5.95	307	2147	G, I, J	0.311
	U	30.95	562	4355	B, C, I	0.632
G	L	11.32	95	308	E, I, J	0.962
	U	17	99	311	G	1.000
H	L	2.05	31	157	D, I, J	0.411
	U	3.35	41	85	D, E	1.000
I	L	49	453	3234	I	1.000
	U	2	453	3234	I	1.000
J	L	8	15	264	J	1.000
	U	8	15	264	J	1.000

注：L 表示效率值下限，U 表示效率值上限。

第五节　小结

本章介绍模糊资料包络分析法，主要聚焦于 Kao 与 Liu（2000）提出的模糊资料包络分析模式，叙述如何应用 α 截集（α-cut）与扩展原则（Extension Principal）来得出模糊效率，并应用两个简单范例——模糊资料范例及缺漏资料范例，说明如何应用模糊资料包络分析法得出模糊效率及模糊改进目标值。

然而，模糊资料包络分析模式因各研究者所应用的方法差异，及研究假设差异，导致效率评估结果亦会有所差异，若再采用不同的模糊排序法，则得出的效率值排序更不一样。此一研究领域显然尚未获致高度共识，相关研究论文亦为数不多，是资料包络分析扩张模式中较具争议的部分。

第八章　考量环境影响与随机干扰的扩张 DEA 模式——一阶段、二阶段与三阶段 DEA 模式

资料包络分析 (DEA) 是一种被广泛使用的线性规划技术，传统的 Farrell 模式、CCR 模式与 BCC 模式都仅强调决策单元或决策者的管理效率，并将其视为影响生产绩效的唯一因素，并未考虑到影响生产绩效的另两项因素：环境效果 (Environmental Effects) 与随机干扰 (Statistical Noise)，环境效果意指环境特性对生产活动造成的影响，环境特性可能包括可控制变量及不可控制变量；而随机干扰则是运气好坏的影响，随机干扰来源例如员工罢工、设备失灵以及模式中衡量变量的误差等均属，因此 DEA 效率衡量的正确性遭受不少的质疑与批评，各学者因而陆续提出 DEA 的改良模式。

我们依提出的时间顺序，列出相关研究的提出者，包括 Timmer (1971)、Banker & Morey (1986a，1986b)、Fried et al. (1993)、McCarty & Yaisawarng (1993)、Pastor (1995)、Bhattacharyya et al. (1997)、Fried et al. (1999)、Fried et al. (2002)、Avkiran & Rowands (2008)。这些学者所提出的改良模式中，有些模式将环境特性纳入绩效评估程序之内，另有一些模式则同时将环境特性与随机干扰纳入绩效评估程序中，这几种 DEA 改良模式因此可区分成一阶段模式 (Single-stage Models)、二阶段模式 (Two-stage Models) 以及三阶段模式 (Three-stage Models) 三种类型，本章分别介绍此三类型模式，并就各研究者的分析模式提出一些评述意见，本章的内容将更多聚焦在理论发展较为成熟的三阶段 DEA 模式。

第一节 一阶段 DEA 模式

本节将先介绍 Banker and Morey (1986a，1986b) 所发展出来的一阶段模式，分成非任意 (Non-discretionary) 环境变量法及类别 (Categorical) 环境变量法两种类型，而当类别变量无法排序时，如公营或私营 (权属别)，则比较适合采用 Charnes、Cooper and Rhodes (1981) 所提出的一阶段方法。另外，我们将使用医院的案例来说明非任意 (Non-discretionary) 环境变量法的应用与分析。

一、一阶段 DEA 模式理论

一阶段模式是由 Banker and Morey (1986a，1986b) 所发展出来的，此方法同时将投入项、产出项、所有相关的外生环境变量纳入 DEA 分析模式中，其主要目的是在生产绩效评估中，将外生环境变量控制于模型中。

Banker and Morey (1986a，1986b) 所提出的一阶段模式，又可分成两种方法，第一种是非任意 (Non-discretionary) 环境变量法，该法视部分投入或产出变项为非可任意改变的环境变量，即不可控制的影响变项。举例而言，如准投入量 (Quasi-inputs)，或产出量受限于契约限制均属此类型环境变量，此方法将非任意环境变量仍视为生产过程的投入项或产出项，而且每一个非任意环境变量对生产绩效的影响方向必须事先知道；第二种是类别（Categorical）环境变量法，类别环境变量（如权属别）是将比较集合限制在相同或较高等级（或者相同或更低等级）中，如此会减少比较集合（Comparison Set）的大小，同时也会减少此方法的区别与辨别力。

举例而言，在类别（Categorical）环境变量法中，第 i 家公司的效率需与环境变数值比它小或者相等的样本公司进行比较而得出。例如，分析者想研究汉堡餐厅，认为区位形态对营运绩效会有影响，分析者拥有各家汉堡餐厅位于市中心、郊区或乡村地区的信息，并认为市中心是最佳区位，乡村地区是最差区位。在此案例中，分析者将比较集合限制在：①仅将每家乡村餐厅与所有乡村类型餐厅进行比较；②仅将每家郊区餐厅与所有乡村类型及郊区类型餐厅类型进行比较；③将每家市中心餐厅与所有类型餐厅进行比较。这可确保没有任何一家餐厅会与比自己拥有更佳环境的餐厅进行比较（Coelli et al.，1998）。

非任意环境变量法与类别环境变量法，两者都属于确定性边界评估法，因此都未将随机干扰纳入生产绩效评估程序中。一阶段模式的优点在于容易应用与解释，且易于计算。缺点：第一，两种方法均是完全确定性（Purely Deterministic）的模式，因此无法将影响厂商经营绩效的随机干扰纳入分析模式中；第二，此方法把相关的外生环境变量直接在线性规划中以传统投入、产出归类方式处理，必须事先知道每个变量的影响作用，如果归类方式判断错误，则计算出来的结果会完全相反；第三，有效率决策单位（效率值 =1）的个数会随着环境变量的增加而增加（Fried et al.，2002；Pastor，2002）。

假如环境变数值可以将其对效率的影响效果从最小到最大予以排序（Ranking），则可以使用 Banker and Morey（1986a）的方法。而假如环境变量无法予以排序（如公营与私营权属别），则我们可以使用由 Charnes、Cooper and Rhodes（1981）所提出的一阶段方法，这个方法包括三个阶段：

（1）将样本区分为公营/私营次样本，并解出每个次样本的 DEA 效率值；

（2）将所有观察资料点投射到它们各自的效率边界上；

（3）使用投射点来解出单一的 DEA 问题，并评估两个次样本的平均效率差异。

当使用不可控制变量到 DEA 模式时，必须非常谨慎，因为应用缩减因素到一项不可控制投入（Non-controllable Input），或应用扩展因素到一项不可控制产出（Non-controllable Output），这是毫无意义的，如将医院入院病人数（Inpatients）增加 10%，这是医院无法控制的；或是将气候因素做缩减，如将温度降低 5%，下雪量减少 20%，也是目前的科技所无法达成的。

当环境变量为不可控制投入时，我们假设生产过程为变动规模报酬（固定规模报酬将

$\sum \lambda = 1$ 限制式去除），设定为投入导向，由投入面的缩减来改善效率，则线性规划式可以式（8-1）表示，我们只能缩减可控制投入（Controllable Inputs），产出与不可控制投入维持固定不变。而若将 $z_i = Z_\lambda$ 的限制式改为 $z_i \geqslant Z_\lambda$，就转变成非任意投入（Non-discretionary Inputs）模式，与不可控制投入不同，非任易投入是可以缩减的。

$$\operatorname*{Min}_{\theta, \lambda} \quad \theta$$

$$\text{s.t.} \quad Y\lambda \geqslant y_i$$

$$\theta x_i \geqslant X\lambda$$

$$z_i = Z_\lambda$$

$$\sum \lambda = 1$$

$$\lambda \geqslant 0 \tag{8-1}$$

式（8-1）可以使用言辞表达如下：

极小化 ｛缩减因子｝

受限于：效率边界的产出 ≥ 受评 DMU 的产出；

缩减路径的可控制投入 ≥ 效率边界的可控制投入；

受评 DMU 的不可控制投入 = 效率边界的不可控制投入；

权重总和 = 1（凸性限制式）；

权重值不得为负。

当环境变量为不可控制产出（Non-controllable Outputs）时，我们假设生产过程为变动规模报酬，设定为产出导向，由产出面的扩展来改善效率，则线性规划式可以式（8-2）表示，我们只能增加可控制产出（Controllable Outputs），投入与不可控制产出维持固定不变。而若将 $z_i = Z_\lambda$ 的限制式改为 $z_i \leqslant Z_\lambda$，就转变成非任意产出（Non-discretionary Outputs）模式，与不可控制产出不同，非任易产出是可以增加的。

$$\operatorname*{Max}_{\theta, \lambda} \quad \theta$$

$$\text{s.t.} \quad x_i \geqslant X\lambda$$

$$\theta y_i \leqslant Y\lambda$$

$$z_i = Z_\lambda$$

$$\sum \lambda = 1$$

$$\lambda \geqslant 0 \tag{8-2}$$

式（8-2）可以使用言辞表达如下：

极大化 ｛扩展因子｝

受限于：受评 DMU 的投入 ≥ 效率边界的投入；

扩展路径的产出 ≥ 效率边界的产出；

受评 DMU 的不可控制产出 = 效率边界的不可控制产出；

权重总和 = 1（凸性限制式）；

权重值不得为负。

二、一阶段 DEA 模式案例

假设有 10 家医院，投入资源为医生人数（Doctors）与护士人数（Nurses），产出项为出院病人数（Outpatients）与入院病人数（Inpatients），其中入院病人数是医院无法控制的变量，我们将它设为产出项（出院病人数愈多愈佳），属于不可控制产出，各项投入与产出资料如表 8-1 所示。

假设医院的生产过程属变动规模报酬，从产出面的角度探讨医院营运效率，在投入资源固定不变下，由产出项的增加来改善效率，入院病人数并无法任意增加。事实上，医院仅能增加出院病人数，以 A 医院为例，其线性规划式可以式（8-3）表示。

我们使用 SAITECH 公司出版的 DEA-SOLVER Professional 6.0a（2007）计算机软件，执行 NCN-O-V 模式，亦即不可控制（Non-CoNtrollable），产出导向（Output-Oriented），变动规模报酬（Variable Return to Scale）模式，其分析结果汇整于表 8-2。其中的差额分析，由于两项投入（医生人数与护士人数）固定不变，不可控制产出（入院病人数）不做变动，因此仅分析可控制产出（出院病人数）的产出差额。

$$\text{Max} \quad \theta$$

$$\text{s.t.} \quad 20 \geq 20\lambda_A + 19\lambda_B + 25\lambda_C + 27\lambda_D + 22\lambda_E + 33\lambda_F + 31\lambda_G + 30\lambda_H + 50\lambda_I + 53\lambda_J$$

$$151 \geq 151\lambda_A + 131\lambda_B + 160\lambda_C + 168\lambda_D + 158\lambda_E + 235\lambda_F + 206\lambda_G + 244\lambda_H + 268\lambda_I + 306\lambda_J$$

$$100\theta \leq 100\lambda_A + 150\lambda_B + 160\lambda_C + 180\lambda_D + 94\lambda_E + 220\lambda_F + 152\lambda_G + 190\lambda_H + 250\lambda_I + 260\lambda_J$$

$$90 = 90\lambda_A + 50\lambda_B + 55\lambda_C + 72\lambda_D + 66\lambda_E + 88\lambda_F + 80\lambda_G + 100\lambda_H + 100\lambda_I + 147\lambda_J$$

$$\lambda_A + \lambda_B + \lambda_C + \lambda_D + \lambda_E + \lambda_F + \lambda_G + \lambda_H + \lambda_I + \lambda_J = 1$$

$$\lambda_A, \lambda_B, \lambda_C, \lambda_D, \lambda_E, \lambda_F, \lambda_G, \lambda_H, \lambda_I, \lambda_J \geq 0 \tag{8-3}$$

表 8-1　10 家受评医院的投入与产出资料

医院代号	投入项		产出项	
	医生人数（人）	护士人数（人）	出院病人数（人）	入院病人数（人）
A	20	151	100	90
B	19	131	150	50
C	25	160	160	55
D	27	168	180	72
E	22	158	94	66
F	33	235	220	88

医院代号	投入项		产出项	
	医生人数（人）	护士人数（人）	出院病人数（人）	入院病人数（人）
G	31	206	152	80
H	30	244	190	100
I	50	268	250	100
J	53	306	260	147

如表 8-2 所示 E 医院、G 医院属于无效率医院，纯技术效率分别为 0.606、0.750，因此，我们仅须将两家医院的出院病人数分别扩展 1.649 倍、1.333 倍，亦即 E 医院、G 医院分别将出院病人数增加到 $94 \times 1.649 = 155$ 人（增加 61 人），$152 \times 1.333 = 202$ 人（增加 50 人），就会成为有效率的医院。

表 8-2 10 家受评医院的 DEA 分析结果

医院代号	效率分析		差额分析		
	扩展因素	纯技术效率	原出院病人数	投射值	射线差额
A	1	1	100	100	0
B	1	1	150	150	0
C	1	1	160	160	0
D	1	1	180	180	0
E	1.649	0.606	94	155	61
F	1	1	220	220	0
G	1.333	0.750	152	202	50
H	1	1	190	190	0
I	1	1	250	250	0
J	1	1	260	260	0

第二节 二阶段 DEA 模式

本节先介绍各种两阶段 DEA 模式的理论与应用案例，并对这些理论做评述，之后则介绍由 Fried et al.（1993）提出的二阶段模式，说明 FDH（Free Disposal Hull）模式，以及该应用案例的研究设计。

一、二阶段 DEA 模式理论

二阶段模式除在第一阶段使用投入与产出资料，执行 DEA 分析外，其在第二阶段则使用外生环境变量数据，其主要目的是确定外生环境变量对最初生产绩效评估的影响。假如第二阶段仍使用 DEA 分析模式，则产生的二阶段模式属于完全确定性边界评估法，并未考虑随机干扰对于生产绩效的影响效果；假如第二阶段使用回归分析模式，则可将生产绩效的一部分变异归咎于随机干扰效果，典型二阶段模式通常会在第二阶段使用回归分析模式，以外生环境变量来解释第一阶段效率值的变异。

Timmer（1971）是最早使用二阶段模式的学者，以下的几篇研究是针对 Timmer 的第二阶段提出改良方法的应用实例，亦即使用限定依变量的回归技术（因为效率值的限定范围为 0~1，而且很多都是上限值 1）。如以 Tobit 回归取代最小平方估计法（OLS），有些模式则采用非线性对数回归模型（Non-linear Logistic Regression），例如，McCarty and Yaisawarng（1993）以及 Bhattacharyya et al.（1997）则更进一步使用第二阶段回归残差（Residuals）来调整第一阶段的效率值；Fried et al.（1993）提出的二阶段模式，先使用 Free Disposal Hull（FDH）DEA 来评估绩效，再使用对数回归（Logistic Regression）及近似非相关回归（Seemingly Unrelated Regression，SUR）来解释环境变量与信用联盟性质的变异对射线效率与差额的影响效果。

Pastor（1995）则提出双重 DEA 形式（Double DEA Format），第一阶段，他使用投入导向 DEA 到投入及环境变量中，或是使用产出导向 DEA 到产出及环境变数中，之后他将原先的投入或产出以射线投射值（Radial Projection）取代，目的是要去除环境变量的影响，使每一个决策单元都处于相同的经营环境；第二阶段，他再度使用 DEA 到一组扩增的资料组合中，此资料组合包括原先有效率决策单元、原先无效率决策单元以及原先无效率决策单元调整为射线投射值三类，其中第三类是增加的决策单元，第二类决策单元与第三类决策单元在第二阶段 DEA 分析中的效率值比较，即显示环境变量对生产绩效的影响效果。

二阶段模式的优点是容易应用和容易解释，且计算快速。另外，当变量增加时，并不会增加有效率决策单元的个数，无须事先知道环境变量的影响方向。缺点是既然有显著相关的外生解释变量，为何不在第一阶段时就纳入计算效率值，且在第二阶段并未考量差额变量的影响，母数估计可能会有偏差，而误导外生环境变量对效率值的影响（Fried et al., 1999）。

应用二阶段 DEA 分析法的文献相当多，如 Sun、Hone and Doucouiagos（1999）利用二阶段 DEA 分析法研究中国的 28 个制造业的技术效率；Chirwa（2001）利用二阶段 DEA 分析法研究 1970~1997 年马拉维（Malawi）的 15 家公民营制造业场厂商的技术效率；杨永列（2000）采用的是二阶段的估计方法，用产出模式计算新竹科学园区厂商的技术效率，并在第二阶段中利用回归分析进行影响效率因素分析。

Muniz（2002）使用公立高中的案例，比较 Banker and Morey（1986a）的一阶段方法与 Fried and Lovell（1993）的二阶段方法，区分成三个阶段，在第一阶段 DEA 先界定出差额，第二阶段 DEA 则区别管理无效率所造成的差额，以及不可控制投入的差额，第三阶段 DEA 则使用去除不可控制投入影响的调整后资料，作为最终的分析。主要的研究发现：一阶段方法界定效率 DMUs 的辨识度不如二阶段方法，Muniz 的研究并未界定由随机干扰所造成的无效率。

二、二阶段 DEA 案例的模式介绍

我们以 Fried et al.（1993）提出的二阶段模式为说明案例，该研究以 FDH（Free Disposal Hull）衡量美国信用联盟（Credit Union）的经营效率，评估的准则包括凌驾性（Dominance）与效率。

信用联盟 k 使用投入资源 $x^k = (x_1^k, \cdots, x_n^k) \in R_+^n$ 来提供服务 $y^k = (y_1^k, \cdots, y_m^k) \in R_+^m$，$k = 1, \cdots, I$，资料集合以 $T = \{(y^k, x^k), k = 1, \cdots, I\}$ 表示，其生产可能集合如式（8–4）所示：

$$\hat{T} = \left\{ \begin{pmatrix} x \\ y \end{pmatrix} \middle| \begin{pmatrix} x \\ y \end{pmatrix} = \begin{pmatrix} x^k \\ y^k \end{pmatrix} - \sum_{j=1}^{m} \mu_j \begin{pmatrix} 0 \\ e_j \end{pmatrix} + \sum_{j=1}^{m} v_j \begin{pmatrix} e_j \\ 0 \end{pmatrix}, \atop (x^k, y^k) \in T \cup \begin{pmatrix} 0 \\ 0 \end{pmatrix}, \ \mu_j \geq 0, \ v_j \geq 0 \right\} \tag{8–4}$$

生产可能集合的投入值不少于（大于或等于）任一样本的投入值，产出值不大于（小于或等于）任一样本的产出值，所有投入及产出变量均满足自由处置（Free Disposal），但不具有凸性（Convexity），因此其效率边界呈现出阶梯式的边界形式，而非折线式（Piecewise）的包络线。

FDH 模式可以图 8–1 说明，A、B、C、D、E 五家信用联盟使用相同的投入资源，生产不同程度的服务产出，假如没有其他家信用联盟可以使用较少的投入资源，生产出较多的服务产出，则我们称此家信用联盟具有非凌驾性（Undominated）。在图 8–1 中，A、B、C 三家信用联盟具有非凌驾性，B 信用联盟凌驾于 D、E 两家信用联盟，因为使用相同的投入资源，B 的两项服务产出 y_1、y_2 均较 D 多；A、C 对 D 则不具凌驾性，因为 A 的 y_1 产出比 D 少，C 的 y_2 产出比 D 少。凌驾个数愈多的信用联盟，效率愈显著。而具备非凌驾性的信用（A、B、C）是有效率的，具有凌驾性的信用联盟（D、E）是无效率的。

FDH 模式衡量出的是射线效率（Radial Efficiency），衡量完效率再求出差额，A、B、C 无法将其产出服务做射线扩展（Radial Expansion），具有非凌驾性及射线效率，D、E 则具有凌驾性及射线无效率。以 D 为例，依据三角几何原理（相似三角形对应边呈现等比例关系），其射线效率为 $y_1^D/y_1^B = y_2^D/y_2^* < 1$。此外，D 在 y_2 产出服务存在差额（$y_2^B - y_2^*$），y_1 产出服务则没有差额，每一家信用联盟的射线效率线性规划如式（8–5）所示：

$$\begin{aligned}
&\underset{\theta,\lambda}{\text{Max}}\quad \theta\\
&\text{s.t.}\quad Y\lambda \geqslant \theta y_i\\
&\qquad\quad x_i \geqslant X\lambda\\
&\qquad\quad \sum \lambda = 1\\
&\qquad\quad \lambda \in \{0,\ 1\}
\end{aligned} \tag{8-5}$$

式（8-5）可以下述言辞表示：

极大化 {扩展因素}

受限于：效率边界的产出 ≥ 扩展路径的产出；

受评 DMU 的投入 ≥ 效率边界的投入；

权重总和 = 1（凸性限制式）；

权重值介于 0~1。

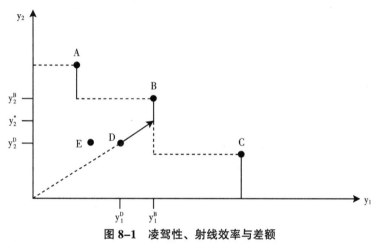

图 8-1　凌驾性、射线效率与差额

资料来源：Fried et al.（1993）。

求出射线效率与差额后，再使用对数回归（Logistic Regression）来解释环境变数与信用合作社性质的变异对射线无效率的影响效果，另使用近似非相关回归（Seemingly Unrelated Regression，SUR）来解释环境变量与信用联盟性质的变异对差额的影响效果。

第三节　三阶段 DEA 模式

三阶段模式是扩充以回归为基础的典型二阶段模式，Fried et al.（1999）所提出的三阶段模式中，在第一阶段执行 DEA 分析后，第二阶段以 Tobit 回归分析获得环境变量对第一阶段绩效评估的影响效果，第三阶段则将原始投入或产出作调整，以消除环境影响效果并再重新执行 DEA 分析。这个模式的缺点是投入或产出资料的调整，仅考虑环境影响效果，并未将随机干扰效果列入考量。

为了改善上述缺失，Fried et al.（2002）提出三阶段 DEA 模式，同时排除生产绩效评估中的环境影响及随机干扰，以使绩效评估结果更加公平。在第一阶段，使用 DEA 分析获得原先的生产绩效评估结果，这项评估并未考虑营运环境与随机干扰对于生产绩效的影响。因此，在第二阶段使用 SFA 将第一阶段生产绩效的变异归因于环境效果、管理无效率以及随机干扰，第三阶段则调整原先的投入或产出（视投入或产出导向而定），排除环境影响及随机干扰，让所有决策单元都处于相同的经营环境与运气，再重新执行 DEA 分析，得出的效率即为改善后的管理效率。

三阶段 DEA 接着使用 DEA 及随机边界法（Stochastic Frontier Approach，SFA）两种边界衡量方法，强调非参数的 DEA 法（数学规划法）与参数的 SFA 法（计量经济法）两个边界衡量方法的结合运用。SFA 的效率衡量是依据回归式估计的平均参数值，因此，这些效率对于单位不同所造成的资料数值改变，并不具有很高的敏感度，但在衡量误差的呈现上，SFA 优于 DEA。同时，假如加入生产函数形态的分析，但并未阐述组织的行为目标（如成本极小化或利润极大化），则此时 SFA 可能是不合适的方法。此外，SFA 可以使用来检测管理者将组织绩效低落归咎于经营环境恶劣的论点是否成立，或是管理者认为良好绩效是由于组织本身的高管理绩效的论点是否正确，而 DEA 的非参数特性使其无法说明生产技术的随机误差。简言之，DEA 与 SFA 两者都有某些无法检测的假定，而这些是这两种方法的主要缺失。例如，在使用 DEA 时，我们必须假定没有存在衡量误差；而执行 SFA 时，则必须先假定生产函数形态（Avkiran & Rowands，2008）。

Avkiran & Rowands（2008）批评 Fried et al.（2002）的三阶段 DEA 模式，认为他们恣意地选择投入导向或产出导向，调整投入或产出数量，并无一个选定标准，Avkiran & Rowands（2008）提出新的三阶段 DEA 模式，以无导向性（Non-oriented）的"差额变量为基础的衡量法"（Slack-based Measure，SBM），同时调整投入与产出资料，并将调整的方式由调整绝对数量改为调整比率。以下将分别探讨这两种三阶段 DEA 模式。

一、三阶段 DEA 模式（Fried et al.，2002）

基于上述 DEA 改良模式的分析说明，我们可以得知 Fried et al.（2002）提出的三阶段 DEA 模式是较为公平合理的生产绩效评估模式，最后得出的绩效评估结果已经排除环境影响与随机干扰，最终呈现出的是决策单位的管理效率，进一步将 Fried et al.（2002）三阶段 DEA 模式的理论与操作说明如下：

（一）第一阶段：调整前的 DEA 生产绩效评估

第一阶段的生产绩效评估应用传统 DEA 分析，仅使用投入与产出资料，视研究需要可设定为投入导向或产出导向，如设定为投入导向，由投入面来改善效率，在 Banker et al.（1984）提出的变动规模报酬模式（BCC 模式），此模式可以下述线性规划问题呈现：

$$\underset{\theta,\lambda}{\text{Min}}\quad \theta$$

$$\text{s.t.}\quad Y\lambda \geqslant y_i$$

$$\theta x_i \geqslant X\lambda$$

$$\sum \lambda = 1$$

$$\lambda \geqslant 0 \tag{8-6}$$

式（8-6）可以下述言辞表示：

极小化 {缩减因素}

受限于：效率边界的产出 ≥ 受评 DMU 的产出；

缩减路径的投入 ≥ 效率边界的投入；

权重总和 = 1（凸性限制式）；

权重值不得为负。

式中，$x_i \geqslant 0$，是第 i 个决策单位 $N \times 1$ 投入向量，$y_i \geqslant 0$，是第 i 个决策单位 $M \times 1$ 产出向量，$X = [x_i, \cdots, x_I]$ 是 $N \times I$ 投入向量矩阵，$Y = [y_i, \cdots, y_I]$ 是 $M \times I$ 产出向量矩阵，$\lambda = [\lambda_i, \cdots, \lambda_I]$ 是 $I \times 1$ 常数向量，$\sum \lambda = 1$ 代表权重和为 1（凸性限制式），θ 为第 i 个决策单位的纯技术效率（缩减因素），介于 0~1。

然而，真正的生产绩效会受到管理无效率、环境效果、随机干扰三项因素影响，上述线性规划架构并未将环境变量及随机干扰列入考虑。因此，在第二阶段我们将这两项因素列入考虑。

（二）第二阶段：应用随机边界法（SFA）解构第一阶段投入差额

第一阶段的投入差额（射线差额加上非射线差额，参阅图 4-4），可以反映出三种影响效果：即环境效果、管理无效率以及衡量误差产生的随机干扰。第二阶段分析的目的就是要将第一阶段投入差额解构成这三种效果，而这仅能应用随机边界法（SFA）回归分析才能达成。在 SFA 回归分析中，将第一阶段投入差额设为依变量，可观察的环境变量设为解释变量（回归变量），误差项则区分成管理无效率（单边误差部分）与统计干扰（对称误差部分），由于误差项具非对称性，因此只有在不拒绝管理无效率的变异 $\sigma_{un}^2 = 0 (\gamma = 0)$ 时，才适合使用 Tobit 回归分析，否则在第二阶段一律应用 SFA 回归分析。

第二阶段 SFA 回归分析，依变量是第一阶段的总投入差额，$s_{ni} = x_{ni} - Xn\lambda$，$n = 1, \cdots, N$，n 代表投入项，共有 N 个投入项；$i = 1, \cdots, I$，i 代表决策单位，共有 I 个决策单位，$s_{ni}$ 是第一阶段中，第 i 个决策单元的第 n 项投入差额，$Xn\lambda$ 是 x_{ni} 在效率前缘的最适投射值，独立变量是 K 个可观察环境变量，$z_i = [z_{1i}, \cdots, z_{Ki}]$，$i = 1, \cdots, I$，投入项有 N 个，因此回归式亦有 N 个，第二阶段 SFA 回归的形态如式（8-7）所示。

$$s_{ni} = f^n(z_i;\ \beta^n) + v_{ni} + u_{ni}, \quad n = 1,\ \cdots,\ N,\ i = 1,\ \cdots,\ I \qquad (8\text{-}7)$$

$f^n(z_i;\ \beta^n)$ 是确定性可行差额边界，β^n 是估计的参数向量，$(v_{ni} + u_{ni})$ 是误差组合，$v_{ni} \sim N(0,\ \sigma_{vn}^2)$ 代表随机干扰，$u_{ni} \geq 0$ 代表管理无效率，假使我们针对 u_{ni} 作一分配性假定，例如，$u_{ni} \sim N(\mu^n,\ \sigma_{un}^2)$，并假定 v_{ni} 与 u_n 为独立不相关，N 个回归式都以最大概似法（Maximum Likelihood Techniques，MLT）进行回归分析，每一个回归式中都包含四项估计参数（$\hat{\beta}^n$，$\hat{\sigma}_{vn}^2$，$\hat{\sigma}_{un}^2$，$\hat{\mu}^n$），在 N 个投入差额回归式中，这四项估计参数会随投入差额变量的改变（如投入差额变量项由 s_{1i} 改变为 s_{2i}）而有所差异，环境变量、随机干扰、管理无效率也会随投入差额变量项的改变而产生不同的影响效果。

附带一提的是，式（8-7）的随机边界模式不采用对数资料的原因是因为并非所有投入项均有差额存在，亦即在一般差额变量分析中，有些投入项的差额为 0，将 0 取对数是无意义的。

第二阶段 SFA 回归模式有四项特性：

（1）不需要事先知道环境变量对生产绩效的影响方向。事实上，环境变量影响的方向与强度是由估计的回归参数（$\beta^{n \cdot}$）决定，而且其会随投入差额变数项的改变而有所差异。

（2）环境变量效果的统计显著性是使用传统的概度比检定（Likelihood Ratio Tests，LRT）来判定的，这是一种假设检定，虚无假设为环境的变动对第一阶段 DEA 分析的生产绩效没有影响。

（3）决策单位的管理无效率并无差异的假设，可以借由 $\sigma_{un}^2 = 0$ 的假设加以检定，若不拒绝此假设，则表示生产绩效的差异完全由环境影响及随机干扰两项效果所造成，管理无效率对生产绩效没有影响效果。

（4）SFA 回归分析架构，可以让环境变量、随机干扰、管理无效率随着投入差额变量项的改变，而产生不同的影响效果。

在得出第二阶段 SFA 回归分析结果后，我们利用经营环境与随机干扰两项效果，调整原先投入项的数量。调整的目的是为了让各决策单位处于相同的经营环境与运气，在公平的基础上，再次执行 DEA 分析。第一阶段 DEA 分析并未将经营环境的优劣与运气的好坏列入考虑，因此，衡量出来低效率的决策单位常会将无效率归咎于这两项因素使然，如果将这两项效果排除，则评估出来的生产绩效差异就完全是管理无效率所造成，较为公平合理。

至于投入数量的调整方式分为两种。第一种调整方式：经营环境较差或运气较坏的决策单元，将其投入数量向下减少，使其经营环境达到最佳，运气达到最好程度，但可能造成一些环境条件或运气极为不佳的决策单元，需将其投入数量调整到负数，一般并不建议采用此调整方式。第二种调整方式：针对经营环境较佳或运气较好的决策单元，将其投入数量向上增加，使其经营环境达到最差，运气达到最坏程度，调整之后，各决策单元均面临相同的经营环境与运气。各决策单元的各项投入数量的调整，是依据第二阶段 SFA 回归分析结果而决定，其调整方式如式（8-8）所示。

$$x^A_{ni} = x_{ni} + [\max_i\{z_i\hat{\beta}^n\} - z_i\hat{\beta}^n] + [\max_i\{\hat{v}_{ni}\} - \hat{v}_{ni}], \quad n = 1, \cdots, N; \ i = 1, \cdots, I \qquad (8-8)$$

x^A_{ni} 是调整后的投入数量，x_{ni} 是原先的投入数量，式（8-8）的右侧第一项调整是将所有决策单元均调整到相同的经营环境，亦即所有决策单元均处于最差的经营环境，第二项调整是将所有决策单元调整到面临相同的运气，亦即所有决策单元均面临最坏的运气。基于上述，经营环境较差或运气较坏的决策单元，投入数量向上调整的幅度较小，经营环境较佳或运气较好的决策单元，投入数量向上调整的幅度较大，这些调整幅度会随决策单元与投入项的不同而有所差异。

为了执行式（8-8），我们有必要从 SFA 回归模式（8-7）的残差中，将随机干扰与管理无效率作一区别，以获得每一决策单元的随机干扰（v_{ni}），这可借由 Jonrow et al.（1982）提出的方法，解构式（8-7）中的误差组合，从管理无效率的条件估计量 $\hat{E}\ [u_{ni}|v_{ni} + u_{ni}]$，可以导出残差项中，随机干扰的估计量 $\hat{E}[V_{ni}|v_{ni} + u_{ni}]$，如式（8-9）所示。

$$\hat{E}[v_{ni}|v_{ni} + u_{ni}] = s_{ni} - z_i\hat{\beta}^n - \hat{E}[u_{ni}|v_{ni} + u_{ni}], \quad n = 1, \cdots, N; \ i = 1, \cdots, I \qquad (8-9)$$

将式（8-9）中导出的 v_{ni} 代入式（8-8），即可解出调整后的投入数量，$\hat{E}\ [u_{ni}|v_{ni} + u_{ni}]$ 与 $\hat{E}[v_{ni}|v_{ni} + u_{ni}]$ 是依据四项参数估计值（$\hat{\beta}^n$，$\hat{\sigma}^2_{vn}$，$\hat{\sigma}^2_{un}$，$\hat{\mu}^n$）得出，$\hat{\beta}^n$ 是每一个可观察环境变数对第 n 项投入差额的影响估计参数，（$\hat{\sigma}^2_{vn}$，$\hat{\sigma}^2_{un}$，$\hat{\mu}^n$）则是管理无效率与随机干扰对第 n 项投入差额的影响估计参数，尤其，当 $\gamma^n = \sigma^2_{un}/(\sigma^2_{un} + \sigma^2_{vn}) = 1$ 时，代表管理无效率的效果达到最大，随机干扰对生产绩效没有影响效果；相反地，当 $\gamma^n = \sigma^2_{un}/(\sigma^2_{un} + \sigma^2_{vn}) = 0$ 时，随机干扰的效果达到最大，管理无效率对生产绩效没有影响效果。

（三）第三阶段：调整后的 DEA 生产绩效评估

第三阶段的 DEA 分析，以去除环境变量及统计干扰效果后的调整投入数量 x^A_{ni} 为投入资料，原始产出项为产出资料，进行第三阶段 DEA 生产绩效评估，得出的效率值呈现出的是决策单位的管理效率。

我们可将第一阶段与第三阶段 DEA 分析结果进行比较。例如，分别将第一阶段与第三阶段 DEA 的各 DMU 的效率值排序，进行 Kendall 排序相关分析，若呈现显著负相关，我们才可以说环境变量与随机干扰确实会影响经营绩效。

（四）三阶段 DEA 应用案例

Pastor（2002）曾应用三阶段 DEA 区别经营环境对欧洲银行体系的风险管理效率的影响。在 Pastor 的比较研究中，他发现使用二阶段及三阶段方法，所得出的效率值非常接近，但使用一阶段方法时，得出的效率值大为不同。

意大利学者 Margari 等人（2006）应用三阶段 DEA 来分析政府法规、营运环境与随机干扰对意大利公共运输系统的效率所造成的影响，使用 1993~1999 年 42 家公共运输公司的纵横面资料（Panel Data）。研究结果发现：在去除政府法规、营运环境与随机干扰的影响后，公共运输业的平均效率提升，各公司间的效率差距缩小，与 Fried et al.（2002）针对 1993 年美国 990 家医院附属的护理之家（Nursing Homes）所进行的三阶段 DEA 分析结果相一致。

二、三阶段 DEA 模式（Avkiran & Rowands，2008）

如前所述，Avkiran & Rowands（2008）是针对 Fried et al.（2002）的三阶段 DEA 提出批评，将此一模式的进行阶段说明如下：

（一）第一阶段：使用 DEA 分析以衡量投入差额及产出差额

Fried et al.的三阶段分析一开始是使用传统 DEA 的 BCC 模式如式（8-6）所示，然而，BCC 模式（或 CCR 模式）产生的是单位不变性（亦即单位大小不会有影响，Dimension Free）的射线无效率，并未产生单位不变性的非射线无效率。为了使 DEA 与 SFA 估计的解释符合一致性，必须选择一个完整的单位不变性 DEA 模式，以差额变量为基础的衡量（Slack-Based Measure，SBM）模式即能解决此问题。

任意将目标行为假定为产出极大化或投入极小化是有争论的，Fried et al.（2002）恣意地选择投入极小化，亦即设定为投入导向，因此在第二阶段仅探讨投入差额。Avkiran & Rowands（2008）提出一个整合性分析，可以同时衡量总投入差额与总产出差额，借由无导向性（Non-oriented）的 SBM 模式即可轻易解出总投入差额与总产出差额，SBM 模式是一个完整的单位不变性 DEA 模式。将无导向性固定规模报酬 SBM 模式的分数规划如式（8-10）所示。

$$
\min \quad \rho = \frac{1 - \dfrac{1}{m}\sum_{i=1}^{m} s_i^-/x_{io}}{1 + \dfrac{1}{s}\sum_{r=1}^{s} s_r^+/y_{ro}}
$$

$$
\text{s.t.} \quad x_o = X\lambda + s^-
$$

$$
y_o = Y\lambda - s^+
$$

$$
\lambda,\ s^-,\ s^+ \geqslant 0 \tag{8-10}
$$

式中，ρ 是非射线差额指标，s⁻ 与 s⁺ 分别代表投入差额及产出差额，Xλ 与 Yλ 分别代表投入与产出的边界标杆值（增加 $\sum_{j=1}^{I} \lambda_j = 1$ 的限制则成为变动规模报酬），另外，式（8-10）可以转换成式（8-11）：

$$\rho = \left(\frac{1}{m} \sum_{i=1}^{m} \frac{x_{io} - s_i^-}{x_{io}} \right) \left(\frac{1}{s} \sum_{r=1}^{s} \frac{y_{ro} + s_r^+}{y_{ro}} \right)^{-1} \qquad (8-11)$$

式（8-11）第一项代表投入的平均缩减比率，第二项代表产出的平均扩展比率。假如目标函数的最适值为 1，则受评 DMU 被视为是有效率的 DMU，亦即受评 DMU 若是有效率的，所有最适的投入差额（投入过剩）及产出差额（产出不足）必须全部为 0。在式（8-11）中，我们可以了解到以差额变量为基础的衡量（SBM）模式是同时衡量投入与产出无效率的模式，但是环境变量在第一阶段显然并未讨论到。

（二）第二阶段：通过随机边界分析解构第一阶段差额

Fried et al.（2002）第二阶段分析的目标是将第一阶段差额解构成环境影响、由于原始资料衡量误差所造成的随机干扰，以及管理无效率。通过 SFA，以环境变量为解释变量，投入差额为依变量，执行回归分析。Fried et al.（2002）将模式设定为投入导向，因而忽略产出差额。然而，他们也了解通过 SFA 可以同时解释投入与产出差额，这就是 Avkiran & Rowands（2008）所提出的模式，如此可更精确地衡量组织效率，也使管理决策的可信度提升。他们探讨第一阶段的投入差额 s⁻ ≥ 0 与产出差额 s⁺ ≥ 0，因此，第二阶段分析的 SFA 回归式有 N + M 个（亦即投入项个数 N 加上产出项个数 M），每一项投入（产出）差额是由 SBM 模式求出，之后以环境变量为解释变量，投入差额与产出差额为依变量，执行回归分析。

接着，他们将拥有较良好经营环境与较佳运气的 DMUs 的投入向上调整，因此会降低这些 DMUs 的效率值。Fried et al.（2002）提出，将投入向上调整比向下调整合适，因为若将拥有较恶劣经营环境与较差运气的 DMUs 的投入向下调整，则调整后有些投入会变成负值。相似地，他们将拥有较恶劣经营环境与较差运气的 DMUs 的产出向上调整，因此会提升这些 DMUs 的效率值。为了重新配置 DMUs 的效率值，需要将比较基准完全公平化，使经营环境与随机干扰较佳与较差的 DMUs 处于公平的比较基准，这项研究设计是针对 Fried et al. 仅依据投入差额来公平化比较基准的缺失而所提出的改善模式。

SFA 回归的估计参数被使用来预测经营环境与统计干扰对投入差额的影响，因此，经调整经营环境与随机干扰效果后，我们将原始投入调整为式（8-12）。

$$x_{i,j}^A = \left(1 + \text{AdjFactorEnvironment}_{xi,j} + \text{AdjFactorNoise}_{xi,j} \right) x_{i,j} \qquad (8-12)$$

式中，$x_{i,j}^A$ 是第 j 个 DMU 第 i 项投入经调整后的数量，$x_{i,j}$ 是第 j 个 DMU 第 i 项投入的原始数量，$z_j \hat{\beta}^i$ 是第 j 个 DMU 第 i 项投入受到环境因素影响所造成的差额，而 $\hat{v}_{i,j}$ 是第 j 个

DMU 第 i 项投入受到随机干扰所造成的差额。

AdjFactorEnvironment$_{xi,j}$（投入项环境因素的调整）

$$= \left(\frac{\max_j\{z_j\hat{\beta}^i\}}{x_{i,j}} \right)\left(1 - \frac{z_j\hat{\beta}^i}{\max_j\{z_j\hat{\beta}^i\}} \right)$$

AdjFactorNoise$_{xi,j}$（投入项随机干扰的调整）

$$= \left(\frac{\max_j\{\hat{v}_{i,j}\}}{x_{i,j}} \right)\left(1 - \frac{\hat{v}_{i,j}}{\max_j\{\hat{v}_{i,j}\}} \right)$$

式（8–12）是针对 Fried et al.（2002）的投入调整方法进行转换与改进，更能看出经营环境与随机干扰的调整幅度，采用的方式为比率调整，而非数值差异的调整，并以调整因素表示，将调整比率乘上原投入即可得出调整后的投入值。式（8–12）的第一项变量 AdjFactorEnvironment$_{xi,j}$（投入项环境因素的调整）代表原投入因受环境影响而需向上调整的比率；第二项变量 AdjFactorNoise$_{xi,j}$（投入项随机干扰的调整）代表原投入因受随机干扰影响而需向上调整的比率。

相似地，经营环境较差与随机干扰较大的 DMUs 需将产出向上调整，如式（8–13）所示，使所有 DMUs 都面临最佳的经营环境与最好的运气。式（8–13）的第一项变量 AdjFactorEnvironment$_{yr,j}$（产出项环境因素的调整）代表原产出因受环境影响而需向上调整的比率；第二项变量 AdjFactorNoise$_{yr,,j}$（产出项随机干扰的调整）代表原产出因受随机干扰影响而需向上调整的比率。

$$y_{r,j}^A = (1 + \text{AdjFactorEnvironment}_{yr,j} + \text{AdjFactorNoise}_{yr,j})y_{r,j}, \tag{8–13}$$

式中，$y_{r,j}^A$ 是第 j 个 DMU 第 r 项产出经调整后的数量，$y_{r,j}$ 是第 j 个 DMU 第 r 项产出的原始数量，$z_j\hat{\beta}^r$ 是第 j 个 DMU 第 r 项产出受到环境因素影响所造成的差额，而 $\hat{v}_{r,j}$ 是第 j 个 DMU 第 r 项产出受到随机干扰所造成的差额。

AdjFactorEnvironment$_{yr,j}$（产出项环境因素的调整）

$$= \left(\frac{z_j\hat{\beta}^r}{y_{r,j}} \right)\left(1 - \frac{\min\{z_j\hat{\beta}^r\}}{z_j\hat{\beta}^r} \right)$$

AdjFactorNoise$_{yr,j}$（产出项随机干扰的调整）

$$= \left(\frac{\hat{v}_{r,j}}{y_{r,j}} \right)\left(1 - \frac{\min_j\{\hat{v}_{r,j}\}}{\hat{v}_{r,j}} \right)$$

（三）第三阶段：以调整后的投入与产出资料重新执行 DEA

第三阶段使用经第二阶段调整过后的投入与产出资料，重复第一阶段 DEA 分析，第三阶段 SBM DEA 分析结果所呈现出的是去除经营环境影响与随机干扰后的管理效率，亦即，在三阶段效率分析的最后阶段，所有 DMUs 以调整过经营环境与随机干扰后的投入与产出，重新评估管理效率。

第四节　小结

一阶段 DEA 分析与二阶段 DEA 分析由于无法同时解释环境影响与随机干扰对决策单位效率的影响，因此后续研究者包括 Fried et al.（2002）、Avkiran & Rowands（2008）提出三阶段 DEA 分析模式，以解决此缺失。三阶段 DEA 分析在去除环境影响与随机干扰后，衡量组织单位的绩效，因此有助于界定出真正的管理绩效，它可以用来检定管理者将绩效低落归咎于经营环境，或是具良好组织绩效的管理者自信本身的管理效率是造成高绩效的主因，这两项论点是否成立。

本章介绍一阶段 DEA、二阶段 DEA 及三阶段 DEA 分析模式，读者必须同时了解 DEA 与 SFA 两种边界分析法，并对每一个阶段的线性规划模式、回归分析方法，以及应用程序与逻辑推理确实理解，才能正确应用这些 DEA 扩张模式。

第九章　网络资料包络分析

本章先介绍两阶段 DEA 模式，接着探讨两阶段 DEA 模式的扩张模式，亦即网络 DEA 模式，分别介绍 Färe、Grosskopf & Whittaker（2005）所汇整的网络 DEA 模式（Network DEA），以及 Tone & Tsutsui（2007）提出加权 SBM（Weighted Slack-based Measures，以差额变量为基础的衡量）网络 DEA 模式，最后则以一个简单范例来说明网络 DEA 模式的实证应用。

第一节　两阶段 DEA 模式

两阶段 DEA 承续 DEA 进行效率评估的扩张模式，并导入中间财的概念，将 DMU 的生产过程分为两个子 DMU，即 Sub-DMU 1 与 Sub-DMU 2 两个阶段，其中，Sub-DMU 1 为投入至中间财的生产过程，Sub-DMU 2 为中间财至产出的生产过程。两阶段 DEA 的效率评估较 DEA 更为深入，除了探讨投入与产出的效率关系之外，亦探讨投入与中间财的效率关系，以及中间财与产出的效率关系。如图 9-1 所示，假设有 A、B、C、D、E、F 六个 DMU 的生产过程均为通过单一投入 X 生产单一中间财 Z，再由单一中间财 Z 生产单一产出 Y，将 DMU 的生产过程分为 Sub-DMU 1 与 Sub-DMU 2 两个阶段，其中 A、B、C、D、E，在两个阶段均为有效率的 DMU，并在两个阶段各自构建一效率边界前缘，而 F 在两个阶段均为无效率的 DMU。若要使 F 成为有效率的 DMU，在 Sub-DMU 1 的第一个阶段应该改善 F 在投入与中间财的效率关系至 F*，将中间财由 ZF 增加至 ZF*，让 F 的中间财为在效率前缘边界上的最适中间财；在 Sub-DMU 2 的第二个阶段应该改善 F 在中间财与产出的效率关系至 F**，将产出由 YF 增加至 YF*，让 F 的产出为在效率前缘边界上的最适产出。

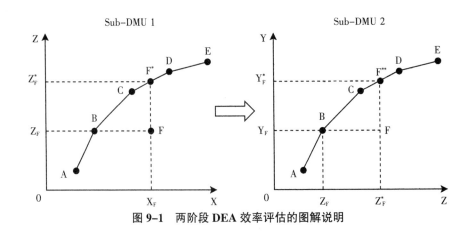

图 9-1　两阶段 DEA 效率评估的图解说明

两阶段 DEA 虽然将 DMU 的生产过程分为两个子 DMU，即 Sub-DMU 1 与 Sub-DMU 2 两个阶段，但在进行 Sub-DMU 1 与 Sub-DMU 2 的绩效评估时，仍可将两个子 DMU 视为独立的 DMU。因此，两阶段 DEA 的基本模式与 DEA 模式相同，均可以利用 CCR 模式与 BCC 模式等进行绩效（效率）评估。

产出导向的两阶段 CCR 模式在经对偶转化之后，可推导其 Sub-DMU 1 的评估模式如式（9-1）所示：

$$\text{Max}\theta_k^1 + \varepsilon\left(\sum_{i=1}^{m} s_i^+ + \sum_{h=1}^{l} s_h^-\right)$$

$$\text{s.t.} \quad \sum_{d=1}^{n} \lambda_d Z_{hd} - s_h^- = \theta_k^1 Z_{hk}, \ h = 1, \cdots, l$$

$$\sum_{d=1}^{n} \lambda_d X_{id} + s_i^+ = X_{ik}, \ i = 1, \cdots, m$$

$$\lambda_d, \ s_i^+, \ s_h^- \geq 0, \ d = 1, \cdots, n; \ i = 1, \cdots, m; \ h = 1, \cdots, l \tag{9-1}$$

在式（9-1）中，θ_k^1 代表 DMU d$(d = 1, \cdots, n)$ 的第 k 个 DMU 在 Sub-DMU 1 的投入 $X_{id}(i = 1, \cdots, m)$ 与中间财 $Z_{hd}(h = 1, \cdots, l)$ 的射线效率。

产出导向的两阶段 CCR 模式在经对偶转化之后，可推导其 Sub-DMU 2 的评估如式（9-2）所示：

$$\text{Max}\theta_k^2 + \varepsilon\left(\sum_{h=1}^{l} s_h^+ + \sum_{r=1}^{s} s_r^-\right)$$

$$\text{s.t.} \quad \sum_{d=1}^{n} \lambda_d Y_{rd} - s_r^- = \theta_k^2 Y_{rk}, \ r = 1, \cdots, s$$

$$\sum_{d=1}^{n} \lambda_d Z_{hd} + s_h^+ = Z_{hk}, \ h = 1, \cdots, l,$$

$$\lambda_d, \ s_h^+, \ s_r^- \geq 0, \ d = 1, \cdots, n; \ h = 1, \cdots, l; \ r = 1, \cdots, s \tag{9-2}$$

在式（9-2）中，θ_k^2 代表 DMU d $(d = 1, \cdots, n)$ 的第 k 个 DMU 在 Sub-DMU 2 的中间财 $Z_{hd}(h = 1, \cdots, l)$ 与产出 $Y_{rd}(r = 1, \cdots, s)$ 的射线效率。

相较于两阶段 CCR 模式，两阶段 BCC 模式的绩效评估模式多了 $\sum \lambda_d = 1$ 的限制式，此限制式即代表生产过程为变动规模报酬的假设，在此不再赘述。

第二节 网络 DEA 模式

本节介绍 Färe、Grosskopf & Whittaker（2005）所汇整的网络 DEA 模式（简称 NDEA）。Färe 等人认为，生产过程是由许多次级生产技术所构成的网络，传统 DEA 模式将这些次级生产技术视为"黑箱"（Black Box），并未予以探讨。网络 DEA 模式则应用这些次级生产技术，探讨投入配置及中间财对生产过程造成的影响，不再视其为无法处理的黑箱。此外，Färe 等人依据生产过程的形态，将网络 DEA 分成三个模式：静态网络模式（Static Network Model）、动态网络模式（Dynamic Network Model）、技术采用模式（Technology Adoption Model）。

一、静态网络模式（Static Network Model）

静态网络模式是由一组次生产活动（技术）所组成，将这些次生产活动联结起来，便形成一个网络，静态网络模式将生产转换过程（又称"黑箱"）纳入 DEA 模式中，可以借此了解中间财的配置情况。图 9-2 呈现出的是网络生产技术，其中 P^1，P^2，P^3 为三个次生产活动，我们若再加入投入的分配、沉入产出，以及产出的汇集，即可形成静态网络模式。

在图 9-2 中，x 代表网络的外生（Exogenous）投入向量，以 $x = (x_1, \cdots, x_N) \in R_+^N$ 表示，亦即三个次生产活动 P^1，P^2，P^3 可得的总投入量。而 $_0^i x$，i = 1，2，3…，其中 0 代表来源端，i 代表使用端，如 $_0^1 x$ 代表以来自于 0 的投入向量，使用到次生产活动 1 中。三个次生产活动 P^1，P^2，P^3 所使用的投入量总和不能超过网络的外生投入向量 x，如式（9-3）所示。

$$x \geq \sum_{i=1}^{3} {}_0^i x \tag{9-3}$$

次生产活动 P^1 使用外生投入 $_0^1 x$，生产 $_1^3 y$，$_1^4 y$ 两项产出，其中 $_1^3 y$ 成为次生产活动 P^3 的投入，$_1^4 y$ 则是次生产活动 P^1 的最终产出。次生产活动 P^2 使用外生投入 $_0^2 x$，生产 $_2^3 y$，$_2^4 y$ 两项产出，其中 $_2^3 y$ 成为次生产活动 P^3 的投入，$_2^4 y$ 则是次生产活动 P^2 的最终产出。次生产活动 P^3 使用外生投入 $_0^3 x$，以及中间投入 $_1^3 y$，$_2^3 y$，$_2^4 y$ 则是次生产活动 P^3 的最终产出。此静态网络的总产出，即为三个次生产活动 P^1，P^2，P^3 的最终产出总和，$_1^4 y + _2^4 y + _3^4 y$。

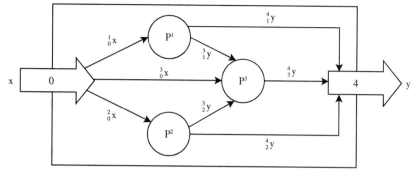

图 9-2 静态网络模式

基于上述，静态网络模式如式（9-4）所示：

$$P(x) = \{ ({}^4_1y + {}^4_2y + {}^4_3y):$$

$$({}^4_1y + {}^3_1y) \in P^1({}^1_0x)$$

$$({}^4_2y + {}^3_2y) \in P^2({}^2_0x)$$

$${}^4_3y \in P^3({}^3_0x, \ {}^3_1y + {}^3_2y)$$

$${}^1_0x + {}^2_0x + {}^3_0x \leq x \}$$ (9-4)

在式（9-4）中，$P^i(*)$，$i = 1$，2，3 代表产出集合，静态网络模式 $P(x)$ 是由个别的次生产活动所组成，网络 DEA 模式可以由每个次生产活动的 DEA 模式所得出。假设有 J 个 DMU，M 项投入，N 项产出，则 DEA 产出集合的线性规划如式（9-5）所示：

$$P(x) = \{ y: \ \sum_{j=1}^{J} \lambda_j y_{jm} \geq y_m, \ m = 1, \ \cdots, \ M$$

$$\sum_{j=1}^{J} \lambda_j x_{kn} \leq x_n, \ n = 1, \ \cdots, \ N$$

$$\lambda_j \geq 0, \ j = 1, \ \cdots, \ J \}$$ (9-5)

在式（9-5）中，λ_j 代表非负值权重变量，式（9-5）为固定规模报酬的 CCR 模式，若加入 $\sum_{j=1}^{J} \lambda_j \leq 1$ 的限制式，则成为非递增规模报酬（NIRS）模式；若加入 $\sum_{j=1}^{J} \lambda_j = 1$ 的限制式，则成为变动规模报酬的 BCC 模式。

Färe 与 Whittaker（1996）应用静态网络模式来衡量牛畜生产者的经营效率，其将蓄养活动区分为谷物生产及牛畜生产两个次生产活动。Lewis 与 Sexton（2004）应用静态网络模式研究了美国职棒大联盟球队的经营绩效，其将球队战力区分为进攻及防守两项次战力，该研究证实了网络 DEA 模式的确优于传统 DEA 模式。Färe Grosskopf & Lee（2004）应用静态网络模式来研究财产权问题，其将著作的生产区分成上游公司（纸张制造及废水排放）与下游公司（书籍出版）两项次生产活动。

静态网络模式提供了动态网络模式及技术采取模式的基础架构，下文将探讨此两个模式。

二、动态网络模式（Dynamic Network Model）

动态网络模式与静态网络模式最大的差异是前者增加了时间因素，假设有三个时期，$t-1$，t，$t+1$，每一期都有个别的次生产活动 P^τ，$\tau = t-1$，t，$t+1$，动态网络模式的特性之一是前一期的决策会对后一期的次生产活动造成影响。例如，A 君本期将薪资所得存在邮局（决策），则次一期的消费（次生产活动）可能会增加，亦即，这些次生产活动的产出具有跨期性的影响效果，可以 $^{\tau+1}_{\ \tau}y \in R^M_+$ 来表示。假如 $\tau = 1$，则 $^{t+1}_{\ t}y$ 代表 t 期的产出，并作为 $t+1$ 期的中间投入。

每一个次生产活动 P^τ，均使用外生投入 x^τ，生产最终产出，以及中间投入，假若我们再加入初始的情况（动态模式中的投入分配过程），以及横断面情况（动态模式中的沉入产出），即可形成动态网络模式如图 9-3 所示。

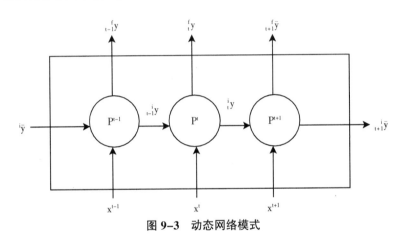

图 9-3　动态网络模式

在图 9-3 中，$^i\bar{y}$ 代表初始的情况，我们可以把它视为最初可得的资本存量（Stocks of Capital），x^{t-1}，x^t，x^{t+1} 分别为 P^{t-1}，P^t，P^{t+1} 三个次生产活动的外生投入，$^f_{t-1}y$，^f_ty，$^f_{t+1}\bar{y}$ 则为三个次生产活动的最终产出，$^i_{t-1}y$，^i_ty 则为中间产出，用来作为次一期的投入，$^i_{t+1}\bar{y}$ 则为最终的资本存量。

动态网络模式是由数个静态网络模式的互动所构成，我们以 P^t 次生产活动为例，此一次生产活动使用外生投入 x^t，及中间投入 $^i_{t-1}y$，生产 ^f_ty，^i_ty 两项产出，其中 ^f_ty 是最终产出，^i_ty 是中间产出，用来作为 $t+1$ 期的投入，我们可以将 P^t 次生产活动的线性规划式如式（9-6）所示：

$$P^t(x^t,\ _{t-1}^i y) = \{(^f_ty + ^i_ty):$$

$$(^f_ty_m + ^i_ty_m) \leq \sum_{j=1}^{J^t} \lambda^t_j (^f_ty_{jm} + ^i_ty_{jm}) \quad m = 1,\ \cdots,\ M$$

$$\sum_{j=1}^{J^t} \lambda_j^t {}_{t}^{t-1}y_{jm} \leqslant {}_{t}^{t-1}y_{j'm} \quad m = 1, \cdots, M$$

$$\sum_{j=1}^{J^t} \lambda_j^t x_{jm}^t \leqslant x_{j'n} \quad n = 1, \cdots, N$$

$$\lambda_j^t \geqslant 0 \quad j = 1, \cdots, J^t \} \tag{9-6}$$

在式（9-6）中，${}_{t}^{t}y_{jm}$，${}_{t}^{t}y_{km}$ 是 DEA 模式的产出项，${}_{t-1}^{t}y_{km}$，x_n 则视为投入项，动态网络模式允许不同期有不同的 DMU 个数，因此以 J^t 来表示 DMU 个数。同样地，式（9-6）代表 CCR 模式，若加入 $\sum_{j=1}^{J^t} \lambda_j^t \leqslant 1$ 的限制式，则成为非递增规模报酬（NIRS）模式；若加入 $\sum_{j=1}^{J^t} \lambda_j^t = 1$ 的限制式，则成为变动规模报酬的 BCC 模式。

Färe 与 Grosskopf（1997）应用动态网络模式来研究 OECD 国家因动态资源错误配置所造成的无效率，他们使用 Shephard（1970）的距离函数，将各次生产活动的距离函数加总，作为最适解的评估准则；Jaenicke（2000）应用动态网络模式来分析谷物轮栽对农地的影响效果；Nemota 与 Gota（2003）应用动态网络模式来研究日本电力生产的跨期比较，他们使用成本极小化，亦即成本效率模式（参阅第十章）作为最适解的评估准则。

三、技术采用模式（Technology Adoption Model）

技术采用模式是三个模式中最简单，但最具解释力的网络 DEA 模式，此种模式可分成两个应用类型，其中一类是"内在技术变革"（Embodied Technical Change）；另一类则为"许可配置模式"（Permit Allocation Model）。两种类型看似相异，但基本途径相同，均是将资源配置到不同的生产活动，图 9-4 是技术采用模式的一个简单图例。

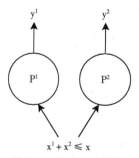

图 9-4　技术采用模式

在图 9-4 中，P^1 及 P^2 两个次生产活动分别使用 x^1 与 x^2 两项外生投入，各自生产 y^1、y^2 两个产出，可以配置在两个次生产活动的总投入数量为 x，为了说明可允许配置类型，我们将 x 的一部分定义为污染排放的许可数量。以下分别介绍内在技术变革模式及许可配置模式。

（一）内在技术变革模式（Embodied Technical Change Model）

在技术采用模式中，其中一个是成熟（Vintage）生产技术，在原始的成熟生产技术模式，Johansen（1959）与Solow（1960）将时间设定为连续性（Continuous），Färe与Grosskopf（1996）则假设此模式的时间具有离散性（Discrete），投入资源可区分成持久性（Durable）与暂时性（Instantaneous）投入两种类型，持久性投入分别会应用到特定的次生产活动 P^1 及 P^2 中，暂时性投入则会配置到各成熟次生产活动之中，如图9-4的 x^1 与 x^2 即为成熟次生产活动。

技术的采用是指暂时性投入，从旧的成熟次生产活动重新配置到新的成熟次生产活动的过程。因此，旧的成熟次生产活动会被新的成熟次生产活动所取代。假设成熟次生产活动有 v 项，$v = 1, \cdots, V$，产出项有 K^v 项，$y^{k,v} \in R_+^m$；持久性投入以 $X^{k,v} \in R_+^v$ 表示，暂时性投入以 $x^{k,v} \in R_+^N$ 表示，则第 t 期的成熟生产技术模式可以式（9-7）的线性规划式表示：

$$P^v(X^v(t), \; x^v(t)) = \{ y^v(t) \in R_+^M :$$

$$y_m^v(t) \leqslant \sum_{k=1}^{K^v} \lambda_k^v y_{km}^v, \; m = 1, \cdots, M$$

$$X_l^v(t) \geqslant \sum_{k=1}^{K^v} \lambda_k^v X_{kl}^v, \; l = 1, \cdots, L$$

$$x_n^v(t) \geqslant \sum_{k=1}^{K^v} \lambda_k^v x_{kn}^v, \; n = 1, \cdots, N$$

$$\lambda_k^v \geqslant 0 \quad k = 1, \cdots, K^v \}$$

$$(9-7)$$

在成熟生产技术模式中，除了产出项，持久性投入及暂时性投入外，亦具有强势自由处置（Strong Disposability）特性，而生产过程则具有固定规模报酬特性，生产技术不会随时间而改变，亦即产出项 $y^{k,v}$、持久性投入 $X^{k,v}$、暂时性投入 $x^{k,v}$ 与时间（t）独立不相关。

假如有 V 个成熟生产技术，则在第 t 期的多重成熟生产技术模式可以式（9-8）的线性规划式表示：

$$P^v(X^1(t), \cdots, X^V(t), x(t)) = \{ \sum_{v=1}^{V} y^v(t) :$$

$$y_m^v(t) \leqslant \sum_{k=1}^{K^v} \lambda_k^v y_{km}^v, \; m = 1, \cdots, M$$

$$X_l^v(t) \geqslant \sum_{k=1}^{K^v} \lambda_k^v X_{kl}^v, \; l = 1, \cdots, L$$

$$x_n^v(t) \geqslant \sum_{k=1}^{K^v} \lambda_k^v x_{kn}^v, \; n = 1, \cdots, N$$

$$\lambda_k^v \geqslant 0, \ k = 1, \ \cdots, \ K^v, \ v = 1, \ \cdots, \ V$$

$$\sum_{v=1}^{V} x_n^t(t) \leqslant x_n(t), \ n = 1, \ \cdots, \ N \} \tag{9-8}$$

式（9-8）也可用式（9-9）表示：

$$P(X^t(t), \ \cdots, \ X^V(t), \ x(t)) = \{ \sum_{v=1}^{V} P^v(X^v(t), \ x^v(t)) :$$

$$\sum_{v=1}^{V} x^v(t) \leqslant x(t) \} \tag{9-9}$$

式（9-9）表示多重成熟生产技术模式为各单一成熟生产技术模式的总和，这些模式的特点是将暂时性投入配置到所有成熟生产技术中。

（二）许可配置模式（the Permit Allocation Model）

当网络模式考量到外部性影响时，则次生产活动被假设为同时生产需求产出（Desirable Outputs）及非需求产出（Undesirable Outputs），以上的陈述即为技术采用模式的另一种类型：许可配置模式的特性。许可配置模式假设需求产出（以 $y \in R_+^M$ 表示）会伴随非需求产出（以 $u \in R_+^J$ 表示）一同制造，以式（9-10）表示：

若 $(y, \ u) \in P(x)$，且 $u = 0$，则 $y = 0$ (9-10)

在式（9-10）中，$P(x)$ 为产出集合，$x \in R_+^N$ 是投入向量。此外，此模式假设需求产出 y 及非需求产出 u，均具备弱势自由处置（Weak Disposability）特性，亦即：

若 $(y, \ u) \in P(x)$，且 $0 \leqslant \theta \leqslant 1$，则 $(\theta y, \ \theta u) \in P(x)$ (9-11)

具有污染性的生产技术的产出集合即为许可配置模式之一典型案例，我们以图 9-5 来呈现同时生产需求产出 y 及非需求产出 u 的许可配置模式。

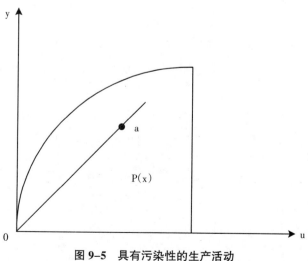

图 9-5 具有污染性的生产活动

在图 9-5 中，$a \in P(x)$，若对 a 进行等比率缩减，假设缩减因素为 θ，$0 \leqslant \theta \leqslant 1$，则 $\theta a \in P(x)$，因此，此污染性的生产技术具备产出弱势自由处置特性。

为了规范非需求产出的生产数量，政府当局通常会设立非需求产出的生产上限，亦即：

$$B(\bar{u}) = \{(y, u): y \geqslant 0 \text{ 且 } u \leqslant \bar{u}\} \tag{9-12}$$

加入这些法令规范限制后，图 9-5 便修正如图 9-6 所示：

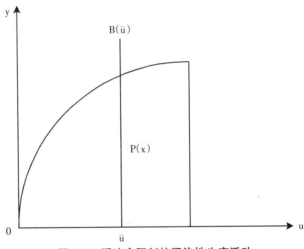

图 9-6　受法令限制的污染性生产活动

如图 9-6 所示，受法令限制的污染性生产活动同时受到生产技术 $P(x)$ 及法令规范 $B(\bar{u})$ 所限制，因此其可行生产集合为前述两者的交集，亦即：$(y, u) \in P(x) \cap B(\bar{u})$。

假设有 f 家公司，$f = 1, \cdots, F$，社会可以容忍的最大总污染量为 $\bar{u}$，许可配置模式强调的是将总污染量以最适的比率配置给 f 家公司，而且总污染量不得超过 $\bar{u}$。亦即：

$$\sum_{f=1}^{F} u^f \leqslant \bar{u}, \quad \bar{u}, \quad u^f \in R_+^J \tag{9-13}$$

许可配置模式假设每一家公司均以追求最大利润（Profit Maximization）为目标，在最大利润的目标行为下，寻求最适的污染量配置比例，其可以式（9-14）的线性规划式表示：

$$\prod = \max \sum_{f=1}^{F} \left(\sum_{m=1}^{M} w_m y_m^f - \sum_{n=1}^{N} p_n x_n^f \right)$$

$$\text{s.t.} \quad y_m^f \leqslant \sum_{k=1}^{K^f} \lambda_k^f \lambda_{km}^f, \quad m = 1, \cdots, M$$

$$u_j^f = \sum_{k=1}^{K^f} \lambda_k^f u_{kj}^f, \quad j = 1, \cdots, J$$

$$x_n^f = \sum_{k=1}^{K^f} \lambda_k^f x_{kn}^f, \quad n = 1, \cdots, N$$

$$\sum_{k=1}^{K^f} \lambda_k^f \leqslant 1, \quad \lambda_k^f \geqslant 0, \quad k = 1, \cdots, K^f$$

$$\sum_{j=1}^{F} u_j^f \leqslant \bar{u}_j, \quad j = 1, \cdots, J \tag{9-14}$$

在式（9-14）中，$\prod$ 代表所有公司的总利润，w 为产出价格，p 为投入价格，$\sum \lambda \leqslant$ 1 代表非递增规模报酬（NIRS）。我们可以比较每家公司的最适污染量 u_j^{*f}，与其许可污染量 $\bar{u}_j^f$，借以观察是否有污染权交易的可能性。假如最适污染量的利润大于许可污染量的利润，则有污染权交易的机会，这意味该公司可将污染量从 $\bar{u}_j^f$ 调整为 u_j^{*f}。

第三节　网络 DEA 模式

Tone & Tsutsui（2007）提出加权 SBM（Weighted Slack-based Measures，以差额变量为基础的衡量）网络 DEA 模式，前文 Färe、Grosskopf & Whittaker（2005）所提出的网络 DEA 模式是将生产流程分成数个次生产技术，将次生产技术视为 Sub-DMU，并以传统 CCR、BCC 模式，或放宽权重限制的 NIRS 模式求最适解；而 Tone & Tsutsui（2007）则是以公司各部门间的联结性（linkage）作为网络 DEA 模式的分析基础，将各部门视为 Sub-DMU，并以 SBM 模式求最适解。以下分别介绍基本模式、分离型模式、垂直整合模式及网络 SBM 模式求解说明。

一、基本模式

Tone & Tsutsui（2007）最初以三个具联结性的部门为说明范例，在此范例中，假设公司有三个部门，每一个部门使用各自的投入资源，生产各自的产出或服务。然而，三个部门间亦存在相互联结的生产活动（或中间财），如图 9-7 的 Link1→2，Link1→3，Link2→3 所示，Link1→2 意指以部门 1 的部分产出作为部门 2 的投入，其他两个联结的意义相同，于此不再赘述。传统 DEA 模式需将每项活动明确地归类为投入或产出，却无法处理中间财议题，网络 DEA 模式不再将组织内部的生产转换视为"黑箱"，而是部门间彼此相互影响及联结的次生产活动。

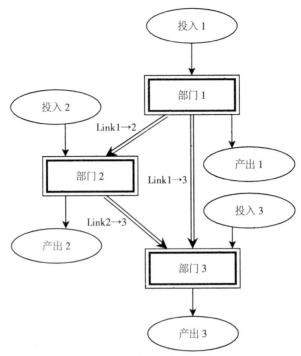

图 9-7　三个具联结性的部门

二、分离型模式（Separation Model）

分离型模式是用来评估个别部门的效率，以图 9-8 为例，我们以投入 1 生产产出 1（最终产出）、Link1→2、Link1→3（中间产出），以衡量每一家公司的部门 1 的效率；相似地，我们可以将 Link1→2、投入 2 当作投入，生产 Link2→3、产出 2，以衡量每一家公司的部门 2 的效率；以 Link1→3、Link2→3、投入 3 当作投入，生产产出 3，以衡量每一家公司的部门 3 的效率。依据分离型模式，我们可以衡量所有受评公司的每一部门的效率，并找出每一部门的学习标杆，然而，分离型模式无法说明部门之间联结的连续性，是此模式最大的缺点。

三、垂直整合型模式（Vertically Integrated Model）

垂直整合型模式最常使用的范例为电力公司，电力公司的部门约可区分为制造部门、输送部门及分配部门，这三个部门之间必须进行垂直整合，方可使电力公司正常营运。

图 9-9 为电力公司的垂直整合型模式，其中制造部门（部门 1）使用资本、劳力、燃料作为投入（投入 1），生产电力，然后电力成为输送部门的中间投入（Link1→2）；输送部门（部门 2）使用电力此项中间投入（Link1→2）、劳力、资本、购买力（投入 2）作为投入，输送部门可将电力通过输送线输送给分配部门（中间产出 Link2→3），亦可销售给

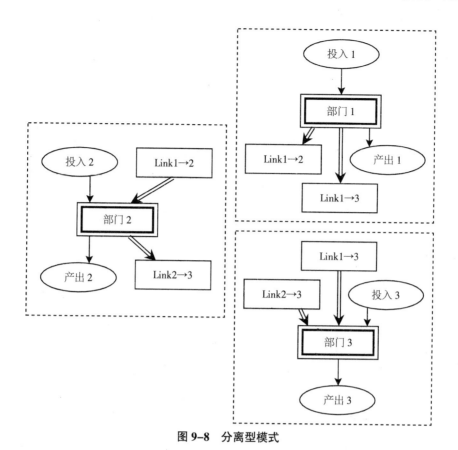

图 9-8　分离型模式

大型用户（最终产出，产出 2）；分配部门（部门 3）则使用本、劳力（投入 3）以及从输送部门产生的中间投入（Link2→3）作为投入，销售电力给小型用户（最终产出，产出 3）。

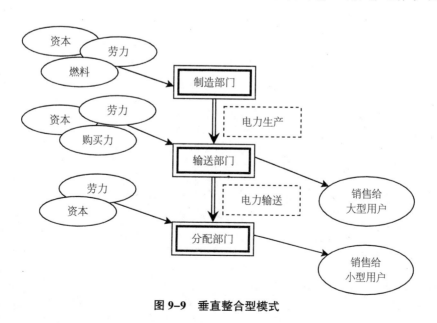

图 9-9　垂直整合型模式

四、网络 SBM 模式求解说明

Tone & Tsutsui（2007）提出 SBM（Slack–Based Measures，以差额变量为基础的衡量）网络 DEA 模式来衡量公司整体效率及各部门效率。SBM 模式是一种非射线衡量法，当投入及产出无法进行等比率调整时，即适合采用 SBM 模式，SBM 模式可将整体效率解构成各部门效率。此外，若将各部门的相对重要性纳入考虑，赋予各部门权重值，则便成为 Cooper et al.（2007）所提出的加权 SBM（Weighted SBM）模式，以下将说明以加权 SBM（Weighted SBM）模式为基础所建构的网络 DEA 模式。

（一）符号及生产可能集合说明

我们使用下述符号来描述网络 DEA 模式：

n：DMU 个数

K：部门个数

m_k：使用到 k 部门的投入

r_k：由 k 部门生产的产出

D：部门集合，部门由 1 至 K

S：没有投入中间财联结的部门，亦即开始的部门

T：没有产出中间财联结的部门，亦即终结的部门

(k, h)：从部门 k 至部门 h 的联结

$t_{(k,h)}$：(k, h) 联结的项目个数

L：联结的集合

$P_k = \{p|(p, k) \in L\}$：联结的先前部门

$F_k = \{q|(k, q) \in L\}$：联结的后继部门

$x_j^k \in R_+^{m_k}$：使用到 k 部门的 DMU_j 的外生投入（k = 1, …, K）

$y_j^k \in R_+^{r_k}$：从 k 部门的 DMU_j 所生产的终结产出（k = 1, …, K）

$z_j^{(k,h)} \in R_+^{t_{(k,h)}}$：联结 k 部门与 h 部门的中间投入（产出）

我们假设：

$z_j^{(k,h)} = 0(\forall j, h \in S)$：开始的部门无任何的中间投入

$z_j^{(k,h)} = 0(\forall j, h \in T)$：终结的部门无任何的中间产出

则生产可能集合 $\{(x^k, y^k), z^{(k,h)}\}$ 可定义如式（9–15）：

$$x^k \geqslant \sum_{j=1}^n x_j^k \lambda_j^k (k = 1, \cdots, K)$$

$$y^k \leqslant \sum_{j=1}^n y_j^k \lambda_j^k (k = 1, \cdots, K)$$

$$z^{(k,h)} = \sum_{j=1}^{n} z_j^{(k,h)} \lambda_j^h (\forall (k, h)) \quad (\text{使用到 h 部门的中间投入})$$

$$z^{(k,h)} = \sum_{j=1}^{n} z_j^{(k,h)} \lambda_j^k (\forall (k, h)) \quad (\text{从 k 部门生产的中间产出})$$

$$\sum_{j=1}^{n} \lambda_j^k = 1 (\forall k), \quad \lambda_j^k \geq 0 (\forall k) \tag{9-15}$$

在式（9-15）中，$\lambda^k \in R_+^n$ 是代表部门 k 所对应的权重向量，假设生产流程具有变动规模报酬（VRS）特性，则 $DMU_o (o = 1, \cdots, n)$ 如式（9-16）所示：

$$x_o^k = X^k \lambda^k + s_o^{k-} (k = 1, \cdots, K)$$

$$y_o^k = Y^k \lambda^k - s_o^{k+} (k = 1, \cdots, K)$$

$$\sum \lambda^k = 1 (k = 1, \cdots, K)$$

$$\lambda^k \geq 0, \quad s_o^{k-} \geq 0, \quad s_o^{k-} \geq 0, \quad (\forall k)$$

式中，

$$X^k = (x_1^k, \cdots, x_n^k) \in R^{mk \times n}$$

$$y^k = (y_1^k, \cdots, y_n^k) \in R^{rk \times n} \tag{9-16}$$

而关于中间财的限制条件，则可分成两种案例予以说明：

（1）中间财数值不可变动（Fixed）。中间财属于不可控制变项，无法予以变动，其限制式如式（9-17）所示：

$$z_o^{(k,h)} = z^{(k,h)} \lambda^h (\forall (k,h))$$

$$z_o^{(k,h)} = z^{(k,h)} \lambda^k (\forall (k,h)) \tag{9-17}$$

（2）中间财数值可任意变动（Free）中间财属于可任意决定的变项，可以调整其数值，其限制式如式（9-18）所示：

$$z^{(k,h)} \lambda^h = z^{(k,h)} \lambda^k (\forall (k,h))$$

式中，$z^{(k,h)} = (z_1^{(k,h)}, \cdots, z_n^{(k,h)}) \in R^{t(k,h) \times n}$ \hspace{1cm} (9-18)

（二）目标函数及效率值

以下将介绍投入导向（Input-oriented）、产出导向（Output-oriented）、无导向（Non-oriented）三种案例，并分别说明其目标函数、部门效率及公司整体效率的求解过程。

（1）投入导向（Input-oriented）案例。投入导向的各部门。加权平均效率如式（9-19）所示：

$$\theta_o^* = \min \sum_{k=1}^{K} w^k \left[1 - \frac{1}{m_k} \left(\sum_{i=1}^{m_k} \frac{s_{io}^{k-}}{x_{io}^k} \right) \right]$$

$$\sum_{k=1}^{K} w^k = 1, \quad w^k \geq 0 (\forall k) \tag{9-19}$$

在式（9-19）中，w^k 代表部门 k 的相对权重，此相对权重是由 k 部门的相对重要性所决定，例如以成本份额（Cost Share）决定相对权重。使用式（9-19）的最适投入差额 s_{io}^{k-*}，我们可将投入导向的部门效率定义如下：

$$\theta_k = 1 - \frac{1}{m_k}\left(\sum_{i=1}^{m_k}\frac{s_{io}^{k-}}{x_{io}^k}\right)(k = 1, \cdots, K) \tag{9-20}$$

假如 $\theta_k^* = 1$，则我们可以说 DMU_o 的 k 部门具有投入效率。至于公司整体投入效率则是各部门投入效率的加权算数平均值，如式（9-21）所示：

$$\theta_o^* = \sum_{k=1}^{K}w^k\theta_k \tag{9-21}$$

假如 $\theta_o^* = 1$，则我们可以说 DMU_o 具有整体投入效率（Overallinput-efficiency）。

（2）产出导向（Output-oriented）案例。产出导向的各部门加权平均效率如式（9-22）所示：

$$1/\tau_o^* = \max\sum_{k=1}^{K}w^k\left[1 + \frac{1}{r_k}\left(\sum_{r=1}^{r_k}\frac{s_{ro}^{k+}}{y_{ro}^k}\right)\right]$$

$$\sum_{k=1}^{K}w^k = 1, \quad w^k \geqslant 0(\forall k) \tag{9-22}$$

为了将产出效率值限定在 [0，1] 之间，我们将产出导向的部门效率定义如下：

$$\tau_k = \frac{1}{1 + \frac{1}{r_k}\left(\sum_{r=1}^{r_k}\frac{s_{ro}^{k+*}}{y_{ro}^k}\right)}(k = 1, \cdots, K) \tag{9-23}$$

在式（9-22）中，s_{ro}^{k+*} 为最适产出差额。假如 $\tau_k^* = 1$ 为最适产出差额。假如 $\tau_k^* = 1$，则我们可以说 DMU_o 的 k 部门具有产出效率。至于公司整体产出效率则是各部门产出效率的加权调和平均值，如式（9-24）所示：

$$\frac{1}{\tau_o^*} = \sum_{k=1}^{K}\frac{w^k}{\tau_k} \tag{9-24}$$

假如 $\tau_o^* = 1$，则我们可以说 DMU_o 具有整体产出效率（Overall Output-efficiency）。

（3）无导向（Non-oriented）案例。倘若同时考量投入差额及产出差额，则我们可以评估无导向效率，如式（9-25）所示：

$$\rho_o^* = \min\frac{\sum_{k=1}^{K}w^k\left[1 - \frac{1}{m_k}\left(\sum_{i=1}^{m_k}\frac{s_{io}^{k-}}{x_{io}^k}\right)\right]}{\sum_{k=1}^{K}w^k\left[1 + \frac{1}{r_k}\left(\sum_{r=1}^{r_k}\frac{s_{ro}^{k+}}{x_{ro}^k}\right)\right]}$$

$$\sum_{k=1}^{K}w^k = 1, \quad w^k \geqslant 0(\forall k) \tag{9-25}$$

使用式（9-25）的最适投入差额 s_{io}^{k-*} 及最适产出差额 s_{ro}^{k+*}，我们可将无导向的部门效率定义如下：

$$\rho_k = \frac{1 - \frac{1}{m_k}\left(\sum_{i=1}^{m_k}\frac{s_{io}^{k-*}}{x_{io}^{k}}\right)}{1 + \frac{1}{r_k}\left(\sum_{i=1}^{m_k}\frac{s_{ro}^{k+*}}{y_{ro}^{k}}\right)}(k = 1,\ \cdots,\ K) \tag{9-26}$$

假如 $\rho_k^* = 1$，则我们可以说 DMU_o 的 k 部门具有无导向效率。假如 $\rho_o^* = 1$，则我们可以说 DMU_o 具有整体无导向效率。整体无导向效率是部门无导向效率的加权平均值，然而其与投入导向案例，或产出导向案例不同，其加权平均值既非算数平均值，亦非调和平均值。

值得一提的是：不论是投入导向案例、产出导向案例，还是无导向案例，其所衡量出的部门效率及公司整体效率，均具有单位不变性（Units Invariance），亦即，投入项、产出项及中间财所选取的衡量单位与效率值之间，彼此独立不相关。

此外，由于投入及产出项目个数在各部门之间可能存有差异，而 DEA 的效率值会受投入及产出项目个数所影响，亦即，项目数愈多，则该部门的平均效率值通常也愈高，因此，在进行部门间的效率比较时，必须格外谨慎。

（三）效率边界投射值

假如我们令式（9-19）、式（9-22）或式（9-25）的最适解为（λ^{*k}, s_o^{k-*}, s_o^{k+*}），则投入及产出在效率边界的投射值如式（9-27）所示：

$$x_o^{k*} = x_o^k - s_o^{k-*}(k = 1,\ \cdots,\ K)$$

$$y_o^{k*} = y_o^k + s_o^{k+*}(k = 1,\ \cdots,\ K) \tag{9-27}$$

至于中间财在效率边界的投射值需视中间财的性质而定，若中间财为不可控制变量（Non-controllable Variable），则其数值无法变动，原中间财数值维持不变；若中间财为可任意控制变量（Discretionary Variable），则中间财在效率边界的投射值如式（9-28）所示：

$$z_o^{(k,h)*} = z^{(k,h)}\lambda^{k*} \tag{9-28}$$

第四节 网络 DEA 模式应用举例

本节将以前文节所叙述的垂直整合型模式为例（请读者参阅图 9-9），假设有八家电力公司，每家电力公司各有生产部门、输送部门及分配部门三个部门，在生产部门方面，共有劳力、资本、燃料三项外生投入，无任何终结产出；在输送部门方面，共有劳力、资本、购买力三项外生投入，终结产出为销售给大型用户；在分配部门方面，共有劳力、资本两项外生投入，终结产出为销售给小型用户。中间财则为联结生产部门及输送部门的电力生成，以及联结输送部门及分配部门的电力输送，将八家电力公司的各部门的投入项、产出项，以及联结各部门的中间财资料数据如表 9-1 所示：

表 9-1 垂直整合型模式案例资料

电力公司代号	生产部门			输送部门				分配部门			部门间的联结	
	外生投入			外生投入			终结产出	外生投入		终结产出	生产与输送	输送与分配
	劳力	资本	燃料	劳力	资本	购买力	售给大型用户	劳力	资本	售给小型用户	电力生成	电力输送
A	4	3	5	5	4	3	27	5	3	25	17	34
B	6	4	14	6	4	4	24	5	6	14	22	44
C	5	3	5	6	5	4	25	4	4	18	24	43
D	7	5	6	5	4	5	35	5	5	33	26	65
E	5	7	7	4	6	6	43	6	7	56	34	54
F	8	8	4	9	7	5	56	7	7	77	36	43
G	12	13	8	14	12	12	89	8	17	109	78	87
H	9	15	7	16	15	7	76	11	14	123	98	125

我们假设电力公司的生产流程具有变动规模报酬特性，中间财为可任意变动的变项，生产部门、输送部门、分配部门的相对权重依据成本份额分别设定为 0.4、0.2、0.4，并设定网络 DEA 模式为投入导向模式。经由 DEA–SOLVER Professional 6.0（a）（2007）应用软件得出的电力公司整体效率及部门效率如表 9-2 所示。我们可以看出八家电力公司的整体效率平均值为 0.932，生产部门平均效率为 0.886，输送部门平均效率为 0.963，分配部门平均效率为 0.964，生产部门效率明显低于输送部门及分配部门。在此案例中，由于设定为投入导向，整体投入效率为部门投入效率的加权算数平均值，因此，整体投入效率会介于三个部门投入效率之间，若三个部门的投入效率均为 1，则其整体投入效率也必定为 1。A、F、H 三家电力公司即属具有整体投入效率的公司。其他未具有整体投入效率的五家电力公司，亦可借由比较三个部门的效率值，找出无效率主要来自哪一部门。以 B 公司为例，其生产部门的效率最低，是亟须改善效率的部门。

表 9-2 电力公司整体效率及部门效率

电力公司代号	整体效率	生产部门效率	输送部门效率	分配部门效率
A	1	1	1	1
B	0.709	0.591	0.861	0.75
C	0.952	0.958	0.843	1
D	0.898	0.746	1	1
E	0.983	1	1	0.958
F	1	1	1	1
G	0.916	0.791	1	1
H	1	1	1	1
平均数	0.932	0.886	0.963	0.964
标准差	0.099	0.157	0.069	0.088

表9-3为电力公司各变量的效率边界投射值，表9-4则为电力公司各变量应调整的数值比率，A、F、H三家电力公司具有整体投入效率的公司，无须调整投入项、产出项及中间财。其他无效率公司则须调整投入、产出或中间财的配置，以达到具整体效率的境界。

表9-3　电力公司各变量的效率边界投射值

电力公司代号	生产部门 外生投入			输送部门 外生投入			输送部门 终结产出	分配部门 外生投入		分配部门 终结产出	部门间的联结 生产与输送	部门间的联结 输送与分配
	劳力	资本	燃料	劳力	资本	购买力	售给大型用户	劳力	资本	售给小型用户	电力生成	电力输送
A	4	3	5	5	4	3	27	5	3	25	17	34
B	4	3	5	5	4	3	27	5	3	25	17	34
C	4.37	3	5	5	4	3.58	29.32	4	4	18	19.61	43
D	5.11	3.32	5.05	5	4	5	35	5	5	33	26	65
E	5	7	7	4	6	6	43	6	6.42	56	34	54
F	8	8	4	9	7	5	56	7	7	77	36	43
G	7.92	11.76	6.46	14	12	12	89	8	17	109	78	87
H	9	15	7	16	15	7	76	11	14	123	98	125

表9-4　电力公司各变数应调整的数值比率

电力公司代号	生产部门 外生投入			输送部门 外生投入			输送部门 终结产出	分配部门 外生投入		分配部门 终结产出	部门间的联结 生产与输送	部门间的联结 输送与分配
	劳力(%)	资本(%)	燃料(%)	劳力(%)	资本(%)	购买力(%)	售给大型用户(%)	劳力(%)	资本(%)	售给小型用户(%)	电力*生成	电力*输送
A	0	0	0	0	0	0	0	0	0	0	1	1
B	−33.33	−25	−64.29	−16.67	0	−25	12.5	0	−50	78.57	0.773	0.773
C	−12.53	0	0	−16.67	−20	−10.48	17.29	0	0	0	0.817	1
D	−27.03	−33.51	−15.77	0	0	0	0	0	0	0	1	1
E	0	0	0	0	0	0	0	0	−8.35	0	1	1
F	0	0	0	0	0	0	0	0	0	0	1	1
G	−34.01	−9.56	−19.26	0	0	0	0	0	0	0	1	1
H	0	0	0	0	0	0	0	0	0	0	1	1

注：*表示投射值/原资料的比率。

第五节 小结

本章主要介绍网络 DEA 模式，其为二阶段 DEA 模式的扩张模式，Färe、Grosskopf 和 Whittaker（2005）所汇整的网络 DEA 模式，以及 Tone 和 Tsutsui（2007）所提出的 SBM（Slack-based Measures，以差额变量为基础的衡量）网络 DEA 模式，是近几年才发展出的网络 DEA 模式，其中以 Tone 和 Tsutsui（2007）两位日本学者所提出的应用案例较为广泛，包括医院、电力公司、广播及电视、金融业等不同的网络类型，国内目前对于网络 DEA 模式的实证案例仍不多见。本书系统介绍了网络 DEA 模式，因此中文的相关文献仍极为不足，读者可借由阅读本章内容，了解网络 DEA 模式的基本理论与应用。有意深入研究本方法并确实有效应用以求解类似网络生产案例的读者，请参考本书所引用的原文读物。

第十章　其他资料包络
分析扩张模式

前几章已介绍过麦氏 DEA、模糊 DEA、二阶段及三阶段 DEA、网络 DEA 等资料包络分析扩张模式。本章将介绍其他数种 DEA 扩张模式，包括加法模式及乘法模式；SBM 模式；规模报酬递增、递减模式及一般规模报酬模式；不可控制变量模式及类别变量模式；配置模式；非需求产出模式等 DEA 扩张模式。以下将依序介绍这些扩张模式。

第一节 **加法模式及乘法模式**

本节将说明 CCR 模式及 BCC 模式的修正模式，加法模式认为无效率 DMU 可借由同时调整投入差额及产出差额来改善效率；具有平移不变性（Translation Invariance），可以处理负数资料；乘法模式除了平移不变性，更具有单位不变性（Units Invariance）。以下分别介绍加法模式及乘法模式。

一、加法模式（Additive Model）

前面几章所介绍的 DEA 模式，均需事先设定分析模式为投入导向或产出导向，Charnes 等人（1985）提出加法模式（Additive Model），将投入导向或产出导向整合成单一模式，在 CCR 模式或 BCC 模式中，无效率的 DMU 仅能借由缩减投入差额（投入导向），或扩展产出差额（产出导向）以达到效率边界，成为有效率的 DMU。然而，加法模式无须设定投入导向或产出导向。在加法模式中，无效率的 DMU 可以同时缩减投入差额，并扩展产出差额，以达到效率边界。

加法模式的效率边界与 CCR 模式或 BCC 模式并无不同，差异在于无效率 DMU 在效率边界的投射点，加法模式的投射点是与其距离最远的有效率 DMU。以图 10-1 为例，在 BCC 模式中，无效率的决策单位 D 的效率边界的投射点为 D'（投入导向）或 D"（产出导向），而在加法模式中，决策单位 D 的效率边界的投射点则为 B，因为 B 位于效率边界上，且与 D 的距离最遥远。

加法模式的对偶问题形式如式（10-1）所示：

$$\max_{\lambda, s^-, s^+} \sum s^- + \sum s^+$$

$$\text{s.t.} \quad X\lambda + s^- = x_o$$

$$Y\lambda - s^+ = y_o$$

$$\sum \lambda = 1$$

$$\lambda \geq 0, \ s^- \geq 0, \ s^+ \geq 0 \tag{10-1}$$

式（10-1）可以使用言辞表达如下。

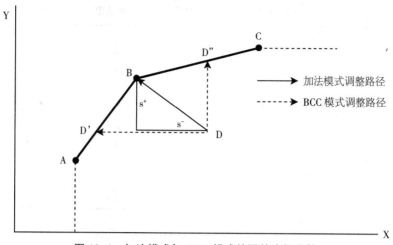

图 10-1　加法模式与 BCC 模式的调整路径比较

极大化为 {投入差额 + 产出差额}；

受限于为效率边界的投入 + 投入差额 = 受评 DMU 的投入；

效率边界的产出 – 产出差额 = 受评 DMU 的产出；

权重总和 = 1 （凸性限制式）；

权重值、投入差额、产出差额均不得为负。

加法模式并不以射线效率值 θ 作为效率衡量的依据，一个 DMU 在 BCC 模式中，若射线效率值 θ = 1，则我们可以称该 DMU 具有 Farrell 效率（射线效率），但不代表其具有 Additive 效率，而是要进一步观察其投入及产出差额是否均为 0 而定。若且唯若 $s^{-*} = 0$，$s^{+*} = 0$，则我们称该 DMU 具有 Additive 效率，此外，若且唯若 DMU 具有 BCC 效率，则该 DMU 亦具有 Additive 效率，BCC 效率与 Additive 效率同样要求所有投入及产出差额为 0，方为有效率 DMU。而对于不具有 Additive 效率的 DMU，我们可以使用式（10-2）加以调整，其中 $(\hat{x}_o, \hat{y}_o)$ 代表效率边界的投射点。

$$\hat{x}_o = x_o - s^{-*}$$

$$\hat{y}_o = y_o + s^{+*} \tag{10-2}$$

我们以一个简单范例来说明 Additive 效率，假设有八家商店，使用一项投入，生产一项产出，如表 10-1 所示，表 10-1 亦同时列出 BCC 模式及加法模式的分析结果。其中 B、C、H 三家商店在 BCC 模式（投入导向）及加法模式中均为有效率的 DMU，此三家商店的射线效率值 θ 均为 1，且所有投入及产出差额均为 0，而商店 A 虽然射线效率值 θ 为 1，但其产出差额大于 0，因此不具 BCC 效率与 Additive 效率。其他 D、E、F、G 四家商店的射线效率值 θ 均小于 1，明显不具有 BCC 效率与 Additive 效率。

表 10-1 加法模式范例资料及分析结果

商店代号	投入产出资料		BCC 模式	加法模式		
	投入	产出	射线效率（θ）	投入差额（s⁻*）	产出差额（s⁺*）	参考同侪
A	2	1	1	0	1	B
B	2	2	1	0	0	B
C	3	3	1	0	0	C
D	5	2	0.40	2	1	B
E	8	5	0.75	2	0	H
F	4	3	0.75	1	0	C
G	6	3	0.50	3	0	C
H	6	5	1	0	0	H

图 10-2 为加法模式范例的差额及投射点示意图，A 商店的投射点为 B，产出差额为 1；D 商店的投射点为 C，投入差额为 2，产出差额为 1；E 商店的投射 D 点为 H，投入差额为 2；F 商店的投射点为 C，投入差额为 1；G 商店的投射点为 C，投入差额为 3。BCC 模式则需视投入导向或产出导向，分别进行水平面或垂直面的调整。

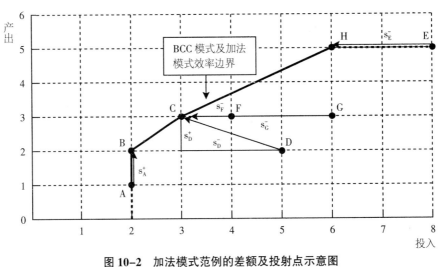

图 10-2 加法模式范例的差额及投射点示意图

CCR 模式与 BCC 模式的差异仅有凸性限制式（$\sum \lambda = 1$），CCR 模式无此限制条件，本节不再赘述 CCR 模式与加法模式的比较。综上所述，可以了解加法模式与 CCR 模式及 BCC 模式得出的相对效率并无二致，唯一的差异是无效率 DMU 的效率改善方式，CCR 模式与 BCC 模式需视投入导向或产出导向，选择其中一个面向进行调整，而加法模式则可同时调整投入差额及产出差额。

此外，加法模式尚具有平移不变性（Translation Invariance），此项特性让加法模式可以处理投入或产出项资料为负值的情况。例如公司的盈亏即有可能出现负值，我们可以将所有受评公司的盈亏做加值转换（Additive Translation）处理（Ali & Seiford，1990），使所有受评公司的盈亏项数值均转变为正值再求解，如此对线性规划的最适解并不会有影响。

如图 10-3 所示加法模式在投入及产出中均具有平移不变性，因为效率评估结果与原点所在的位置并无相关性，以 O 或 O' 为原点所衡量出来的效率值是相同的。

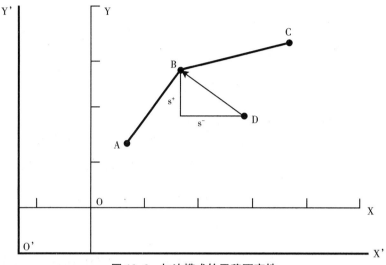

图 10-3　加法模式的平移不变性

以下将探讨加法模式的平移不变性：当我们将原投入产出（X，Y）分别加上一项常数 $\alpha_i(i=1,\cdots,m)$ 及 $\beta_r(r=1,\cdots,s)$，则可将平移后的投入及产出以式（10-3）表示：

$$x'_{ij} = x_{ij} + \alpha_i(i=1,\cdots,m;\ j=1,\cdots,n)$$

$$y'_{rj} = y_{rj} + \beta_r(r=1,\cdots,s;\ j=1,\cdots,n) \tag{10-3}$$

加法模式有一项限制条件，即凸性限制式（$\sum\lambda=1$），这是平移不变性最关键的促成因素，借由凸性限制式的利用，我们可将式（10-3）的平移资料代入式（10-3）的第一项及第二项限制式，并得出式（10-4）：

$$\sum_{j=1}^{n}(x'_{ij}-\alpha_i)\lambda_j + s_i^- = \sum_{j=1}^{n}x'_{ij}\lambda_j + s_i^- - \alpha_i = x'_{io} - \alpha_i$$

$$\sum_{j=1}^{n}(y'_{rj}-\beta_r)\lambda_j - s_r^+ = \sum_{j=1}^{n}y'_{rj}\lambda_j - s_r^+ - \beta_r = y'_{ro} - \beta_r \tag{10-4}$$

将式（10-4）中的 α_i 及 β_r 去除后，可得出式（10-5）：

$$\sum_{j=1}^{n}x'_{ij}\lambda_j + s_i^- = x'_{io}$$

$$\sum_{j=1}^{n}y'_{rj}\lambda_j - s_r^+ = y'_{ro} \tag{10-5}$$

相似地，原投入产出资料如式（10-6）所示：

$$\sum_{j=1}^{n} x_{ij}\lambda_j + s_i^- = x_{io}$$

$$\sum_{j=1}^{n} y_{rj}\lambda_j - s_r^+ = y_{ro} \tag{10-6}$$

汇整式（10-5）及式（10-6），如式（10-7）所示：

$$s_i^- = x_{io} - \sum_{j=1}^{n} x_{ij}\lambda_j = x_{io}' - \sum_{j=1}^{n} x_{ij}'\lambda_j$$

$$s_r^+ = \sum_{j=1}^{n} y_{rj}\lambda_j - y_{ro} = \sum_{j=1}^{n} y_{rj}'\lambda_j - y_{ro}' \tag{10-7}$$

由上述的讨论，我们可以了解加法模式具有平移不变性，将投入或产出做加值转换处理，所得出的效率值、投入差额、产出差额均与未经加值转换前的原投入产出资料所得出的效率评估结果完全相同。

二、乘法模式（Multiplicative Model）

乘法模式（Multiplicative Model）是由 Charnes 等人（1983）所提出，乘法模式并不限定效率边界一定要呈限内凹性（Concave），它允许一部分边界可以不具内凹性（Banker 与 Maindiratta，1986）。另外，乘法模式具有平移不变性，以及单位不变性（Units Invariance），例如使用公里或尺为衡量单位，衡量得出的结果会相同，但在实际应用上很少有研究会使用乘法模式。

乘法模式假设 DMU 的投入项及产出项之间具乘积形式，有别于加法模式的加总形式，乘法模式将乘数 u_r，v_i 改为指数形态，为了与 Banker 与 Maindiratta，（1986）所提的模式间具有一致性，以下将说明产出导向的乘法模式。

产出导向的乘法模式的分数线性规划式如式（10-8）所示：

$$\max \quad \prod_{r=1}^{s} y_{ro}^{u_r} \Big/ \prod_{i=1}^{m} x_{io}^{v_i}$$

$$\text{s.t.} \quad \prod_{r=1}^{s} y_{rj}^{u_r} \Big/ \prod_{i=1}^{m} x_{ij}^{v_i} \leq 1, \quad j=1, \cdots, n$$

$$u_r, \ v_i \geq 0, \ r=1, \cdots, s \ \ i=1, \cdots, m \tag{10-8}$$

将式（10-8）取对数，可得出式（10-9）的线性规划式，其中 $\tilde{x}_{io}$，$\tilde{x}_{ij}$，$\tilde{y}_{ro}$，$\tilde{y}_{rj}$ 各为投入项对数及产出项对数。

$$\max \quad \sum_{r=1}^{s} u_r\tilde{y}_{ro} - \sum_{i=1}^{m} v_i\tilde{x}_{io}$$

$$\text{s.t.} \quad \sum_{r=1}^{s} u_r \tilde{y}_{rj} - \sum_{i=1}^{m} v_i \tilde{x}_{ij} \leqslant 0, \quad j = 1, \cdots, n$$

$$u_r, \ v_i > \varepsilon, \ r = 1, \cdots, s \quad i = 1, \cdots, m \tag{10-9}$$

式（10-9）的对偶式如式（10-10）所示：

$$\min \quad -\sum_{r=1}^{s} s_r^+ - \sum_{i=1}^{m} s_i^-$$

$$\text{s.t.} \quad \sum_{i=1}^{m} \tilde{x}_{ij} \lambda_j + s_i^- = \tilde{x}_{io}, \quad j = 1, \cdots, n$$

$$\sum_{r=1}^{s} \tilde{y}_{rj} \lambda_j + s_r^+ = \tilde{y}_{ro}, \quad \lambda_j, \ s_i^-, \ s_r^+ \geqslant 0 \tag{10-10}$$

而对于不具有 multiplicative 效率的 DMU，我们可以使用式（10-11）加以调整，其中 $(\hat{x}_o, \hat{y}_o)$ 代表效率边界的投射点，$\tilde{x}_i$、$\tilde{y}_i$ 为受评 DMU 的投入项对数及产出项对数。

$$\hat{x}_i = \tilde{x}_i - s^{-*}$$

$$\hat{y}_i = \tilde{y}_i + s^{+*} \tag{10-11}$$

第二节　SBM 模式

传统的 CCR 模式及 BCC 模式衡量的是射线效率，此两种模式假设投入或产出可以等比率调整（缩减或扩增）。然而，这项假设在某些情况下并不适用，例如劳力与资本两项投入之间可能存在替代效果，欲等比率缩减劳力与资本的投入量，显然不符事实。有鉴于此，Tone（1997）提出 SBM（Slack-Based Measure），以差额变量为衡量基础的模式，除了修正 CCR 模式及 BCC 模式射线效率衡量的缺失外，亦可改正加法模式缺乏单位不变性（Units Invariance）的缺点，SBM 模式使用一个单一数值（Scalar）来呈现 SBM 效率，其具有下述两项特性。

（1）单位不变性（Units Invariance）：又称为单位面向不设限性（Dimension Free），亦即受评 DMU 的效率值不会受到投入项及产出项的衡量单位改变而随之改变。换言之，使用公里或尺为距离的衡量单位，或是以万元或百元为金钱的衡量单位，所得出的效率值会相一致。

（2）同向性（Monotone）：投入过剩（Input Excess）或产出短缺（Output Shortfall）的差额呈现同向递减（Monotone Decreasing）特性，亦即投入或产出差额会逐渐减少。

要求出一个 DMU 的 SBM 效率，首先我们必须使用式（10-12）的分数线性规划式：

$$\min \quad \rho = \frac{1 - \dfrac{1}{m} \sum\limits_{i=1}^{m} s_i^- / x_{io}}{1 + \dfrac{1}{s} \sum\limits_{r=1}^{s} s_r^+ / y_{ro}}$$

$$\text{s.t.} \quad x_o = X\lambda + s^-$$

$$y_o = Y\lambda - s^+$$

$$\lambda, \ s^-, \ s^+ \geq 0 \tag{10-12}$$

在式（10-12）中，ρ 是非射线差额指标，s_i^- 及 s_r^+ 分别代表投入及产出差额，$X\lambda$ 及 $Y\lambda$ 分别代表投入项及产出项效率边界的标杆值。我们假设 $X \geq 0$，而假如 $x_{io} = 0$，则必须将 s_i^- / x_{io} 从目标函数中去除；若 $y_{ro} \leq 0$，则必须将 y_{ro} 以一个极小的正值取代，如此才能凸显 s_r^+ / y_{ro} 对 SBM 效率的负面影响。其中 $0 \leq \rho \leq 1$，表示 SBM 效率值限制在 0~1。ρ 为使用 s_i^- 及 s_i^+ 所建构的指标，当所有 s_i^- 及 s_i^+ 均为 0 时，代表该 DMU 的所有投入项及产出项均无差额存在，此时 $\rho = 1$，我们可以说该 DMU 具有 SBM 效率。

式（10-12）中的 ρ 可以转换成式（10-13）来加以呈现：

$$\rho = \left(\frac{1}{m} \sum_{i=1}^{m} \frac{x_{io} - s_i^-}{x_{io}} \right) \left(\frac{1}{s} \sum_{r=1}^{s} \frac{y_{ro} + s_r^+}{y_{ro}} \right)^{-1} \tag{10-13}$$

在式（10-13）中，$(x_{io} - s_i^-)/x_{io}$ 衡量的是第 i 项投入宜缩减的比率，因此，式（10-13）的第一个括号分式反映出投入项的平均缩减比率，或称投入混合无效率（Input Mix Inefficiencies）；相似地，$(y_{ro} + s_i^+)/y_{ro}$ 衡量的是第 r 项产出宜扩展的比率，因此，上式的第二个括号分式反映出产出项的平均扩展比率，平均扩展比率的倒数值即为产出混合无效率（Output Mix Inefficiencies），因此可以解释为平均投入混合无效率与平均产出混合无效率的比率。

为了求解式（10-12），我们可以加入一个正数值变量 t 来作转换，转换后的非线性规划式 SBM_t 如式（10-14）所示：

$$\min \quad \tau = t - \frac{1}{m} \sum_{i=1}^{m} t s_i^- / x_{io}$$

$$\text{s.t.} \quad 1 = t + \frac{1}{s} \sum_{r=1}^{s} t s_r^+ / y_{ro}$$

$$x_o = X\lambda + s^-$$

$$y_o = Y\lambda - s^+$$

$$\lambda, \ s^-, \ s^+, \ t \geq 0 \tag{10-14}$$

为了要将式（10-14）转换成线性规划式，我们令：

$$S^- = ts^-, \ S^+ = ts^+, \ \Lambda = t\lambda$$

SBM_t 的线性规划式如式（10-15）所示：

$$\min \quad \tau = t - \frac{1}{m} \sum_{i=1}^{m} S_i^- / x_{io}$$

$$\text{s.t.} \quad 1 = t + \frac{1}{s} \sum_{r=1}^{s} S_r^+ / y_{ro}$$

$$tx_o = X\Lambda + s^-$$

$$ty_o = Y\Lambda - s^+$$

$$\Lambda, \ S^-, \ S^+ \geq 0, \ t > 0 \tag{10-15}$$

在式（10-15）中，$t > 0$ 代表转换具有可还原性（Reversible），假设我们令式（10-15）线性规划 SBM_t 的最适解为：

$$(\tau^*, \ t^*, \ \Lambda^*, \ S^{-*}, \ S^{+*})$$

则 SBM 的最适解可以式（10-16）表示：

$$\rho^* = \tau^*, \ \lambda^* = \Lambda^*/t^*, \ s^{-*} = S^{-*}/t^*, \ s^{+*} = S^{+*}/t^* \tag{10-16}$$

从式（10-16）的最适解，我们可以得知一个 DMU 是否具有 SBM 效率，亦即若且唯若 $\rho^* = 1$，则该 DMU 具有 SBM 效率。而 $\rho^* = 1$ 意指 $s_i^- = 0$，$s_i^+ = 0$，无任何投入差额及产出差额存在。

而对于不具 SBM 效率的 DMU，我们可以借由去除投入过剩的数量，并增加产出短缺的数量来改善 SBM 效率，以达到 SBM 效率的境界。式（10-17）为不具 SBM 效率的 DMU 调整方式，其中 $(\hat{x}_o, \hat{y}_o)$ 代表效率边界的投射点，调整方式与加法模式相同。

$$\hat{x}_o = x_o - s^{-*}$$

$$\hat{y}_o = y_o + s^{+*} \tag{10-17}$$

以下我们将以一个简单范例来说明 SBM 模式，表 10-2 为 CCR 模式及 SBM（Non-oriented）模式的分析结果，我们假设有八个 DMU，使用二项投入 (x_1, x_2)，生产单一产出 $(y = 1)$，之后依序列出 CCR 射线效率值（θ^*）、SBM 效率值（ρ^*）、参考同侪、投入差额 (s_1^{-*}, s_2^{-*})、产出差额 (s^{+*})，最后则计算出混合效率（Mix Efficiency）。

由表 10-2 可以看出 B、D、E 同时具有 CCR 射线效率及 SBM 效率，所有投入差额、产出差额均为 0，混合效率均为 1。F、G 虽具有 CCR 射线效率，唯因这两个 DMU 在第一项投入均有差额存在，因此不具有 SBM 效率。A、C、F、G、H 五个 DMU 若要具备 SBM 效率，则要去除其投入过剩数量，并增加其产出短缺数量，方能成为具备 SBM 效率的 DMU。以 A 为例，必须减少其第一项投入 1 个单位，并增加其产出 0.5 个单位，因此其投入产出组合应变为（6，3，0.5），其他 C、F、G、H 的调整方式相同，于此不再重复叙述。

表 10–2　CCR 模式及 SBM 模式的分析结果

DMU	投入产出资料			CCR	SBM					混合效率
	x_1	x_2	Y	θ^*	ρ^*	参考同侪	s_1^{-*}	s_2^{-*}	s^{+*}	
A	7	3	1	0.631	0.619	E	1	0	0.5	0.981
B	8	1	1	1	1	B	0	0	0	1
C	4	3	1	0.857	0.833	E	0	1	0	0.972
D	2	4	1	1	1	D	0	0	0	1
E	4	2	1	1	1	E	0	0	0	1
F	11	1	1	1	0.864	B	3	0	0	0.864
G	10	1	1	1	0.9	B	2	0	0	0.9
H	10	3	1	0.545	0.533	E	4	0	0.5	0.978

注：混合效率 = ρ^*/θ^*。

第三节　规模报酬递增、递减模式及一般规模报酬模式

若将 BCC 模式的凸性限制式（$\sum \lambda = 1$）的条件放宽，可使权重总和变成具有上下限范围（$L \leqslant \sum \lambda \leqslant U$，L 代表下限，U 代表上限）。当 $L = 0$，$U = \infty$，则转变成 CCR 模式；当 $L = 1$，$U = \infty$，称为 IRS 模式（规模报酬递增模式）；当 $L = 0$，$U = 1$，称为 DRS 模式（规模报酬递减模式）；而当 $0 \leqslant L \leqslant 1$，$U \geqslant 1$，则属于 GRS 模式（一般规模报酬模式）。以下分别介绍 IRS 模式、DRS 模式及 GRS 模式。

一、规模报酬递增（Increasing Returns-to-Scale，IRS）模式

当 $L = 1$，$U = \infty$ 时，称为规模报酬递增（IRS）模式，或非递减规模报酬（Non-Decreasing Returns-to-Scale，NDRS）模式，其权重总和（$\sum \lambda$）的限制条件如式（10–18）所示：

$$\sum \lambda \geqslant 1 \tag{10-18}$$

$L = 1$ 表示我们不能减少 DMU 的规模，可能将其规模扩展到无限大，图 10–4 为规模报酬递增（IRS）模式的效率边界及生产可能集合示意图，我们假设 DMU 使用一项投入，生产一项产出。

在图 10–4 中，IRS 模式效率边界上的任何一点，其产出增加比率不会低于投入增加比率，非递减规模报酬（NDRS）模式的名称即源自于此一事实，我们可以使用式（10–19）来加以表示：

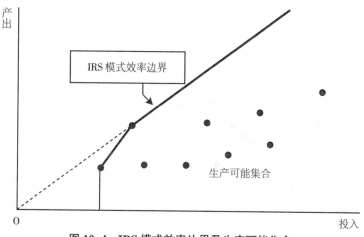

图 10-4　IRS 模式效率边界及生产可能集合

$$\frac{\Delta y/y}{\Delta x/x} = \frac{x}{y}\frac{\Delta y}{\Delta x} \geqslant 1$$

亦即：

$$\frac{\Delta y}{x} \geqslant \frac{\Delta x}{x} \tag{10-19}$$

在式（10-19）中，Δy，Δx 分别代表效率边界上的某一点（x，y）所对应的产出增加量及投入增加量。规模报酬递增（IRS）模式通常被应用来测量规模相对较小的 DMU 的规模效率。

二、规模报酬递减（Decreasing Returns-to-Scale，DRS）模式

当 L = 0，U = 1 时，称为规模报酬递减（DRS）模式，或非递增规模报酬(Non-Increasing Returns-to-Scale，NIRS) 模式，其权重总和（$\sum \lambda$）的限制条件如式（10-20）所示：

$$0 \leqslant \sum \lambda \leqslant 1 \tag{10-20}$$

U = 1 表示我们不能增加 DMU 的规模，可减少 DMU 的规模，图 10-5 为规模报酬递减（DRS）模式的效率边界及生产可能集合示意图。

在图 10-5 中，DRS 模式效率边界上的任何一点，其产出增加比率不会高于投入增加比率，非递增规模报酬（NIRS）模式的名称即源自于此事实，如式（10-21）所示：

$$\frac{\Delta y/y}{\Delta x/x} = \frac{x}{y}\frac{\Delta y}{\Delta x} \leqslant 1$$

亦即

$$\frac{\Delta y}{y} \leqslant \frac{\Delta x}{x} \tag{10-21}$$

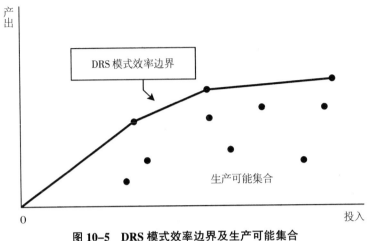

图 10-5　DRS 模式效率边界及生产可能集合

在式（10-21）中，Δy，Δx 分别代表效率边界上的某一点（x，y）所对应的产出增加量及投入增加量。规模报酬递减（DRS）模式通常被应用来测量规模相对较大的 DMU 的规模效率。

三、一般规模报酬（Generalized Returns-to-Scale，GRS）模式

当 $0 \leqslant L \leqslant 1$，$U \geqslant 1$ 时，称为一般规模报酬（GRS）模式，此模式可以设定权重总和的上限与下限范围，以控制规模报酬的可允许范围，例如 L = 0.7，U = 1.3，表示规模报酬最大的缩减比率为 0.7，最大的扩展比率为 1.3。图 10-6 为一般规模报酬（GRS）模式的效率边界及生产可能集合示意图。

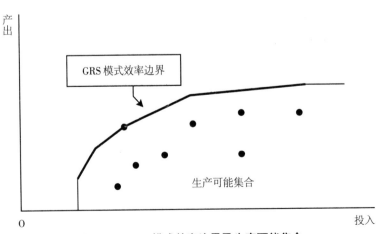

图 10-6　GRS 模式效率边界及生产可能集合

第四节　不可控制变量及类别变量模式

当投入或产出变量无法由管理者控制时，传统 DEA 模式无法处理这种问题，此时宜采用不可控制变量模式，非任意变量模式设限变量模式；而类别变量模式则是将变量予以分群，又可分成不可控制类别变量模式、可控制类别变量模式、差异系统变量模式、对等比较模式等。

一、不可控制变量（Non-controllable Variable）模式

不可控制变量意指管理决策者完全无法控制的变量，例如下雪量、区域人口数量等。在不可控制变量模式中，我们仅能借由调整可控制变量来改善效率，不可控制变量是无法变动的，式（10-22）及式（10-23）分别为投入导向及产出导向不可控制变量模式的对偶问题：

$$\min \quad \theta$$

$$\text{s.t.} \quad \theta x_o^C \geqslant X^C \lambda$$

$$y_o^C \leqslant Y^C \lambda$$

$$x_o^N = X^N \lambda$$

$$y_o^N = Y^N \lambda$$

$$L \leqslant \sum \lambda \leqslant U$$

$$\lambda \geqslant 0 \tag{10-22}$$

$$\max \quad \theta$$

$$\text{s.t.} \quad \theta y_o^C \leqslant Y^C \lambda$$

$$x_o^C \geqslant X^C \lambda$$

$$y_o^N = Y^N \lambda$$

$$x_o^N = X^N \lambda$$

$$L \leqslant \sum \lambda \leqslant U$$

$$\lambda \geqslant 0 \tag{10-23}$$

在式（10-22）及式（10-23）中，θ 分别代表缩减因素（投入导向）及扩展因素（产出导向），缩减因素等于投入射线效率，扩展因素的倒数则为产出射线效率；X^C，Y^C 分别代表可控制投入向量矩阵、可控制产出向量矩阵；x_o^C，y_o^C 分别代表受评 DMU 的可控制投

入向量、可控制产出向量；X^N，Y^N 分别代表不可控制投入向量矩阵、不可控制产出向量矩阵；x_o^N，y_o^N 分别代表受评 DMU 的不可控制投入向量、不可控制产出向量；L 及 U 分别为权重总和（$\sum \lambda$）的下限与上限，随着 L 及 U 的设定范围不同，可以得出各种不同的规模报酬模式，读者可参阅本章第三节的内容。

表 10-3 为高雄市 11 所市立图书馆 2007 年 1~11 月的投入及产出资料，其中投入项包括馆藏册数、职员人数、服务区域人口三项，产出项则为办理借书证人数及借阅册数两项，其中服务区域人口被设定为不可控制投入项，因此宜选择执行投入导向不可控制变量模式。

表 10-3　高雄市 11 所市立图书馆投入产出资料

图书院编号	投入项			产出项	
	馆藏册数（本）	职员人数（人）	服务区域人口（人）	办理借书证人数（人）	借阅册数（本）
L1	133836	3	122038	1538	215880
L2	138246	5	356982	2344	250317
L3	87591	2	122038	344	58267
L4	162766	3	168163	2353	227229
L5	55485	2	168163	1268	150167
L6	153323	3	185595	4994	267967
L7	74956	2	28631	1577	213683
L8	117565	3	200608	4057	349530
L9	126833	5	58730	1435	195910
L10	124483	4	356982	4531	376451
L11	84346	2	30033	848	68302

资料来源：高雄市立图书馆。

表 10-4 为高雄市 11 所市立图书馆 CCR 模式及 NCN 模式的效率比较，CCR 模式将服务区域人口设定为管理者可以控制的变项，这显然不符合事实，CCR 模式提出服务区域人口缩减的改善目标，亦难以执行。NCN 模式将服务区域人口设定为不可控制变量，无法为管理者所控制或改变，此一案例显然较适合执行 NCN 模式，借由调整其他三项投入数量来改善市立图书馆的经营效率。由 CCR 模式及 NCN 模式的效率比较中，可以发现 L6、L7、L8、L10 四所市立图书馆在两个模式中均属有效率 DMU，属于效率稳定的 DMU，而 L3 在 CCR 模式的效率值为 0.252，以 NCN 模式衡量出的效率值却上升至 0.683，显示若将不可控制变量设定为可控制变量，某些 DMU 的效率值将会被严重扭曲，其所得出的改进目标也将难以达成。例如在表 10-4 中，CCR 模式建议区域服务人口需大幅度缩减，在现实中不太可能做到。

表 10-4 高雄市 11 所市立图书馆 CCR 模式及 NCN 模式的效率比较

表 10-4　高雄市 11 所市立图书馆 CCR 模式及 NCN 模式的效率比较

编号	CCR 模式效率值	NCN 模式效率值	服务区域人口（人）	CCR 模式投射值	NCN 模式投射值
L1	0.644	0.619	122038	78625	122038
L2	0.601	0.852	356982	214630	356982
L3	0.252	0.683	122038	30800	122038
L4	0.661	0.718	168163	111221	168163
L5	0.894	1	168163	142400	168163
L6	1	1	185595	185595	185595
L7	1	1	28631	28631	28631
L8	1	1	200608	200608	200608
L9	0.504	0.533	58730	31738	58730
L10	1	1	356982	356982	356982
L11	0.529	0.345	30033	15899	30033

二、非任意变量（Non-discretionary Variable）模式

非任意变量是决策者无法任意控制的变量，与不可控制变量的差异是非任意变量可以进行有限度的调整，并非完全不可变动，例如发电厂的电力供应量受限于契约限制，无法任由决策者调整供电量。式（10-24）及式（10-25）分别为投入导向及产出导向非任意变量模式的对偶问题：

$$\min \quad \theta$$
$$\text{s.t.} \quad \theta x_o^C \geqslant X^C \lambda$$
$$y_o^C \leqslant Y^C \lambda$$
$$x_o^N \geqslant X^N \lambda$$
$$y_o^N \leqslant Y^N \lambda$$
$$L \leqslant \sum \lambda \leqslant U$$
$$\lambda \geqslant 0 \tag{10-24}$$

$$\max \quad \theta$$
$$\text{s.t.} \quad \theta y_o^C \leqslant Y^C \lambda$$
$$x_o^C \geqslant X^C \lambda$$
$$y_o^N \leqslant Y^N \lambda$$
$$x_o^N \geqslant X^N \lambda$$
$$L \leqslant \sum \lambda \leqslant U$$
$$\lambda \geqslant 0 \tag{10-25}$$

三、设限变量（Bounded Variable）模式

设限变量模式是非任意变量模式的扩展模式，在设限变量模式中，对于投入或产出数量受限制的非任意变量，必须列出该变量的上下限。例如当我们要评估各座职篮球场的经营绩效，可以把观众人数列为一项设限产出变量，每座职篮球场的观众人数有其上限，因此所有球场中最多的观众容纳人数可视为此项产出变量的上限值，最少的观众容纳人数视为下限值。

为了处理设限变量，我们必须将非任意变量模式中非任意投入及非任意产出设定上下限，式（10-26）及式（10-27）分别为投入导向及产出导向设限变量模式的对偶问题：

$$\min \quad \theta$$

$$\text{s.t.} \quad \theta x_o^C \geqslant X^C \lambda$$

$$y_o^C \leqslant Y^C \lambda$$

$$l_o^{Nx} \leqslant X^N \lambda \leqslant u_o^{Nx}$$

$$l_o^{Ny} \leqslant Y^N \lambda \leqslant u_o^{Ny}$$

$$L \leqslant \sum \lambda \leqslant U$$

$$\lambda \geqslant 0 \tag{10-26}$$

$$\max \quad \theta$$

$$\text{s.t.} \quad \theta y_o^C \leqslant Y^C \lambda$$

$$x_o^C \geqslant X^C \lambda$$

$$l_o^{Ny} \leqslant Y^N \lambda \leqslant u_o^{Ny}$$

$$l_o^{Nx} \leqslant X^N \lambda \leqslant l_o^{Nx}$$

$$L \leqslant \sum \lambda \leqslant U$$

$$\lambda \geqslant 0 \tag{10-27}$$

式（10-26）及式（10-27）中，(l_o^{Nx}, u_o^{Nx}) 为受评 DMU 的非任意投入的下限及上限向量；(l_o^{Ny}, u_o^{Ny}) 为受评 DMU 的非任意产出的下限及上限向量。x_o^N，y_o^N 并不包含在方程式中，因为设变量模式假设 x_o^N，y_o^N 会界于下限及上限之间，因此无须列在限制式中。

四、类别变量（Categorical Variable）模式

类别变量模式又可分为不可控制模式及可控制模式，以下分别介绍这两种类别变量模式。

（一）类别变量为不可控制的模式

经营环境常是管理者无法掌控的，例如在评估某一家大卖场的分店经营绩效时，有必要将分店的销售环境列入考虑，区分其究竟处于艰困销售环境、正常销售环境，或具优势的销售环境，若将这三类销售环境放在一起比较，可能会产生不公平的评估结果。

针对上述问题，我们可以将艰困销售环境归为类别 1，正常销售环境归为类别 2，具优势的销售环境归为类别 3。在执行效率评估时，类别 1 艰困销售环境的分店仅能与同为类别 1 的分店一起比较；类别 2 正常销售环境的分店可与类别 1 及类别 2 的分店一起比较；类别 3 具优势的销售环境的分店则可与所有类别的分店一起比较，这可确保没有任何一家分店会与比其更具销售环境优势的分店进行不公平的比较。类别变量模式是一种层级（Hierarchical）分类模式，它可以运用任何 DEA 模式（如 CCR、BCC、IRS、DRS、GRS等）来加以计算，但不能将层级较高的 DMU 选为层级较低的 DMU 的参考同侪。

（二）类别变量为可控制的模式

前面所提的类别变数都是决策者无法控制的因素，然而，在某些案例中，类别变量是决策者可以控制的因素。例如快餐店的服务水准可以分为差、普通、好三个层级类别，服务水准差的快餐店可以维持差的服务水准，亦可提升服务水准到达普通或好的境界；服务水准普通的快餐店可以维持普通的服务水准，亦可提升服务水准到达好的境界。

假如每一家快餐店都可被评比为 1（最差服务水准）~L（最好服务水准）其中一个层级类别，每一家快餐店在 DEA 模式的参考同侪将会是相同层级或更高层级服务水准的快餐店。

以下将说明类别变量为可控制的模式的演算步骤，我们可以采用任何 DEA 模式（如CCR、BCC、加法模式等）来加以计算。

令 $g = l, l+1, \cdots, L, (1 \leqslant l \leqslant L)$，可重复下列步骤：

（1）步骤 1。将一群 DMU_s 中的每一个 DMU，归属为 g 个类别的其中一类，DMU_o 为受评 DMU，借由选取的 DEA 模式，评估 DMU_o 的相对效率，接着进行步骤 2。

（2）步骤 2。假如 DMU_o 被评为有效率，则进行步骤 3。

假如 DMU_o 被评为无效率，记录其参考同侪及在效率边界投射值。倘若 $g = L$，则进行步骤 3。否则以 $g+1$ 取代 g，重新进行步骤 1。

（3）步骤 3。检视由步骤 2 所求得的参考同侪、效率边界投射值及类别层级，并选择出 DMU_o 的最适参考值及类别层级。

五、差异系统（Different System）模式

DEA 模式假设生产可能集合 P 具有凸性（Convex），若有两个生产行为 $A(x_1, y_1)$、$B(x_2, y_2)$ 位于生产可能线上，亦即生产效率边界，则我们将 A、B 两点连成 AB 线段，则

位于此线段上的任何一点均属于生产可能集合 P。然而，倘若 A、B 采用不同的生产工具或技术时，前述假设并不成立，此时宜采用差异系统模式。

在差异系统模式中，我们将投入 X 区分成 X_A 及 X_B，产出 Y 区分成 Y_A 及 Y_B，在同一生产技术的系统内，生产可能集合 P 具有凸性（Convex）；但在不同生产技术的系统间，凸性的假设并不成立。因此，生产可能集合 $P\{(x,y)\}$ 必须满足式（10-28）的限制条件：

$$x \geqslant X_A\lambda_A + X_B\lambda_B$$

$$y \leqslant Y_A\lambda_A + Y_B\lambda_B$$

$$Lz_A \leqslant \sum \lambda_A \leqslant Uz_A$$

$$Lz_B \leqslant \sum \lambda_B \leqslant Uz_B$$

$$z_A + z_B = 1$$

$$\lambda_A, \lambda_B \geqslant 0$$

$$z_A, z_B = \{0, 1\} \tag{10-28}$$

式（10-28）属于整合规划（Inter Program）问题，受评 $DMU(x_o, y_o)$ 的效率值可由式（10-29）（投入导向）或式（10-30）（产出导向）的线性规划问题求得，其中 z_A，z_B 为二元变数（Binary Variables），仅能为 0 或 1。

$$\min \quad \theta$$

$$\text{s.t.} \quad \theta x_o \geqslant X_A\lambda_A + X_B\lambda_B$$

$$y_o \leqslant Y_A\lambda_A + Y_B\lambda_B$$

$$Lz_A \leqslant \sum \lambda_A \leqslant Uz_A$$

$$Lz_B \leqslant \sum \lambda_B \leqslant Uz_B$$

$$z_A + z_B = 1$$

$$\lambda_A, \lambda_B \geqslant 0$$

$$z_A, z_B = \{0, 1\} \tag{10-29}$$

$$\max \quad \theta$$

$$\text{s.t.} \quad x_o \geqslant X_A\lambda_A + X_B\lambda_B$$

$$\theta y_o \leqslant Y_A\lambda_A + Y_B\lambda_B$$

$$Lz_A \leqslant \sum \lambda_A \leqslant Uz_A$$

$$Lz_B \leqslant \sum \lambda_B \leqslant Uz_B$$

$$z_A + z_B = 1$$

$$\lambda_A, \lambda_B \geqslant 0$$

$$z_A, z_B = \{0, 1\} \tag{10-30}$$

从式（10-29）或式（10-30）所得出的结果，不仅可以评估每一个 DMU 的效率值，而且由于 DEA 模式的非参数（Nonparametric）特性，因此可应用排序综合检定（Rank-sum-test）来检测 A、B 两群体的效率值是否呈现出相同的分配，比较常用的两群体排序总和检定方法为 Mann-Whitney 检定。

六、对等比较（Bilateral Comparison）模式

假若将所有 DMU 区分成两群体 A、B，A(B) 群体的每个 DMU 是与 B(A) 群体的 DMU 为比较对象来进行效率评估，此时 A(B) 群体 DMU 将以 B(A) 群体的 DMU 为参考同侪，此种群体间（Inter-group）的相互比较，可以增加效率评估的区别与鉴别力，称为对等比较模式（Bilateral Comparison Model）。投入导向及产出导向对等比较模式如式（10-31）及式（10-32）所示：

$$\min \quad \theta$$
$$\text{s.t.} \quad \sum_{j \in B} x_j \lambda_j \leq \theta x_a$$
$$\sum_{j \in B} y_j \lambda_j \geq y_a$$
$$a \in A, \quad \lambda_j \geq 0 (\forall j \in B) \tag{10-31}$$

$$\max \quad \theta$$
$$\text{s.t.} \quad \sum_{j \in B} y_j \lambda_j \geq \theta y_a$$
$$\sum_{j \in B} x_j \lambda_j \leq x_a$$
$$a \in A, \quad \lambda_j \geq 0 (\forall j \in B) \tag{10-32}$$

在式（10-31）及式（10-32）中，受评 DMU_a 属于 A 群体，其参考同侪 DMU_j 则属于 B 群体，我们以图 10-7 及图 10-8 来说明投入导向对等比较模式，假设所有受评 DMU 均使用两项投入（x_1，x_2），生产一项产出，且所有产出均为单位产出（$y = 1$）。在图 10-7 中，A 群体的 DMU_a 被 B 群体的 DMU_j 所包络，DMU_a 的射线效率值（θ）如式（10-33）所示：

$$\theta^* = \frac{OS}{OR} < 1 \tag{10-33}$$

在图 10-8 中，A 群体的 DMU_a 并未被 B 群体的 DMU_j 所包络，DMU_a 的射线效率值（θ）如式（10-34）所示：

$$\theta^* = \frac{OS}{OR} > 1 \tag{10-34}$$

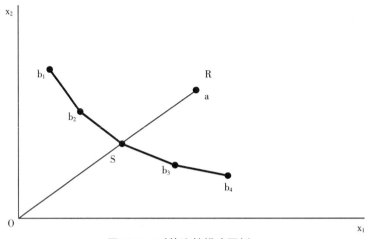

图 10-7　对等比较模式图例一

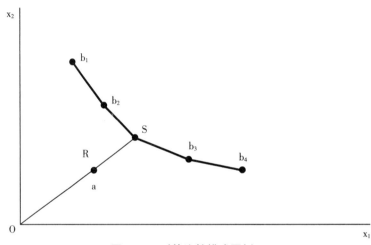

图 10-8　对等比较模式图例二

对等比较模式的效率值可以大于 1，因此两群体之间的交互比较，确实可以增加效率评估的辨别力。对等比较模式亦可应用排序综合检定（Rank-sum-test）来检测 A、B 两群体的效率值是否呈现出相同的分配。

第五节　配置模式

当我们可以取得投入或产出价格资料时，便可计算配置效率及整体效率，配置模式主要包括成本效率、收益效率、利润效率及益本比效率四个模式，是由 Cooper 等人（2000）所提出。

一、成本效率（Cost Efficiency）模式

假如我们可以获得投入价格资料，则可以执行成本效率模式。技术与成本是现代企业所须兼顾的营运要素，同时也是促进企业成长的驱动要素。前面介绍的 DEA 模式由于未纳入价格资料，因此仅能衡量出技术效率。然而，我们若能取得投入价格资料，则将可进一步计算配置效率及成本效率（整体效率），衡量出来的结果将可提供更多的决策及管理意涵。

成本效率模式是以受评 DMU 的最适成本与实际成本的比率值来测量出成本效率，成本效率模式的对偶问题如式（10-35）所示：

$$\min \quad px$$
$$\text{s.t.} \quad x \geq X\lambda$$
$$y_o \leq Y\lambda$$
$$L \leq \sum \lambda \leq U$$
$$\lambda \geq 0 \tag{10-35}$$

在式（10-35）中，$p = (p_1, \cdots, p_m)$ 为投入项的单位价格，L、U 分别为权重总和的下限及上限，随着 L、U 的设定范围差异，我们可以得出 $CRS(L = 0, U = \infty)$、$VRS(L = U = 1)$、$GRS(0 \leq L \leq 1, U \geq 1)$ 等不同规模报酬模式的成本效率。运用式（10-35）可计算出最适解 (x^*, λ^*)，受评 DMU_o 的成本效率可以式（10-36）表示：

$$E_C = \frac{px^*}{px_o} \tag{10-36}$$

在式（10-36）中，E_C 代表成本效率，px^* 为最适成本，px_o 为实际成本，$0 \leq EC \leq 1$，若 $EC = 1$，则表示该 DMU 具有成本效率。

二、收益效率（Revenue Efficiency）模式

收益效率模式是以受评 DMU 的实际收益与最适收益的比率值来测量出收益效率，收益效率模式的对偶问题如式（10-37）所示：

$$\max \quad wy$$
$$\text{s.t.} \quad x_o \geq X\lambda$$
$$y \leq Y\lambda$$
$$L \leq \sum \lambda \leq U$$
$$\lambda \geq 0 \tag{10-37}$$

在式（10-37）中，$w = (w_1, \cdots, w_n)$ 为产出项的单位价格。运用式（10-37）可计算

出最适解（y^*，λ^*），受评 DMU_o 的收益效率可以式（10-38）表示：

$$E_R = \frac{wy_o}{wy^*} \tag{10-38}$$

在式（10-38）中，E_R 代表收益效率，wy^* 为最适收益，wy_o 为实际收益，$0 \leqslant E_R \leqslant 1$，若 $E_R = 1$，则表示该 DMU 具有收益效率。

三、利润效率（Profit Efficiency）模式

利润效率模式是以受评 DMU 的实际利润与最适利润的比率值来测量出利润效率，其中实际利润 = 实际收益 − 实际成本，最适利润 = 最适收益 − 最适成本。利润效率模式的对偶问题如式（10-39）所示：

$$
\begin{aligned}
\max \quad & wy - px \\
\text{s.t.} \quad & x_o \geqslant X\lambda \\
& y_o \leqslant Y\lambda \\
& L \leqslant \sum \lambda \leqslant U \\
& \lambda \geqslant 0
\end{aligned}
\tag{10-39}
$$

在式（10-39）中，$p = (p_1, \cdots, p_m)$ 为投入项的单位价格，$w = (w_1, \cdots, w_n)$ 为产出项的单位价格。运用式（10-39）可计算出最适解（x^*，y^*），受评 DMU_o 的利润效率如式（10-40）所示：

$$E_P = \frac{wy_o - px_o}{wy^* - px^*} \tag{10-40}$$

在式（10-40）中，E_P 代表利润效率，$wy^* - px^*$ 为最适利润，$wy_o - px_o$ 为实际利润，$0 \leqslant E_P \leqslant 1$，若 $E_P = 1$，则表示该 DMU 具有利润效率。

四、益本比效率（Revenue/Cost Efficiency）模式

益本比较率模式是以受评 DMU 的实际益本比与最适益本比的比率值来测量出益本比效率，其中实际益本比 = 实际收益/实际成本，最适益本比 = 最适收益/最适成本。益本比效率模式的对偶问题如式（10-41）所示：

$$
\begin{aligned}
\max \quad & wy/px \\
\text{s.t.} \quad & x_o \geqslant X\lambda \\
& y_o \leqslant Y\lambda \\
& L \leqslant \sum \lambda \leqslant U \\
& \lambda \geqslant 0
\end{aligned}
\tag{10-41}
$$

在式（10-41）中，$p = (p_1, \cdots, p_m)$ 为投入项的单位价格，$w = (w_1, \cdots, w_n)$ 为产出

项的单位价格。运用式（10-41）可计算出最适解（x^*，y^*），受评 DMU_o 的益本比效率可以如式（10-42）所示：

$$E_{RC} = \frac{wy_o/px_o}{wy^*/px^*} \tag{10-42}$$

在式（10-42）中，E_{RC} 代表益本比效率，wy^*/px^* 为最适益本比，wy_o/px_o 为实际益本比，$0 \leq E_{RC} \leq 1$，若 $E_{RC} = 1$，则表示该 DMU 具有益本比效率。

我们以一个简单范例来说明上述四个配置模式，在此范例中假设有四个 DMU，使用两项投入（x_1，x_2），生产单一产出 y，两项投入的单位价格为 $p_1 = 4$，$p_2 = 2$，产出单位价格为 w = 6，如表 10-5 所示：

表 10-5　配置模式范例的投入产出及单位价格资料

DMU	投入				产出	
	x_1	p_1	x_2	p_2	y	w
A	3	4	3	2	3	6
B	4	4	6	2	6	6
C	1	4	3	2	5	6
D	5	4	4	2	4	6

我们假设生产过程具有固定规模报酬特性，因此必须执行 CCR 配置模式，表 10-6 列出 CCR 配置模式的分析结果，依序列出成本效率、收益效率、利润效率及益本比效率。当衡量收益效率时，C、D 均为有效率 DMU；若同时衡量成本效率、收益效率、利润效率及益本比效率，则仅有 C 同时具有四种配置效率。

表 10-6　配置模式范例的各种效率值

DMU	配置效率模式			
	成本效率	收益效率	利润效率	益本比效率
A	0.375	0.9	0.15	0.375
B	0.429	0.6	0.2	0.429
C	1	1	1	1
D	0.385	1	0.2	0.385

第六节　非需求产出模式（Undesirable Outputs Model）

本节主要在探讨环境效率问题，传统 DEA 模式认为投入愈少、产出愈多，效率会愈高，但这在探讨环境效率问题时，可能会有争议。例如二氧化碳（CO_2）排放量、污水排放量、有毒废弃物等非需求产出（Undesirable Outputs），若列入产出变量，则产出愈多，效率会愈高的假设并不成立。此时宜采用 Cooper 等人（2000）所提出的 SBM 修正模式，将非需求产出纳入 SBM 模式中。

非需求产出模式可分成两种类型：一种是 Bad Outputs（不良产出）模式，此模式将产出项区分成好的（需求）产出及不良的（非需求）产出，两者之间没有相互关系；另一种是 Non Separable（不可切割）模式，此模式的好的（需求）产出及不良的（非需求）产出彼此不可切割，减少非需求产出不可避免地也要减少需求产出。以下分别介绍这两种非需求产出模式。

一、不良产出（Bad Outputs）模式

假设评估系统内有 n 个决策单位（DMU），每个 DMU 都有三种投入及产出要素：投入好的产出及不良（非需求）产出，分别以三个向量表示：$x \in R^m$，$y^g \in R^{S1}$，$y^b \in R^{S2}$，我们将 X，Y^g，Y^b 三个向量矩阵定义为：$X = [x_1, \cdots, x_n] \in R^{m \times n}$，$Y^g = [y_1^g, \cdots, y_n^g] \in R^{S1 \times n}$，$Y^b = [y_1^b, \cdots, y_n^b] \in R^{S2 \times n}$，并假设 $X > 0$，$Y^g > 0$，$Y^b > 0$，其生产可能集合可定义如式（10-43）所示：

$$P = \{(x, y^g, y^b) | x \geq X\lambda, \ y^g \leq Y^g\lambda, \ y^b \leq Y^b\lambda, \ \lambda \geq 0\} \tag{10-43}$$

根据式（10-43）的定义，我们可将 SBM 模式修正如式（10-44）所示：

$$\min \quad \rho^* = \frac{1 - \frac{1}{m}\sum_{i=1}^{m}\frac{s_i^-}{x_{io}}}{1 + \frac{1}{s_1 + s_2}\left(\sum_{r=1}^{s_1}\frac{s_r^g}{y_{ro}^g} + \sum_{r=1}^{s_2}\frac{s_r^b}{y_{ro}^b}\right)}$$

$$\text{s.t.} \quad x_o = X\lambda + s^-$$
$$y_o^g = Y^g\lambda - s^g$$
$$y_o^b = Y^b\lambda + s^b$$
$$\lambda, \ s^-, \ s^g, \ s^b \geq 0 \tag{10-44}$$

在式（10-44）中，s^- 为投入过剩数量，s^b 为不良产出过剩数量，这两项应予以缩减；s^g 为好的产出的短缺数量，应予以扩增。$0 < \rho^* \leq 1$，若令上述线性规划式的最适值为 $(\lambda^*, s^{-*}, s^{b*}, s^{g*})$，则当 $s^{-*} = 0$，$s^{b*} = 0$，$s^{g*} = 0$ 时，$\rho^* = 1$，代表 DMU。在不良产出模式中具有效率。

假如 $\rho^* < 1$，代表 DMU。在不良产出模式中为无效率 DMU，要成为有效率 DMU，必须缩减投入及不良产出的过剩数量，并扩增好的产出的短缺数量。式（10-45）为在不良产出模式，不具有效率的 DMU 调整方式，其中 $(\hat{x}_o, \hat{y}_o^g, \hat{y}_o^b)$ 代表效率边界的投射点。

$$\hat{x}_o = x_o - s^{-*}$$

$$\hat{y}_o^g = y_o^g + s^{g*}$$

$$\hat{y}_o^b = y_o^b - s^{b*} \tag{10-45}$$

我们以一个简单范例来说明不良产出模式，假设有六个 DMU，投入项仅有一项（x），投入数量均为 1；产出则有两项，其中一项为需求产出（y^g），另一项为非需求产出（y^b），其投入产出资料如表 10-7 所示。我们假设需求产出（y^g）与非需求产出（y^b）的权重比为 2：3，生产过程为固定规模报酬。分析结果（见表 10-7）发现 C、D 两个 DMU 的 SBM 效率 $\rho^* = 1$，无须对产出项进行调整；其他 A、B、E、F 四个 DMU 的 SBM 效率 $\rho^* < 1$，需要扩增其好的产出的短缺数量，并缩减其不良产出的超额数量，才能成为有效率的 DMU。

表 10-7 不良产出模式范例资料及分析结果

DMU	投入	产出		ρ^*	投射值	
	x	y^g	y^b		$\hat{y}_o^g$	$\hat{y}_o^b$
A	1	1	1	0.098	1	0.667
B	1	2	1	0.227	2	0.75
C	1	8	3	1	8	3
D	1	9	6	1	9	6
E	1	4	3	0.417	4	1.5
F	1	4	6	0.364	4	2.67

二、不可切割（Non Separable）模式

不良产出模式是假设好的产出与不良产出可以切割、互不相关，然而，在某些情况下，好的产出与不良产出是无法切割的，这通常发生在某一项产出与某一项投入之间存在紧密相关（不可切割）的情况。例如：电力公司在发电时所排放的一氧化氮（NO）与二氧化硫（SO_2）这两项污染（不良产出）与燃煤消耗（投入），即呈现一定的比率关系。

本节将探讨不可切割模式。在此模式中，我们将好的产出及不良产出（Y^g，Y^b）再区分成可切割的好的产出（Y^{Sg}），以及不可切割的好的产出（Y^{NSg}）、不可切割的不良产出（Y^{NSb}）三类，以 $Y^{Sg} \in R^{S11 \times n}$，$Y^{NSg} \in R^{S21 \times n}$，$Y^{NSb} \in R^{S22 \times n}$ 表示；而投入则区分成可切割的投入（X^S）及不可切割的投入，以（X^{NS}），$X^S \in R^{m1 \times n}$，$X^{NS} \in R^{m2 \times n}$ 表示。可切割的好的产出（Y^{Sg}）其生产可能集合与前文所提及的好的产出（Y^g）相同，以 P 表示，生产可能集合可定义如式（10-42）所示。然而，不可切割的好的产出（Y^{NSg}）及不可切割的不良产出（Y^{NSb}）则须另行处理。假设 Y^{NSb} 的应减少数量为 $\alpha Y^{NSb}(0 \leqslant \alpha \leqslant 1)$，则 Y^{NSg} 的应减少数量为 αY^{NSg}，X^{NS} 的应减少数量为 αX^{NS}，三者的缩减比率同为 α，在此 α 表示为射线效率。不可切割的投入产出的生产可能集合（P^{NS}）可定义如式（10-46）所示：

$$P_{NS} = \{(x^S, x^{NS}, y^{Sg}, y^{NSg}, y^{NSb}) | x^S \geqslant X^S \lambda$$

$$x^{NS} \geqslant X^{NS}\lambda, \ y^{Sg} \leqslant Y^{Sg}\lambda, \ y^{NSg} \leqslant Y^{NSg}\lambda$$

$$y^{NSb} \leqslant Y^{NSb}\lambda, \ \lambda \geqslant 0 \Big\}$$

(10-46)

根据式（10-46）的定义，我们可将 SBM 模式修正如式（10-47）：

$$\min \quad \rho^* = \frac{1 - \dfrac{1}{m}\displaystyle\sum_{i=1}^{m_1}\dfrac{s_i^-}{x_{io}} - \dfrac{m_2}{m}(1-\alpha)}{1 + \dfrac{1}{s}\left(\displaystyle\sum_{r=1}^{s_{11}}\dfrac{s_r^{Sg}}{y_{ro}^{Sg}} + (s_{21}+s_{22})(1-\alpha)\right)}$$

$$\text{s.t.} \quad x_o^s = X^s\lambda + s^{S-}$$

$$\alpha x_o^{NS} \geqslant X^{NS}\lambda$$

$$y_o^{Sg} = Y^{Sg}\lambda - s^{Sg}$$

$$\alpha y_o^{NSg} \leqslant Y^{NSg}\lambda$$

$$\alpha y_o^{NSb} \geqslant Y^{NSb}\lambda$$

$$\lambda, \ s^{S-}, \ s^{Sg} \geqslant 0, \ 0 \leqslant \alpha \leqslant 1$$

(10-47)

在式（10-47）中，$m = m_1 + m_2$，$s = s_1 + s_2 + s_3$，$0 < \rho^* \leqslant 1$，若令上述线性规划式的最适值为（ρ^*，λ^*，s^{S-*}，s^{Sg*}，α^*），则当 $s^{S-*} = 0$，$s^{Sg*} = 0$，$\alpha^* = 1$，$\rho^* = 1$，代表 DMU$_o$ 在不可切割模式中具有效率。

假如 $\rho^* < 1$，代表 DMU$_o$ 在不可切割模式中为无效率 DMU。式（10-48）为在不可切割模式中，不具有效率的 DMU 调整方式，其中（$\hat{x}_o^s$，$\hat{x}_o^{NS}$，$\hat{y}_o^{Sg}$，$\hat{y}_o^{NSg}$，$\hat{y}_o^{NSb}$）代表效率边界的投射点。

$$\hat{x}_o^s = x_o^s - s^{S-*}$$

$$\hat{x}_o^{NS} = \alpha^* x_o^{NS}$$

$$\hat{y}_o^{Sg} = y_o^{Sg} + s^{Sg*}$$

$$\hat{y}_o^{NSg} = \alpha^* y_o^{NSg}$$

$$\hat{y}_o^{NSb} = \alpha^* y_o^{NSb}$$

(10-48)

我们以一个简单范例来说明不可切割模式，假设有八家发电厂，使用两项投入：总电容量（可切割投入）、燃煤消耗（不可切割投入）；生产三项产出：非天然气制造（可切割的好的产出）、天然气制造（不可切割的好的产出）、二氧化硫排放量（不可切割的不良产出），投入及产出资料如表 10-8 所示。燃煤消耗与天然气制造、二氧化硫排放量之间呈现等比率的关系，要减少二氧化硫排放量，势必要同时减少燃煤消耗与天然气制造，因此适合采用不可切割模式来衡量各发电厂的相对效率。

表 10-8　不可切割模式范例的投入产出资料

发电厂代号	投入		产出		
	总电容量（可切割投入）	燃煤消耗（不可切割投入）	非天然气制造（可切割的好的产出）	天然气制造（不可切割的好的产出）	二氧代硫排放量（不可切割的不良产出）
A	141	635	149	598	154
B	86	320	109	308	47
C	92	287	307	245	66
D	123	335	277	316	68
E	75	214	50	197	42
F	126	443	82	432	94
G	166	433	279	413	96
H	207	424	564	443	101

我们假设发电厂的生产过程具有固定规模报酬特性，好的产出的扩增比率上限为 0.3，执行不可切割模式效率分析，其分析结果如表 10-9 所示。分析结果列出不可切割模式的 SBM 效率（ρ^*）、射线效率（α^*）以及无效率的解构（Decomposition of Inefficiency），以辨别无效率主要是来自哪些投入或产出项。其中 B、C、H 属于具有 SBM 效率及射线效率的发电厂，无须调整其投入产出的配置，其各项投入及产出的无效率值为 0，其他 A、D、E、F、G 五座发电厂可依据射线效率（α^*）值，等比率缩减燃煤消耗（不可切割投入）、天然气制造（不可切割的好的产出）、二氧化硫排放量（不可切割的不良产出）的数量，例如 A 发电厂射线效率（α^*）值 = 0.925，因此必须缩减前述三项的数量达到原数量的 92.5%，亦即同时缩减 7.5% 的数量。而其无效率来源最主要来自于非天然气制造（可切割的好的产出）短缺。

表 10-9　不可切割模式范例的效率分析结果

发电厂代号	ρ^*	α^*	无效率的解构				
			总电容量	燃煤消耗	非天然气制造	天然气制造	二氧化硫排放量
A	0.834	0.925	0	0.037	0.1	0.024	0.029
B	1	1	0	0	0	0	0
C	1	1	0	0	0	0	0
D	0.806	0.886	0.004	0.004	0.043	0.037	0.037
E	0.624	0.883	0.160	0.058	0.1	0.038	0.112
F	0.822	0.943	0.021	0.028	0.1	0.019	0.036
G	0.626	0.739	0.071	0.130	0.1	0.086	0.088
H	1	1	0	0	0	0	0

第七节 小结

本章主要介绍各种 DEA 扩张模式，首先介绍加法模式，其修正了 CCR 模式及 BCC 模式的效率改善途径，认为可以借由同时调整投入差额及产出差额来达到效率边界，加法模式并具有平移不变性，可以对出现负值的投入产出项进行加值转换；乘法模式除了平移不变性外，更具有单位不变性，较少被应用；SBM 模式除了修正 CCR 模式及 BCC 模式的效率改善途径，亦修正加法模式不具单位不变性的缺点；规模报酬模式放宽 BCC 模式的凸性限制条件（$\sum \lambda = 1$），允许权重总和 $\sum \lambda$ 设定下限（L）及上限（U），形成规模报酬递增（IRS）、规模报酬递减（DRS）、一般规模报酬（GRS）等模式；不可控制变量模式主要是探讨环境变量无法由决策者控制的情况；类别变量则可将变量予以层级分类，进而比较各层级的效率表现，又分成不可控制类别变量及可控制类别变量；差异系统模式探讨不同生产技术的两群 DMU 的效率比较；对等比较模式则是两群 DMU 各以对方为参考同侪进行效率比较，差异系统模式及对等比较模式均可使用排序综合检定（Ran-sum-test）来检测两群体的效率值是否呈现相同的分配；配置模式是在投入或产出价格可以取得的情况下，评估 DMU 的技术效率、配置效率及整体效率，又可区分为成本效率、收益效率、利润效率及益本比效率四种模式；非需求产出模式则是探讨负面产出问题，依据负面产出与好的产出、投入能否切割，分为不良产出模式及不可切割模式。

读者若能了解这些扩张模式的意涵，在进行实证应用研究时，方能选择出最适合的模式执行 DEA 分析。

第十一章　多目标决策与资料包络分析

本章拟探讨多目标决策与资料包络分析的关联，首先介绍多目标决策分析方法；然后说明多目标决策与效率分析的关联；最后分别以多投入属性、多产出属性及多投入多产出属性三个案例来说明如何应用 DEA 来选择最适宜的决策。

第一节 多目标决策分析方法

本节先简介多目标决策分析概论，然后列举三个多目标决策问题范例，分别析述说明如下。

一、多目标决策分析概论

资料包络分析（DEA）也是一种于多目标（面向）环境下，评估多种决策方案优先级的有效方法，其主要功能为：借由两个以上的属性测量，便可将一组受评标的决策单元（DMU）加以排序，而这可通过建立一个效率指标加以达成，此效率指标借由各 DMU 的投入产出资料转换成多属性数据，通过线性规划法形成一条效率边界，视每个 DMU 与效率边界的距离来决定个别 DMU 的相对效率。由上述说明我们可以了解 DEA 事实上即为一种多目标或多属性的效率评估方法。

多目标（准则）决策分析（Multiple-Criteria Decision Making，MCDM）是近 30 多年来才发展成形的专门领域，有时又被称为多目标规划（Multi-objective Programming），向量最适化模型（Vector Optimization Model），或多重属性问题（Multi-attribute Problems）这些不同名称，其实所处理的都是同一类型的决策问题。

多目标规划理论的发展可追溯至 Kuhn 与 Tucker（1951），以及 Koopmans（1951）的早期研究工作，然其被视为独立的新学术领域而被广为发展研究是直到 1972 年在美国南卡罗来纳州举办正式的研讨会以后才开始。自此，它才因其对现实世界的问题分析具有贡献而大受瞩目（Cochrane 与 Zeleny，1973；Zeleny，1976）。

多目标规划旨在探讨当决策过程包含有多个相互冲突目标时的决策问题，类似此种问题其实俯拾皆是，尤其在政府部门，因其必须同时考虑多个社会目标，诸如效率、公平、环境等目标。直至今日，似此"目标间的抵换关系"（Trade-off）与"矛盾解"（Conflict Solution）等用语，已成为决策者们常用的词汇。

多目标规划弥补了许多传统单一目标规划的难题，其在规划过程对于多目标的考量，提供问题解决的三个改善方向：第一，多目标规划促使规划与决策过程中，各不同参与者的角色，能作充分与适当的考虑；第二，当采用多目标规划方法时，才可能有更多更广泛的方案被提出并加以考虑；第三，当多个目标能被同时考虑时，任何模型或问题，才可变得更为实际。

任一决策过程均是复杂而不易清楚了解的，而且采用的分析方法更可能影响整个决策过程，尤其一个公共政策的决策过程，可能牵涉许多不同的参与者。例如，一个中央机构的分析人员可能包括经济学家、工程学家、系统分析学家以及社会学家等，他们研拟各种方案并分析其影响效果，但整个过程的决策者可能包括各单位的首长、某一行政长官，或是秘书室的某重要人物。当然，国务院可能是最终的决策者。但无论如何，这些人均可能在整个决策过程扮演不同的重要角色，且可能有极为不同的目标追求，则如何将此不同参与者，如分析人员与决策者同时纳入理性的决策过程，实为重要课题。

传统的单目标规划，经常无意中扩张了分析者的角色，缩小了决策者决策的控制权，导致规划难以被决策者接受。例如一个计划的预估，规划分析者惯常以经济效率作为最后的预估目标，偶尔规划分析者也将环境影响效果及社会分配是否公平等问题纳入考虑。然他们或者独自认定这些不同目标的经济价值，或者根本忽略不予考虑，这些将导致决策者决策时的误导。是以传统的成本效益分析最受批评者即为以下两点：①它无法对难以用金钱衡量的目标作适当的考量；②它无法将社会公平性即成本效益分配的公平性纳入评估考虑。以上理由大大鼓舞了多目标规划分析的发展与应用，它不仅对决策过程的分析与运作极有应用价值，而且它给决策过程、规划分析人员与决策者的充分沟通，提供一个很有用的模型。

二、多目标决策问题范例

多目标规划方法广受欢迎在其能切合实际现象，因为现实世界的问题大多为多目标的问题类型。现实世界任何公共政策均可能影响不同的团体，而不同团体个别追求的目标不但不同，而且经常相互冲突；同时其影响也可能造成地区间的差异与利益分配的不公平现象，即使对同一地区同一团体的影响也可能因时间的变动而有不同的影响效果。在日常生活中，亦存在无数多目标问题的实例。譬如，笔者常面临的一个问题，考虑应该选择买小汽车，还是搭公车上班？公车较省钱，但小汽车较方便，公车节省能源，但小汽车较舒适。同样地，它除了成本、方便性、能源与舒适性外，还有很多其他的属性（或目标），均可能作为两者选择比较的准则，但绝不仅止于金钱价值的比较，是以传统单目标规划分析方法显然无法提供笔者价值判断的充分讯息，是可以理解的。

现实世界中，任一个计划或任一个团体的目标，均包含多个且可能相互矛盾的目标，而这些目标间经常不易转化成同一单位来衡量。几乎大多数的规划问题如公共投资、法规管制与政策规划等均牵涉多个规划目标，尤其当该计划或政策涉及社会福祉与公共利益的考虑时。以下试举几个例子加以说明。

（一）公共投资问题

公共投资是多目标分析者常注目的焦点，不论任何公共投资决策，如水资源系统投资或交通建设投资，均同时包含多个开发目标。Hill（1973）在他对都市交通规划的评估中，罗列了十四个目标，其中包括减少空气污染、噪音、降低车祸肇事率、增加可及性、提高投资效率，以及更公平的所得分配。这六个目标彼此相冲突，而且没有任何有效方法可以将这些目标转变成同一币值单位来衡量。例如，计划中的都市快速道路方案，有一直接路线方案，其可及性最高（以行驶时间而言），而且最具投资效率，但对都市造成的噪音与污染最高；另一迂回路线则可有效减少噪音与污染，但需要较高的建设费用与行驶时间。在此目标冲突的状况下，何者为较佳的路线？除非对此目标的相对重要性能有清楚的价值判断，否则是无法说明何者路线较佳。同时一个决策过程中的不同参与者对不同目标的相对重要性也可能有不同的评价，因此这种矛盾目标的求解即需通过政治运作过程。规划师选用任一单目标，如效率准则为决策依据的传统方法是非常错误的，因其常导致政治上的不可行。

（二）多目标或多部门生产模型

（1）假设一厂商生产两种产品，产品 A 每单位净利是 10 元，而产品 B 每单位净利是 8 元。产品 A 每单位需 3 小时的装配时间，产品 B 每单位需 2 小时。每周总装配时间是 120 小时，但可能有加班时间。若利用加班时间，则在加班时间内生产的这两种产品的净利每单位都少 1 元。在目前的契约下，此厂商每周供应两种产品各至少 30 单位。

该厂设立了以下几个目标：

①必须满足客户契约且只有 120 小时正常时间可用；

②使加班时间减至最小；

③使利润尽量增至最大。

以上为该工厂生产制定的三个基本目标，为达成以上目标，其资源的利用究竟应如何？此为一典型的目标规划（Goal Programming）问题。

（2）假设一个公司有 N 个生产部门，每个部门各有一个经理对总公司总裁负责，各经理所追求的目标在于求其各自部门利润的最大化。然各部门可能因业务性质不同，可能因不同地区，但都竞争同一资源，即各部门为竞求其部门的表现，而争取公司有限资源的分配，此时，各部门间所追求的目标可能形成冲突状况，为求公司总利益的最大，如何分配部门间的资源需求，以兼顾公司与部门的追求目标，此为"多阶层多目标"的决策问题（Hierarchical Multi-objective Problem）或称多层级最适化问题（Multi-level Optimization Problem）。

（三）国际关系问题

多目标分析的应用于实际政策形成过程，最常见的莫过于国际关系研究的范畴，尤其当国际间在各种条约如互不侵犯条约与限武谈判时，多目标分析扮演的角色更为重要而不可忽视，因参与各国家间在协调过程存在各国间的矛盾现象，每个国家有其自己的目标，而每个国家的决策者均将参与影响决策的达成，而构成多决策者多目标的决策问题（Multiple-decision-maker Problem）。此类问题在政府部门尤为常见，一个中央政府不但有其决策核心，各地方政府或各部会的参与者均可能扮演某种程度的决策地位。没有很好的沟通，常导致单位本位主义的形成，故有效的考量各部门与中央的多目标关系，实为府际合作的正确方向。

第二节　多目标决策与效率分析的关联

本节先说明目标空间与决策空间的关联，之后再阐述非劣解与效率解的差异与关联。

一、目标空间与决策空间

在现实的社会里，决策者面对的问题，大部分为在多重目标下，找寻最佳或较佳的方案，而非往昔单一目标的单纯问题。例如，一个生产工厂的各部门，即面对许多不同的目标，这些目标可分别叙述如下：

（1）生产部门：最大收益，最小成本；最大设备使用率，最少存货量。

（2）品质管制部门：最小拒绝成本，最小品管成本。

（3）维修部门：最大机械使用率，最小零件存货量。

（4）销售部门：最大产品多样化，最小产品成本。

（5）人事部门：最大员工满意度，最小劳工成本。

（6）环保部门：最大生产量，最小污染量。

这些部门的目标，有时在部门内会发生冲突，有时在部门间会发生冲突，多目标决策分析的方法，即帮助决策者在目标间产生冲突时，如何去找出一个权宜的折中解（Compromise Solution）。

多目标规划模型基本上是单目标线性规划模型的扩充。其不同之处在于多目标规划可同时处理两个或两个以上的目标；而单目标线性规划只能处理一个目标。亦即单目标线性规划所求的最适解为一个点（max Z 值）；而多目标规划所求的解为最适向量（Vector Optimization），即 $\max Z = [Z_1, Z_2, \cdots, Z_P]$，通常为一组点集合，而非一个点（许志义，2003）。多目标的问题可以用式（11-1）表示：

$$\max \quad Z = [Z_1, Z_2, \cdots, Z_P]$$
$$Z_1 = Z_1(X_1, X_2, \cdots, X_N)$$

$$Z_2 = Z_2(X_1, \ X_2, \ \cdots, \ X_N)$$

$$\vdots \qquad \vdots$$

$$Z_p = Z_k(X_1, \ X_2, \ \cdots, \ X_N)$$

s.t. $g_j(X_1, \ X_2, \ \cdots, \ X_N) \leqslant b_j$, $j = 1, \ 2, \ \cdots, \ m$ (11-1)

在式（11-1）中，Z 是目标函数，Z_1，Z_2，$\cdots$，Z_P 是 P 个单一目标函数，在极大化 Z 最适向量下，求取一个或多个解。我们举一个简单数字案例，其线性规划式如式（11-2）所示：

Max $\quad Z = \begin{bmatrix} Z_1, \ Z_2 \end{bmatrix}$

$$Z_1 = 5X_1 + X_2$$

$$Z_2 = X_1 + 4X_2$$

$$\vdots$$

s.t. $\quad X_1 + X_2 \leqslant 6$；$X_1 \leqslant 5$；$X_2 \leqslant 3$；$X_1$，$X_2 \geqslant 0$ (11-2)

图 11-1 为上述线性规划问题的图形解，其中斜线区域 A、B、C、D、E 为满足限制式的可行解区域，因为是以决策变量 X_1，X_2 为坐标轴的空间，故称为决策空间（Decision Space）。

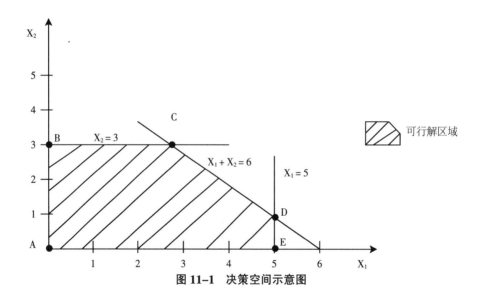

图 11-1　决策空间示意图

若改以目标函数如 Z_1，Z_2 为坐标轴的空间，则其可行解区域称为目标空间（Objective Space），如图 11-2 的斜线区域 A'、B'、C'、D'、E'。

表 11-1 为各极点的目标函数值，表 11-2 则为非劣解的目标函数值。

二、非劣解与效率解

在图 11-1、图 11-2、表 11-1、表 11-2 中，有几个基本名词与观念须加以介绍。

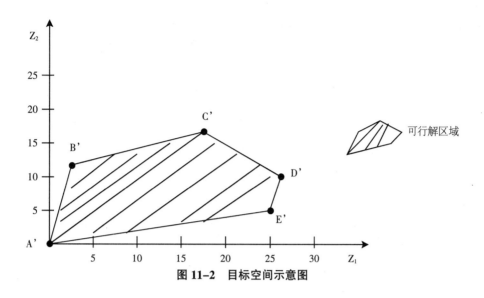

图 11-2　目标空间示意图

表 11-1　各极点的目标函数值

极点	X_1	X_2	Z_1	Z_2
A	0	0	0	0
B	0	3	3	12
C	3	3	18	15
D	5	1	26	9
E	5	0	25	5

表 11-2　非劣解的目标函数值

非劣解的极点	X_1	X_2	Z_1	Z_2
C	3	3	18	15
D	5	1	26	9

（一）可行解（Feasible Solution）

满足式 11-1 限制式 $g_j(X_1, X_2, \cdots, X_N) \leqslant b_j$ 的所有解的集合，如图 11-1 的斜线区域 A、B、C、D、E。

（二）最佳解（Optimal Solution）

有一组解 $(X_1^*, X_2^*, \cdots, X_N^*)$ 为最佳解，假如其满足式（11-3）：

$$Z_1(X_1^*, X_2^*, \cdots, X_N^*) \geqslant Z_1(X_1, X_2, \cdots, X_N)$$

$$Z_2(X_1^*, X_2^*, \cdots, X_N^*) \geqslant Z_2(X_1, X_2, \cdots, X_N)$$

$$\vdots$$

$$Z_K(X_1^*, X_2^*, \cdots, X_N^*) \geqslant Z_K(X_1, X_2, \cdots, X_N) \tag{11-3}$$

$(X_1, X_2, \cdots, X_N)$ 为任何一组可行解。

（三）非劣解（Non-inferior Solution）

多目标决策分析时，很难找到一组使每一个目标都能最佳化的解，所以笔者所关切的是找一个最好的折中解（Best-Compromise Solution），而非最佳解。折中解的求得必须通过非劣解，而所谓非劣解可定义为欲使一个目标值增加，一定会使得其他目标之一的目标值减少的解。非劣解亦有学者称为非凌驾解（Non-dominated Solution）或柏拉图解（Pareto Solution）。基本上，非劣解的概念类同于福利经济学中，艾吉渥斯箱形图（Edgeworth Box）的契约线（Contract Curve）上的任何一点。若以两个目标为例，则非劣解的集合即为转换曲线（Transformation Curve），即图 11-3 中的 EF 曲线，C 点为劣解（Inferior Solution），因 A 点及 B 点皆较 C 点为佳，但 A 点及 B 点则难分优劣，因其皆为非劣解。

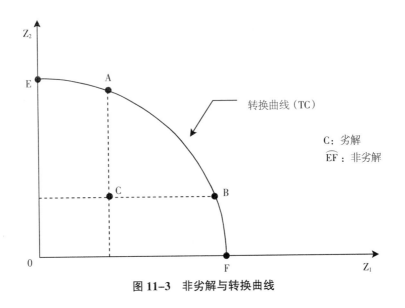

图 11-3　非劣解与转换曲线

若以图 11-1 而言，CD 线段上的各点皆为非劣解，而由表 11-1 及表 11-2 可知，在五个极点上，C 及 D 两点为非劣解，A、B、E 三点为劣解，因为：

$$Z_1^C < Z_1^D$$

但，$Z_2^C > Z_2^D$

找到了转换曲线，即为非劣解集合，即可供决策者在作决策时参考，但仍未指出何者为最佳的妥协解，即在转换曲线上何点最能满足决策者的解。故此时有赖加入决策者偏好（Preference）或效用（Utility）的考虑。如图 11-4 所示，决策者的效用函数为 U，则转换曲线与效用函数相切的一点 G，即为最适的妥协解。

决策者于何时进入多目标决策体系，为多目标决策分析的一个重点，一般可分为四种状况：

（1）决策者不加入，仅规划者（Planner）帮其作决定；

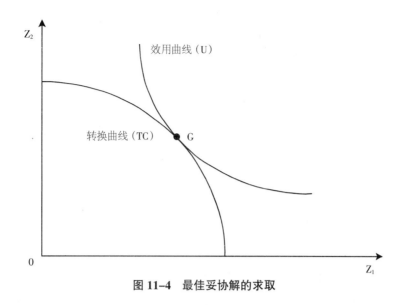

图 11-4　最佳妥协解的求取

（2）决策者于拟定多目标规划前加入，并表示其偏好，然后由规划者去求解多目标规划；

（3）决策者于多目标规划求解过程中加入，并表示其意愿；

（4）决策者于多目标规划求解后加入，并表示其意愿。

图 11-3 的转换曲线又称为非劣解曲线，曲线上各点代表各种可能的非劣方案，而各方案间存在明显的抵换关系（Trade-off）。显然，曲线上的各点相对于曲线内的所有点都是有效的解（非劣解），因此，若将其坐标（Z_1，Z_2）改以产出项或属性资料取代时，即为产出效率曲线或多属性优势曲线的意涵，此即 DEA 方法所称的生产效率边界线。线上的各点为相对有效率的点，而线内的各点则为相对无效率的点，对照图 11-5，即可观察到多目标规划与 DEA 方法的相似性。

关于效率解部分，我们以图 11-5 来加以说明。在图 11-5 中，区域面积 P 代表在现在的生产技术下，所生产 X_1，X_2 两种财货的可能组合。以 A 点为例，其代表在现在的生产技术下，生产 x_1 单位的财货 1，并同时生产 x_2 单位的财货 2。图 11-5 中的粗线部分称为生产效率边界（Productive Efficiency Frontier）。

由图 11-5 可以看出 B 点在财货 X_1 及财货 X_2 的生产量均大于 A 点，代表在现在的生产技术下，A 点的生产组合仍有改善的空间。但在生产效率边界的 B 点，并无法在可行生产集合 P 中找到一点在财货 X_1 及财货 X_2 的生产量同时大于 B 点的生产组合。

由图 11-5 可以得知：在生产效率边界上的任何一点均优于其内部各点，故其内部各点即为无效率（Inefficient）点，而生产效率边界上的所有点均是效率（Efficient）点，亦即效率解（Efficient Solution）。同样地，若加入两种财货的相对重要性（乘数），则可得出最适效率解，亦即第五章所介绍的保证区域法（AR 法）。

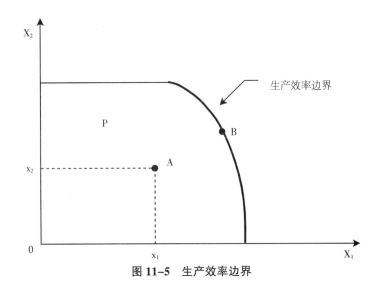

图 11-5　生产效率边界

综上所述，非劣解是定义于目标空间，而效率解则定义于决策空间，点 X 在决策空间是否为效率解，必须观察 Z 在目标空间是否为非劣解。若 Z 为非劣解，则 X 即为对应的效率解。因此，在决策空间 S 中，所有的效率点可以称为效率解集合（Set of Efficient Solutions），而这些点也必然对应在目标空间 Z 中的非劣解集合（Set of Non-inferior Solutions）。

第三节　多目标决策的应用案例

本节分别说明多投入属性、多产出属性及多投入多产出属性三个多目标决策的应用案例，依序详述此三案例如下。

一、多投入属性的应用案例

美国德州曾应用 DEA 来评估六个高能量物理实验室的可能场址，初步的研究以三种属性，包括建造成本、使用者便利性、环境影响等来呈现每一个场址的属性数量，然后则应用 DEA 将此三个属性的数值整合成一个效率值。此 DEA 应用案例非常成功，因为德州在与其他 30 个州的计划竞标中获胜，而挑选出的场址——南达拉斯，即为 DEA 研究中最有效率的场址，此案例属于多投入属性的应用。此三个属性从某种意义上也可视为该区位（场址）选择的三个目标，故可视为多目标决策的应用案例。

美国德州政府曾出资来评估高能量物理实验室的场址选择，此计划的建造成本约为 500 亿美元，但其被评估的利益超过此成本，而且有超过 30 州竞标此计划，此计划最后由德州得标，其所提供的场址在 DEA 研究中被认定为最佳场址。

美国德州政府进行一项可行性研究来预先评估州内的六个可能场址，并应用 DEA 法比较这些场址的相对效率，选取的属性包括建造成本（单位：10 亿美元，1984 年币值）、使用者成本（时间滞延因素），以及环境影响（10 个环境因素的平均排序），详细资料如表 11-3 所示。

表 11-3 有 3 项投入，没有任何产出项，基本 DEA 模式（CCR 模式）发现：除了场址 5 外，其余均位于效率边界。因此，可再通过保证区域（AR 模式）的应用来辨识效率边界上的五个场址的相对效率，另外再搜集使用者滞延成本，在 99% 信赖区间下，产生使用者成本（v_2）与建造成本（v_1）的相对重要性范围。

$3.6 \leqslant v_2/v_1 \leqslant 6.5$

而环境影响（v_3）与建造成本（v_1）的相对重要性范围如下：

$0.104 \leqslant v_3/v_1 \leqslant 0.939$

应用保证区域的修正模式界定出场址 1 是唯一有效率的场址，延伸的敏感度分析证实了场址 1 的稳定度，而此场址正是德州政府在竞标中所提出的场址，德州最后获得此计划并于场址 1 建造高能量物理实验室。

表 11-3　德州六个场址的属性资料

场址	建造成本	使用者成本	环境影响
1. 南达拉斯	4.759	1.000	1.9
2. 北休斯敦	4.965	1.000	1.7
3. 南休斯敦	4.714	1.091	2.7
4. 东/中央德州	4.976	1.182	1.2
5. 西/中央德州	4.775	1.125	2.3
6. 西德州	4.667	1.599	2.8

注：建造成本以 10 亿美元为单位，以 1984 年币值计算；使用者成本则以对使用者最有利的场址为基准，每一场址均以滞延因素与之比较；环境影响则以 10 个环境影响因素的平均排序计算得出。

表 11-4　德州六个场址的效率及排序

场址	CCR 模式效率	CCR 模式排序	AR 模式效率	AR 模式排序
1. 南达拉斯	1	1	1	1
2. 北休斯敦	1	1	0.999	2
3. 南休斯敦	1	1	0.959	4
4. 东/中央德州	1	1	0.979	3
5. 西/中央德州	0.991	6	0.944	5
6. 西德州	1	1	0.799	6

二、多产出属性的应用案例

叶晋嘉、刘丽娟与吴济华（2006）运用资料包络分析法分析健康城市指标，对中国台湾地区 23 县市的健康程度进行检视与评估。此研究从 WHO 所公布的 32 个指标中选出 9 项具代表性的指标作为初步选取的指标,包含健康准则 2 个 (死亡率、平均每位医护人员服务人口数)、环境准则 3 个 (空气悬浮微粒浓度、污水下水道处理率、都市地区绿覆率)、社会准则 4 个 (失业率、低收入户比率、幼儿托儿所比例、游民比例)。此案例为多产出属性的应用,且有一部分属于非需求产出 (Undesirable Outputs),因此,该研究采用非需求产出模式 (参阅第十章) 进行效率分析。在进行完各指标的敏感度分析后,该研究最终选取辨识度较佳的 5 项指标作为效率分析的基础变项。

表 11-5 23 县市的各项指标资料

单位:%

指标类型		健康准则		环境准则	社会准则	
指标代号		Z1	Z2	Z3	Z4	Z5
DMU	县市名称	死亡率 *	每人享有医护人员服务人口数 *	都市地区绿覆率	幼儿托儿所比例	游民 * 比例
A1	台北市	5.34	4.58	5.16	3.33	3.15
A2	高雄市	5.51	5.01	7.65	1.95	4.38
A3	台北县	4.44	4.49	2.75	3.40	0.68
A4	宜兰县	6.83	5.99	1.15	2.08	0.35
A5	桃园县	4.94	4.83	2.23	1.23	0.28
A6	新竹县	6.31	5.61	2.26	1.70	0.30
A7	苗栗县	7.44	5.50	3.32	1.49	0.20
A8	台中县	5.25	5.36	2.32	2.04	0.33
A9	彰化县	6.35	5.09	1.72	1.76	0.76
A10	南投县	7.62	5.56	3.42	1.84	0.67
A11	云林县	8.60	4.69	2.59	0.56	0.15
A12	嘉义县	8.61	5.88	1.62	1.04	0.90
A13	台南县	7.37	5.58	2.79	2.41	0.47
A14	高雄县	6.59	5.25	2.37	2.16	5.29
A15	屏东县	8.15	5.90	3.66	2.81	0.36
A16	台东县	9.86	5.34	6.07	1.71	2.16
A17	花莲县	8.89	4.49	2.50	2.10	3.27
A18	澎湖县	9.16	4.32	5.59	1.27	1.67
A19	基隆市	6.52	4.76	6.73	2.58	2.68
A20	新竹市	5.33	5.68	3.95	1.63	0.57
A21	台中市	4.53	4.90	6.28	2.39	3.22
A22	嘉义市	6.13	5.54	7.57	2.62	3.55
A23	台南市	5.46	4.53	2.60	2.77	1.42

注:* 代表非需求产出。

5 项指标叙述如下:

(一) 健康准则

Z1:死亡率,以总死亡率表示,属于非需求产出。

Z2：平均每位医护人员服务人口数，此数值愈大代表医疗资源愈缺乏，属于非需求产出。

（二）环境准则

Z3：都市地区绿覆率，是以（公园绿地面积/都市计划面积）×100计算得出，绿覆率愈高代表居住品质愈佳，属于需求产出。

（三）社会准则

Z4：幼儿托儿所比例，是以（托儿所所数/人数）×1000计算得出，托儿所比例愈高代表幼教资源愈佳，属于需求产出。

Z5：游民比例，是以（游民数/总人口数）×10000计算得出，游民比例愈高，衍生的社会问题也愈多，属于非需求产出。

此研究执行不良产出模式（参阅第十章），假设需求产出（都市地区绿覆率、幼儿托儿所比例）与非需求产出（死亡率、平均每位医护人员服务人口数、游民比例）的相对重要性为1：1，表11-6呈现出23县市的健康程度的相对效率及排序，其中台北市、高雄市、台北县、苗栗县、云林县、屏东县、澎湖县、基隆市、新竹市、台中市、嘉义市11个县市的SBM效率值（ρ*）等于1，为健康程度较佳的县市，而嘉义县、彰化县、高雄县、花莲县、宜兰县则属健康程度有待改善的县市。

表11-6　23县市的健康程度的相对效率及排序

DMU	县市名称	SBM效经值（ρ*）	排序
A1	台北市	1	1
A2	高雄市	1	1
A3	台北县	1	1
A4	宜兰县	0.495	19
A5	桃园县	0.513	18
A6	新竹县	0.538	17
A7	苗栗县	1	1
A8	台中县	0.637	16
A9	彰化县	0.427	22
A10	南投县	0.716	14
A11	云林县	1	1
A12	嘉义县	0.254	23
A13	台南县	0.736	13
A14	高雄县	0.478	21
A15	屏东县	1	1
A16	台东县	0.858	12
A17	花莲县	0.484	20
A18	澎湖县	1	1
A19	基隆市	1	1

续表

DMU	县市名称	SBM 效经值（ρ*）	排序
A20	新竹市	1	1
A21	台中市	1	1
A22	嘉义市	1	1
A23	台南市	0.716	15

表 11-7 列出 12 个无效率县市的各项指标的目标投射值，其中都市地区绿覆率、幼儿托儿所比例两项需求产出需要予以适度扩增以达到目标投射值；死亡率、平均每位医护人员服务人口数、游民比例三项非需求产出则需要予以缩减以达到目标投射值。

表 11-7 12 个无效率县市的各项指标的目标投射值

单位：%

指标类型		健康准则		环境准则	社会准则	
指标代号		Z1	Z2	Z3	Z4	Z5
DMU	县市名称	死亡率 *	每人享有医护人员服务人口数 *	都市地区绿覆率	幼儿托儿所比例	游民 *比例
A4	宜兰县	4.18	3.46	2.14	2.08	0.35
A5	桃园县	4.71	3.41	2.23	1.63	0.28
A6	新竹县	4.92	3.56	2.26	1.70	0.25
A8	台中县	4.83	3.75	2.32	2.04	0.31
A9	彰化县	2.45	2.44	1.72	1.76	0.52
A10	南投县	6.22	4.51	3.42	2.20	0.67
A12	嘉义县	1.69	1.49	1.62	1.04	0.90
A13	台南县	5.86	4.51	2.79	2.41	0.36
A14	高雄县	3.46	2.97	3.35	2.16	2.04
A16	台东县	7.16	4.88	6.07	2.43	2.16
A17	花莲县	3.37	2.89	3.25	2.10	1.99
A23	台南市	3.76	3.68	2.60	2.77	0.92

注：* 代表非需求产出。

三、多投入多产出属性的应用案例

假若某甲刚结婚，即将在市区购屋，通过房屋中介业者的推荐，列出所有考虑购买的房屋，所有房屋都位于相同区域内，需加以比较的是交通易达性、购物、学校等因素。然而，事实上在选购房屋时，最重要的三个因素是房价、屋龄及面积，表 11-8 列出这些房屋的信息。

房屋面积是一项产出，目标是极大化，即房子愈大愈佳；房价与屋龄则为投入，目标是极小化，即房价愈低，屋龄愈小愈佳。然而，屋龄与房价之间仍有一项重要区别，房价是一项可轻易改变的投入，而屋龄却是无法改变的投入，因此，我们将屋龄视为一项不可

表 11-8　八间房屋的属性资料

房屋代号	房价（万元）	屋龄（年）	面积（坪）
A	795	5	50
B	975	1	55
C	825	12	60
D	690	1	43
E	720	20	42
F	610	25	50
G	980	2	60
H	860	3	48

控制的投入，最合适的模式为极小化房价的缩减因素，表 11-9 列出八间房屋的最适缩减因素。以位于效率边界的房屋而言，房价是合理的；而不在效率边界的房屋，房价必须减少到缩减因素，才可使这些房屋的吸引力与效率边界上的房屋相同。表 11-9 列出每个房屋的理想房价，是由每个房屋的现在房价乘上最适缩减因素得出。

表 11-9　八间房屋的最适售价

房屋代号	现在房价（万元）	最适缩减因素（效率值）	理想房价（万元）
A	795	0.946	752
B	975	1	975
C	825	1	825
D	690	1	690
E	720	0.719	518
F	610	1	610
G	980	0.974	955
H	860	0.867	746

　　B，C，D，F 位于效率边界，因此它们的售价是合理的，A 必须将售价减少到现在售价的 94.6%，E 必须将售价减少到现在售价的 71.9%，G 必须将售价减少到现在售价的 97.4%，H 必须将售价减少到现在售价的 86.7%，才可能与效率边界上的房屋具有相同吸引力。

　　此案例所呈现的意涵有很广泛的应用范围，此多投入多产出属性案例的目的是借由 DEA 效率指标的应用，估计每个 DMU 的价值。相同的概念也可应用到任何消费产品，例如汽车、计算机、电视、音响等，价格通常是这些案例中唯一的可控制投入，其他属性则多为不可控制变量，因此应选择不可控制变数 DEA 模式来进行效率分析。

第四节 小结

本章阐述多目标决策与资料包络分析法的关联，DEA 除了可评估各 DMU 的相对效率外，亦可帮助决策者选择最适宜的替选方案。换言之，DEA 不仅可进行执行方案的结果评估，亦可针对各项替选计划方案进行预评估（Pre-evaluation），一般消费者在日常生活中的决策，亦多属于多属性决策，应用 DEA 也有助于消费者选择商品与服务的选择行为分析。

第十二章　资料包络分析的
　　　　　应用案例

本章介绍三个资料包络分析的应用案例，分别是个案一：中国台湾地区营造业营运绩效与经营策略；个案二：中国台湾地区机场营运绩效评估——二阶段资料包络分析法的应用；个案三：中国台湾地区国道客运业的绩效评估——三阶段资料包络分析法的应用。分别摘录这三个实证案例的研究摘要、研究设计、实证结果分析、研究结论与管理意涵，析述说明如后，以供读者未来应用参考。有关模糊 DEA 及网络 DEA 的应用案例将于日后再版时补充。

第一节　中国台湾地区营造业营运绩效与经营策略

一、研究摘要

营造业素有"经济火车头"之称，近年来，岛内营造业不但面临经济不景气的威胁，更得面临来自国际营造业的全球竞争。如何提升岛内营造业的竞争力，如何适当研拟有效的管理策略实有加以研究的必要。本书旨在应用 DEA 法，根据岛内主要营造业厂商的客观生产力资料，试图分析其相对的生产效率及其相对无效率的可能改进方向及建议。

本书是以 2001~2005 年 500 大服务业排行榜中的工程承揽业（即营造业）中，选取五个年度均进榜且资料齐全的 29 家厂商为决策单位（DMU），利用资料包络分析法（DEA）来评估总技术效率，并以 Malmquist 指数进行生产力变动趋势分析，借以探讨各受评厂商跨期的效率变动情形，并尝试找出各类型厂商的共通性及生产管理问题，并进一步提出适当的经营与管理策略建议。

二、营造业生产力分析及投入产出项的选取

本书将研究设计依序区分为决策评估单元选取、投入与产出项选取、分析模式选取三个部分。

（一）决策评估单元选取与单生产力分析

本书选取 2001~2005 年均进入 500 大服务业的 33 家营造业厂商为初步选取决策评估单元，扣除资料不全的荣民工程、德宝营造、达欣工程、根基营造，因此最终确定的决策评估单元（Decision Making Units，DMUs）数目为 29 个。

据表 12-1 资料显示，国内 500 大服务业的排名中，营造业厂商的规模大小较为悬殊，五年来的变化不大，尽管个别厂商仍在排名序位上略有变动，但整体趋势变化不大，亦即大中小型的厂商个别规模的变动并不明显。虽然表中的排名主要是以营业额或资本额作为排名的依据，该项资料并无法显示各产业的相对生产力，更难表达各厂商的相对效率与绩

表 12-1 2001~2005 年入选前 500 大服务业的营造业厂商

ID	公司名称	2001 年		2002 年		2003 年		2004 年		2005 年	
		同业排名	500 大服务业排名	同业排名	500 大服务业排名	同业排名	500 大服务业排名	同业排名	500 大服务业排名	同业排名	500 大服务业排名
一	荣民工程 *	1*	23	1*	26	1	28	1	31	2	41
B1	"中华"工程	2	51	7	70	7	84	5	91	4	69
B2	中鼎工程	3	53	5	58	5	71	4	69	1	31
一	德宝营造 *	4	57	6	64	6	72	6	105	12*	184
B3	"大陆"工程	5	59	2	40	3	51	3	45	3	49
B4	互助营造	6	67	4	57	2	49	2	42	5	71
B5	长鸿营造	7	82	8	75	11	132	19	247	18	234
B6	工信工程	10	112	13	149	23	250	18	240	19	239
B7	新亚建设开发	11	119	9	88	8	112	11	137	9	157
B8	泛亚工程建设	13	160	11	113	12	154	16	206	24	268
B9	汉唐集成	14	165	10	102	9	121	7	106	6	115
B10	德昌营造	15	171	18	202	19	221	23	260	27	276
一	达欣工程 *	17	178	20	206	13	158	9*	133	7	127
一	根基营造 *	18	179	16*	192	44	402	33*	371	20	241
B11	"中华"顾问工程	19	192	15	188	20	222	21	250	29	284
B12	中兴工程顾问	20	197	17	200	21	224	20	248	28	278
B13	开立工程	21	199	22	244	18	207	15	202	21	244
B14	亚翔工程	23	220	21	226	22	248	8	122	8	145
B15	皇昌营造	24	223	14	169	17	200	17	213	14	199
B16	大成工程	25	227	29	299	16	192	13	176	11	176
B17	富泰营造	26	266	34	326	47	412	42	408	43	394
B18	春原营造	27	273	23	268	25	279	29	323	34	328
B19	利晋工程	28	279	40	379	33	341	31	347	37	335
B20	基泰营造	29	280	28	297	31	319	32	358	33	327
B21	联钢营造工程	30	287	25	278	40	387	36	386	23	264
B22	建国工程	34	300	38	359	28	306	34	372	16	210
B23	利德工程	36	305	36	333	39	379	38	389	47	400
B24	远扬营造工程	37	315	30	303	29	312	30	340	41	373
B25	隆大营造	39	331	41	395	42	396	26	311	35	330
B26	中福营造	40	344	39	368	24	268	22	254	15	207
B27	中宇环保工程	46	367	35	330	30	318	46	434	46	397
B28	助群营造	48	385	42	399	46	411	40	402	26	270
B29	同开科技工程	53	435	51	472	54	492	50	492	38	337

注：* 表资料不全的营造业厂商，包括荣民工程、德宝营造、达欣工程、根基营造四家营造业厂商，为比较五个年度的效率变化，因此本书剔除此四家厂商，决策单位（DMU）数为29。

资料来源：《天下杂志》500 大服务业排名（2001~2005 年）。

效表现。此外，该资料显示前 500 大厂商中即有 50 几家营造业厂商，似乎隐示营造业偏向资本密集型产业，一般资本额较大。但同为营造业厂商仍存在规模大小的明显差异，其个别生产力或效率是否影响未来的竞争力，不同规模厂商的规模经济影响如何？显有加以研究分析的必要。为此，其影响该产业厂商生产的投入产出变量即为本分析方法的主要研究变项。

（二）投入与产出项选取

以 DEA 从事效率分析，在确定决策评估单元之后，下一步便是确立投入与产出项，一般生产组织的生产力分析多涉及多个投入与产出因素，而传统单生产力分析又未能针对多投入多产出问题提出有效分析结果，因此本书应用 DEA 方法进行多投入多产出的效率分析。本书经访问南部地区营造业主管机关、营造工程工业同业公会及营造厂商的结果，均认为《天下杂志》调查所使用的投入与产出因素，适合作为营造业厂商的效率衡量指标。尽管这些有限因素并未能涵盖所有生产因素，但概可表达影响其生产力的关键。基于此，本书即基于同业认定的有限个投入产出因素的限制进行 DEA 分析。以下分别就本书选取投入及产出项的过程说明如下。

本书初步选取的投入项与产出项是撷取《天下杂志》的评估项目，投入项计有 4 项（分别为资本额、资产总额、股东权益及员工人数），产出项共有 7 项（分别为营业收入、税后纯益、资产报酬率、股东权益报酬率、员工产值、获利率及 1 – 负债比例），分别将各项投入及产出项的定义与单位汇整如表 12–2 所示。

表 12–2　初步选取的投入及产出项

类别	变项名称	单位	定义
产出项	营业收入	亿元	企业全年出售商品及提供服务的总收入净额，但利息、赠予等营业外收入不予计算
	税后纯益	亿元	公司获益扣除营利事业所得税之后的盈余
	资产报酬率	%	显示公司每一元资产的获利能力，即（税后纯益/资产总额×100%）
	股东权益报酬率	%	代表税后纯益占股东权益（净值）的比例，能显示股东投资的获利能力，即（税后纯益/股东权益×100%）
	员工产值	百万元	每一员工每年能带给公司营业收入的总额，即营业收入/员工人数
	获利率	%	公司税后纯益占营业收入的比例，可显示公司获利能力的高低
	1 – 负债比例	%	代表扣除负债后占公司总资产的比例
投入项	资本额	亿元	以厂商依法向政府主管单位登记的资本金额为准
	资产总额	亿元	年底公司厂房、设备、存货、资金、应收账款等各项资产的总价值，此项数字最能反映企业规模
	股东权益	亿元	公司资产减掉对外一切负债后的余额净值，净值包含股本（资本额）、保留盈余和公积金，类似自有资金，又称净值
	员工人数	人	参与厂商营运相关人员的综合（不含外劳及临时雇用人员）

显然，以上投入产出项的选取是受限可取得的客观资料内容，虽然不尽完全，但已可窥见多投入多产出的事实及重要的关键因素。在统计意义上仍有其解释能力，亦即各受评 DMU 在同一基础比较上呈现出的生产力差异是具统计意义的。

应用 DEA 模式时，所选取的投入与产出项必须具备正相关的特性，以符合同向扩张性（Isotonicity）的要求。而皮尔森积差相关分析主要处理两随机变量的线性相关程度，因此本书以皮尔森积差相关分析作为确定最终选出的投入产出项的统计分析方法。初步选取的投入及产出项的相关分析结果如表 12-3 所示。

表 12-3　初步选取投入产出项的相关系数

投入项 ＼ 产出项	营业收入	税后纯益	资产报酬率	股东权益报酬率	员工产值	获利率	1 - 负债比例
资本额	0.658	0.359	-0.169	-0.256	-0.126	-0.020	0.091
资产总额	0.764	0.477	-0.150	-0.199	-0.107	0.016	0.025
股东权益	0.735	0.540	-0.080	-0.177	-0.172	0.093	0.164
员工人数	0.710	0.539	-0.006	-0.038	-0.471	0.127	0.125

注：阴影部分表示负相关的项目，不符合 DEA 模式要求，需予以剔除。

经皮尔森积差相关分析后，删除负相关的投入与产出项，保留正相关的项目，本书最终确立的投入与产出项如下：

（1）投入项：资本额、资产总额、股东权益及员工人数 4 项；

（2）产出项：营业收入、税后纯益、1 - 负债比例 3 项。

显然以上 7 项投入产出因素的选取，一方面受限于可供选取的资料限制，另一方面受限于资料本身的说明能力（含变项间的共线性），只能就有限资料中选取较具说服力的变项纳入模式分析。因此，更确切地说，本书所定义的生产力是建立在此 7 项变量，为同业中共同认定的有效变项所界定的实质生产力，其效率比较亦是植基于此变项的效率评比。

（三）DEA 分析模式选取

本书在进行效率分析时采用窗口分析（Window Analysis）模式，分成三个视窗 W_1（2001 年、2002 年、2003 年），W_2（2002 年、2003 年、2004 年），W_3（2003 年、2004 年、2005 年），采用 CCR 模式求出总技术效率、规模报酬以及参考集合分布，以 BCC 模式求出纯粹技术效率，并利用数学运算得出规模效率。为便于从产出面进行比较，本书采用产出导向（Output Oriented）模式进行分析。此外，以交叉效率模式探讨同侪评估效率，以修正 CCR 模式效率高估情形。至于生产力变动趋势则采用麦氏生产力指数来分析 29 家营造厂商 2001~2005 年的生产力变动情形。

三、实证分析与研究发现

（一）技术效率与规模效率分析

经 DEA 分析结果如表 12-4 所示的各受评厂商的总技术效率、技术效率与规模效率值。显然在所有受评厂商中，最常出现在效率前缘的最有效率厂商有中福营造、富泰营造、春原营造、长鸿营造、亚翔工程、泛亚工程、隆大营造，其次是利德工程、大成工程及同开科技工程公司，这些厂商是明显具生产效率的单元，应为其他无效率厂商的学习标杆。而以上厂商除长鸿营造规模较大外，其他均属相对中小规模的营造业厂商，此结果对照大规模厂商的纯技术效率反而较高的对比下，是否意味国内大规模营造业厂商已明显存在规模无效率问题值得进一步求证。例如"中华"工程、中鼎工程、"大陆"工程等厂商多具有技术效率较高但总效率并不高的情形。

表12-4 效率分析、规模报酬及参考集合次数

公司名称	总技术效率		纯技术效率		规模效率		规模报酬			参考集合次数
	平均数	标准差	平均数	标准差	平均数	标准差	IRS	CRS	DRS	
"中华"工程	0.392	0.094	0.842	0.038	0.467#	0.114	0	0	9	0
"中鼎"工程	0.387	0.052	0.909	0.085	0.429#	0.069	0	0	9	0
大陆工程	0.377	0.209	0.946	0.065	0.395#	0.210	0	0	9	0
互助营造	0.776	0.089	0.967	0.034	0.801#	0.080	0	0	9	0
长鸿营造	0.816	0.223	0.944	0.091	0.851#	0.173	0	4	5	57
工信工程	0.597	0.212	0.734*	0.134	0.784	0.148	1	0	8	0
新亚建设开发	0.378	0.076	0.666	0.066	0.578#	0.113	0	0	9	0
泛亚工程建设	0.870	0.116	0.938	0.077	0.925#	0.068	0	1	8	52
汉唐集成	0.671	0.079	0.922	0.047	0.728#	0.083	0	0	9	0
德昌营造	0.557	0.039	0.800	0.082	0.710#	0.059	0	0	9	0
"中华"顾问工程	0.398	0.030	0.880	0.024	0.452#	0.029	0	0	9	0
中兴工程顾问	0.585	0.086	0.721*	0.063	0.807	0.052	0	0	9	0
开立工程	0.270	0.036	0.606	0.049	0.447#	0.071	0	0	9	0
亚翔工程	0.924	0.096	1	0	0.924#	0.096	0	4	5	54
皇昌营造	0.443	0.053	0.614*	0.032	0.720	0.066	0	0	9	0
大成工程	0.646	0.179	0.761*	0.125	0.844	0.155	0	0	9	13
富泰营造	0.941	0.090	0.952*	0.077	0.987	0.022	0	1	8	137
春原营造	0.951	0.072	0.970*	0.042	0.979	0.034	2	6	1	62
利晋工程	0.642	0.115	0.699*	0.107	0.916	0.038	0	0	9	0
基泰营造	0.506	0.071	0.601*	0.052	0.841	0.079	0	0	9	0
联钢营造工程	0.621	0.111	0.686*	0.120	0.906	0.038	0	0	9	0
建国工程	0.513	0.062	0.748	0.093	0.690#	0.075	0	0	9	0
利德工程	0.829	0.151	0.876*	0.119	0.940	0.057	0	2	7	13
远扬营造工程	0.653	0.096	0.748*	0.114	0.881	0.105	3	0	6	0
隆大营造	0.834	0.151	0.845*	0.141	0.985	0.024	1	3	5	72
中福营造	0.955	0.069	1	0	0.955#	0.069	4	5	0	158
中宇环保工程	0.338	0.137	0.535*	0.100	0.613	0.128	0	0	9	0
助群营造	0.710	0.076	0.897	0.062	0.792#	0.050	0	0	9	0
同开科技工程	0.786	0.186	0.909	0.098	0.853#	0.122	0	3	6	12
平均数	0.633		0.817		0.765					

注：①IRS表示规模报酬递减，CRS表示规模报酬固定，DRS表示规模报酬递减。
②* 表示真正纯技术非效率的厂商；# 表示真正规模非效率的厂商。

表 12-4 同时显示，国内营造业厂商的总技术效率平均数为 0.633，偏向于中等效率，显示仍多厂商的生产效率不足，改善空间仍然很大，而总技术效率 = 纯技术效率 × 规模效率，因此总技术无效率的原因可分成纯技术无效率及规模无效率两方面。从总体面观察，国内营造业厂商的纯技术效率平均数为 0.817，高于规模效率平均数 0.765，似又显示多数营造业厂商经营无效率的技术面因素似不如规模因素来得严重，即规模无效率可能是国内营造业厂商生产效率偏低的重要原因之一。

本分析显示真正纯技术无效率的厂商也多为相对中小规模的厂商，印证前述大规模厂商的纯技术效率普遍较高的情形下，似乎隐示大规模营造厂商具有技术引进与技术累积的优势，但因规模较大也可能产生管理无效率的问题，此似乎才是业者值得加以正视与检讨的问题。

另值得一提的是，排序较前的厂商，其经营无效率的原因也多为规模无效率，而且均处于规模报酬递减阶段，有需要适度缩减其经营规模，以达最适规模效率（固定规模报酬）；而排序较后的厂商，其经营无效率的原因多为纯技术无效率，这些厂商当务之急应该是提升其技术面生产效率，以提升技术水准增加产出，并以增进整体经营效率。

在个别厂商的效率比较方面，中福营造与亚翔工程的纯技术效率平均值为 1，代表这 2 家厂商在近 5 年都达到纯技术有效率的境界，技术面生产效率表现最为稳定；在规模效率方面，富泰营造、隆大营造、春原营造的规模效率均接近 1，代表这 3 家厂商的经营规模接近最适经济规模，近 5 年多处于固定规模报酬。

此外，本书也针对营造业厂商的单生产力（包括劳动生产力、资本生产力）与总技术效率进行相关分析，结果发现总技术效率与劳动生产力、资本生产力之间均呈现显著正相关（相关系数分别为 0.648 与 0.743，P 值均为 0）。更进一步分析可发现：劳动生产力较高的厂商包括中福营造（49.72）、富泰营造（38.28）、春原营造（30.19）、隆大营造（24.27）四家厂商，其总技术效率平均值均达 0.8 以上，对照这 4 家厂商的资本生产力，中福营造（2.50）、富泰营造（1.83）、春原营造（1.83）、隆大营造（1.82），亦为资本生产力较高的厂商，显示这几家的厂商无论从单生产力分析，还是多投入多产出效率分析，均呈现稳定的高生产力与高效率表现。

（二）交叉效率（同侪评估效率）

本书另针对 29 家营造业厂商 2001~2005 年的投入及产出资料进行交叉效率（Cross Efficiency）分析，结果如表 12-5 所示。整体而言，以交叉效率（同侪评估）分析，可发现营造业厂商的整体经营效率仅达到 0.462，而 CCR 模式的自我评估平均效率值为 0.633（见表 12-5），显示前述 CCR 模式的评估效率值有偏高情形，说明以同侪业者的标准判断，各厂商的技术效率仍有更多改善空间，此似乎亦隐示各营造业厂商间技术交流或创新扩散，宜以联盟合作代替传统竞争将更具经营效率（竞争力）。

表 12-5　交叉效率（同侪评估效率）

厂商名称	2001 年	2002 年	2003 年	2004 年	2005 年	2001~2005 年平均效率变化率	厂商平均交叉效率
"中华"工程	0.126	0.145	0.158	0.169	0.117	0.002	0.143
中鼎工程	0.191	0.196	0.232	0.222	0.230	0.203	0.214
大陆工程	0.131	0.241	0.175	0.234	0.183	0.685	0.193
互助营造	0.403	0.489	0.582	0.677	0.415	0.180	0.513
长鸿营造	0.599	0.771	0.422	0.741	0.377	0.099	0.582
工信工程	0.409	0.436	0.248	0.453	0.288	·0.097	0.367
新亚建设开发	0.123	0.218	0.260	0.322	0.251	0.983	0.235
泛亚工程建设	0.543	0.653	0.454	0.552	0.529	0.072	0.546
汉唐集成	0.358	0.449	0.543	0.493	0.414	0.211	0.451
德昌营造	0.498	0.454	0.366	0.562	0.628	0.371	0.502
"中华"顾问工程	0.162	0.140	0.128	0.134	0.227	0.519	0.158
中兴工程顾问	0.176	0.168	0.191	0.184	0.256	0.446	0.195
开立工程	0.223	0.194	0.159	0.272	0.220	0.209	0.214
亚翔工程	0.692	0.536	0.582	0.659	0.528	−0.206	0.599
皇昌营造	0.296	0.372	0.360	0.352	0.291	0.029	0.334
大成工程	0.862	0.477	0.545	0.412	0.269	−0.985	0.513
富泰营造	0.783	0.990	0.919	0.770	0.935	0.245	0.879
春原营造	0.956	0.910	0.912	0.949	0.816	−0.145	0.909
利晋工程	0.544	0.431	0.399	0.559	0.788	0.529	0.544
基泰营造	0.406	0.416	0.403	0.403	0.323	−0.025	0.390
联网营造工程	0.597	0.685	0.383	0.570	0.538	0.139	0.555
建国工程	0.328	0.267	0.328	0.386	0.278	−0.060	0.317
利德工程	0.391	0.647	0.552	0.670	0.713	0.786	0.595
远扬营造工程	0.369	0.305	0.558	0.705	0.604	0.776	0.508
隆大营造	0.706	0.628	0.410	0.901	0.907	0.747	0.710
中福营造	0.599	0.724	0.848	0.828	0.805	0.329	0.761
中宇环保工程	0.271	0.231	0.217	0.406	0.285	0.365	0.282
助群营造	0.614	0.561	0.535	0.628	0.632	0.048	0.594
同开科技工程	0.685	0.672	0.501	0.496	0.648	0.023	0.600
年平均	0.449	0.463	0.426	0.507	0.465	0.227	0.462

　　29 家营造业厂商的交叉效率在 2001~2005 年，平均约成长 22.7%，再次印证营造业厂商的整体技术效率呈现出进步趋势，进步幅度较大的似乎仍以中小规模营造业厂商居多，大规模厂商只有大陆工程与新亚建设开发的成长幅度较大，究其原因可发现这两家厂商在这 5 年中的交叉效率都很低（介于 0.1~0.4），因此，其效率变化的敏感度相对较高。整体而言，仍以中小型规模厂商的技术效率的成长较为显著。

（三）营造业厂商生产力变动分析

　　总要素生产力变动可分解成总技术效率变动与技术改进变动两个部分（总要素生产力

变动=总技术效率变动×技术改进变动），若总技术效率进步，技术也呈现改进趋势，则总要素生产力必定呈现成长趋势；反之，若两者皆衰退，总要素生产力必定呈现衰退趋势。

本书先就整体营造业厂商的总技术效率变动进行分析，而总技术效率变动又分成纯技术效率变动与规模效率变动两部分（总技术效率变动＝纯技术效率变动×规模效率变动）加以探讨，接着进行技术改进变动分析，最后则进行总要素生产力变动分析（麦氏生产力指数），并找出总要素生产力衰退的主要原因。此外，本书亦进行跨期效率与生产力变动比较，以了解各个年度效率与生产力的成长与衰退情形。

（1）总技术效率变动分析。总技术效率变动指的是各 DMU 的总技术效率在各年间的变化情形。本分析显示有 11 家厂商技术效率呈现进步趋势，3 家厂商未变动，15 家厂商呈现衰退趋势，技术效率变动的几何平均数为 0.970，显示营造厂商的整体技术效率在过去 5 年略为衰退。总技术效率变动是由纯技术效率变动与规模效率变动所形成，在纯技术效率变动方面，12 家厂商纯技术效率呈现进步趋势，9 家厂商未变动，8 家厂商呈现衰退趋势，纯技术效率变动的几何平均数为 1.005，显示营造厂商的整体纯技术效率在过去 5 年稍有成长，但成长幅度极不明显。在规模效率变动方面，9 家厂商规模效率呈现进步趋势，4 家厂商未变动，16 家厂商呈现衰退趋势，规模效率变动的几何平均数为 0.965，显示营造厂商的整体规模效率在过去 5 年略为衰退。

（2）技术变革分析技术变革指的是在不同期别的技术改进情形，本分析结果显示有 16 家厂商生产技术呈现进步趋势，13 家厂商呈现衰退趋势，技术变动的几何平均数为 1.011，显示营造厂商的整体生产技术在过去 5 年稍有成长。

（3）总要素生产力变动（麦氏生产力指数）分析。本分析显示有 13 家厂商总要素生产力呈现进步趋势，1 家厂商未变动，15 家厂商呈现衰退趋势，总要素生产力变动的几何平均数为 0.980，显示营造厂商的整体总要素生产力在过去 5 年略为衰退。在 2001~2005 年，有 15 家营造厂商总要素生产力呈现衰退趋势，进一步分析其衰退原因可以发现有 9 家（60%）厂商是由于技术效率衰退所致，而由技术衰退导致总要素生产力衰退的厂商仅有 6 家（40%）。

（4）效率变动的跨期比较若以五种效率变动的四个跨期来看效率的成长或衰退如表 12-7 及图 12-1 所示，则可以发现 2001~2002 年，除纯技术效率呈现衰退外，其他四个效率均呈现成长趋势；2002~2003 年，则正好相反，除纯技术效率成长外，其他四个效率均呈现衰退趋势；2003~2004 年，五个效率均呈现成长趋势；2004~2005 年，仅有技术及纯技术效率呈现成长趋势。由上述分析可知 2002 年与 2004 年是营造业厂商效率较好的年度，因此效率变动多呈现成长趋势，反观 2003 年与 2005 年则是效率较差的年度，尤其是 2005 年，与 2004 年相比较，其效率衰退的幅度非常剧烈，目前虽无 2006 年的资料以资比较，但这似乎已显示国内营造业的经营近两年来已面临相当大的挑战与压力，若不设法挽救颓势，则国内营造业的竞争力势将更加恶化。

表12-6　各种效率变动（2001~2005年）

公司名称	技术效率变动	技术变革	纯技术效率变动	规模效率变动	总要素生产力变动
"中华"工程	0.793*	1.031	0.979	0.810	0.817▽
中鼎工程	1.061	0.974	1	1.061	1.034
"大陆"工程	1.047	1.074	1.003	1.043	1.124
互助营造	0.934	1.100	1	0.934	1.028
长鸿营造	0.830*	1.057	0.963	0.862	0.878▽
工信工程	0.870*	1.054	0.952	0.915	0.918▽
新亚建设开发	1.098	1.022	1.020	1.076	1.122
泛亚工程建设	0.929*	0.999	1	0.929	0.928▽
汉唐集成	1.047	1.021	1.014	1.033	1.070
德昌营造	1.041	0.966	1	1.041	1.006
"中华"顾问工程	1.050	0.947#	1.008	1.042	0.995▽
中兴工程顾问	0.895*	1.025	0.965	0.927	0.917▽
开立工程	0.958*	0.995	0.960	0.998	0.953▽
亚翔工程	1	0.925#	1	1	0.925▽
皇昌营造	0.993	1.040	1.082	0.918	1.033
大成工程	0.795*	1.006	0.974	0.816	0.800▽
富泰营造	1.011	1.006	1.011	1	1.017
春原营造	0.984	0.951#	1	0.984	0.936▽
利晋工程	1.064	1.020	1.054	1.009	1.086
基泰营造	0.844*	1.120	0.969	0.871	0.945▽
联网营造工程	0.950*	1.024	1.009	0.941	0.973▽
建国工程	0.999	0.921#	1.077	0.927	0.920▽
利德工程	1.104	0.919	1.072	1.030	1.014
远扬营造工程	1.025	0.997	1.020	1.005	1.021
隆大营造	1	1.026	1	1	1.026
中福营造	1	1.435	1	1	1.435
中宇环保工程	1.005	0.995	1.037	0.969	1
助群营造	0.941	0.919#	0.989	0.951	0.865▽
同开科技工程	0.956	0.865#	1	0.956	0.827▽
几何平均数	0.970	1.011	1.005	0.965	0.980

注：▽为总要素生产力衰退的厂商，* 为真正技术效率衰退的厂商，# 为真正技术衰退的厂商。

表12-7　效率变动的跨期比较

跨期效率变动	2001~2002年	2002~2003年	2003~2004年	2004~2005年	2001~2005年
技术效率变动	1.028	0.990	1.074	0.809	0.970
技术变动	1.009	0.942	1.040	1.057	1.011
纯技术效率变动	0.938	1.045	1.001	1.040	1.005
规模效率变动	1.096	0.948	1.073	0.777	0.965
总要素生产力变动	1.037	0.932	1.116	0.855	0.980

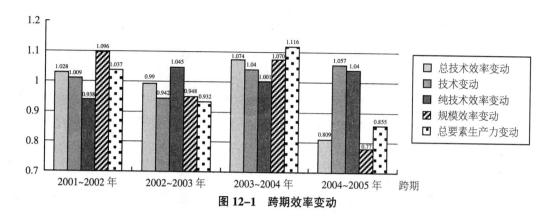

图 12-1 跨期效率变动

（四）营造业厂商营运绩效管理矩阵分析

本书将总技术效率值（2005 年）以横轴表示，此值愈大表示当期经营效率愈好，较具竞争力；此值愈小表示目前经营效率较差，较不具竞争力。另以纵轴表示生产力变动值（TFPCH2001~2005），此值愈大表示近年来生产力变化愈大，可视为较具持续发展的潜力，此值愈小表示 5 年来生产力变动较小，甚至退步，可视为较无持续发展的潜力。其散布图如图 12-2 所示，29 家营造厂商分为以下六类，各以 I 、 II 、 III 、 IV 、 V 、 VI 象限表示。

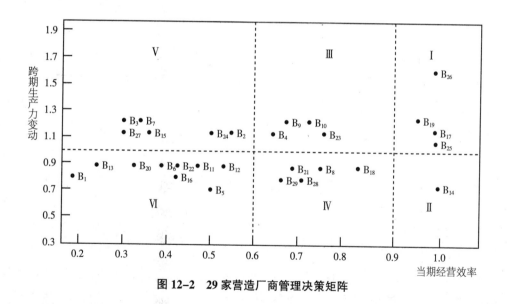

图 12-2 29 家营造厂商管理决策矩阵

（1）具竞争力与技术优势厂商（I）。此类厂商的总技术效率大于 0.9，生产力变动大于 1.0，属竞争力较高且进步快速的厂商，应为最具竞争力的业者，这些厂商包括富泰营造、利晋工程、隆大营造、中福营造 4 家营造厂商，说明这些营造厂商目前经营绩效良好，且近 5 年来技术进步快速，显示这些营造厂商经营方针正确，营运效率理想，实具竞争优势与技术优势。这些厂商欲保持领先地位，在市场定位及技术创新的不断提升显有必要。

（2）具竞争优势但技术有瓶颈厂商（Ⅱ）。此类厂商的总技术效率大于0.9，生产力变动介于0.6~1.0，属竞争力高但技术改进较缓慢的厂商仅有亚翔工程1家。这个营造厂商似乎目前经营绩效仍属良好，近5年来进步较为缓慢，有待追求突破，方能持续保持优势。其经营策略宜从加强技术引进或增加与其他厂商的交流以提升既有的技术层次才可保有竞争优势。

（3）具竞争优势厂商（Ⅲ）。这类厂商的总技术效率大于0.6而小于0.9，生产力变动大于1.0。包括互助营造、汉唐集成、德昌营造、利德工程4家营造厂商。这些营造厂商目前的经营效率仅在平均以上，属中等效率的厂商，但5年来生产力变动快速即技术进步显著，显示这些营造厂商的竞争力有逐渐增强力争上游的现象。其经营策略在短期内应从管理效率的改善着手，包括现况的技术效率及规模效率如何参酌其他厂商作为改进的参考。有效管控投入变量，扩张产出效果以改善其总体效率。

（4）不具竞争优势厂商（Ⅳ）。此类厂商的总技术效率大于0.6而小于0.9，生产力变动介于0.6~1.0。包括泛亚工程建设、春原营造、联钢营造工程、助群营造、同开科技工程5家营造厂商。这些营造厂商目前经营绩效平平，5年来效率变动呈现轻微衰退现象。属于不具竞争优势与技术优势的厂商，其经营策略宜着重现有管理能力的增强，同时技术引进与提升不可偏废。

（5）具技术优势但管理不佳厂商（Ⅴ）。这类厂商的总技术效率小于0.6，生产力变动大于1.0。包括中鼎工程、"大陆"工程、新亚建设开发、皇昌营造、远扬营造工程、中宇环保工程6家营造厂商。这些营造厂商虽然目前经营绩效明显落后于其他厂商，但近5年来技术进步快速，应该设法积极改进管理效率迎头赶上，摆脱经营绩效偏低的窘境。这些厂商其实都是国内知名大厂，但是否因业务扩张迅速，致使营运规模不易掌控以致造成管理的无效率，其应从投入面控制或产出面扩张以提升其效率外，信息管理及管理人才的培训应为重要课题。

（6）绩效与技术亟待改善厂商（Ⅵ）。这类厂商的总技术效率小于0.6，生产力变动介于0.6~1.0。包括"中华"工程、长鸿营造、工信工程、"中华"顾问工程、中兴工程顾问、开立工程、人成工程、基泰营造、建国工程9家营造厂商。这些营造厂商目前经营绩效明显落后于其他厂商，且5年来经营绩效逐渐衰退，属于竞争力低且技术进步缓慢的厂商，应设法积极提升其经营绩效，改善生产技术。前述这些厂商包括国内多家曾经是国有企业的大厂商，其何以竟致成为绩效与技术落后的厂商，实有加以检讨的必要。过去国有企业的管理效率不佳，民营化后应有所改善，是否宜放长时间再作观察，然就现况资料呈现的无效率却为不争的事实，故在经营效率的改进与竞争力的提升宜更为积极，面对民间企业的竞争不能有恃政府过去的支持而稍有松懈，值得重视。

四、研究结论与管理意涵

（一）营造业厂商效率分析

根据 2001~2005 年营造业厂商的总技术效率（平均数为 0.633），纯技术效率（平均数为 0.817），规模效率（平均数为 0.765）的效率值，进一步分析经营无效率的原因，发现真正纯技术无效率的厂商为 13 家（44.7%），真正规模非效率的厂商则为 16 家（55.3%），显示营造业厂商仍存在较严重的规模问题，而大多数营造业厂商处于规模报酬递减情形，似乎说明国内营造业厂商在过去这段时间是否由于规模扩张过速，而在近年来经济不景气，市场相对萎缩情况下，导致有规模偏大而需减缩情形。

从交叉效率分析结果显示，同侪评估效率平均数仅达 0.462，与 CCR 模式的自我评估效率平均数 0.633，两者差异达 0.171，经交叉效率修正后的效率值较为客观，而且更加凸显营造厂商的整体经营效率的低迷，似乎更说明国内营造业厂商近年来绩效普遍低迷的事实，其亟待提升管理效率以增益其竞争力显为国内营造业宜加正视的课题。

在 500 大服务业排序较前的营造业厂商，其营业额与资本额虽较大但经营效率反而较排序在后的营造厂商来得差，分析造成这些厂商效率低迷的原因，可发现规模无效率问题大于技术无效率问题，因此建议对大型厂商宜适度缩减其经营规模。而资本额较小的厂商其无效率的主要原因则明显源自纯技术的无效率，说明小规模厂商在技术引进与技术经验积累方面确实存在不利条件，建议应积极改善生产效率与提升生产技术，或积极与大厂商进行技术交流与策略联盟。

（二）营造业厂商生产力变动分析

2001~2005 年，营造业厂商的整体总要素生产力、总技术效率、规模效率均呈现衰退趋势，技术改进、纯技术效率稍有成长，若从四个跨期来看，2001~2002 年、2003~2004 年营造厂商的总要素生产力呈现成长趋势，2002~2003 年、2004~2005 年营造厂商的总要素生产力则呈现衰退趋势，尤其是 2004~2005 年衰退幅度最为严重，显示 2005 年营造业厂商的经营效率下滑，导致总要素生产力的大幅衰退。而此衰退现象是否是受国内这几年经济发展停滞的影响仍有待进一步研究。

进一步分析总要素生产力衰退的原因，发现真正技术效率降低的厂商有 9 家（60%），真正技术改进衰退的厂商有 6 家（40%），显示营造业厂商的技术效率降低问题较技术改进衰退问题更为严重，当务之急似应针对当前市场状况进行生产规模的调整与改善，以提升总要素生产力。

（三）提升营造业竞争力的策略

各家营造厂商宜根据其自身目前的经营效率与过去 5 年来的生产力变动，拟定合适的经营策略与方针外，在面临全球化的新局面下，为提升国内营造业的竞争力，以达永续经营的目标。本书另依据实证分析结果，提出下述提升国内营造业总体竞争力的经营与管理策略，并作为政府拟定产业政策的参考。

（1）宜适度调整营造业厂商的经营规模以应对市场变化。国内营造业厂商多半有经营规模过大的问题，导致规模报酬递减，无法达到最适规模效率，尤其营业收入排序较前的营造厂商，其生产技术与生产效率尚属良好，欲提升整体经营绩效，宜从适度缩减经营规模加以改善。

（2）提升营造业厂商的技术效率以应对国际厂商的竞争。从总要素生产力变动指数观察，近5年来总要素生产力衰退的营造业厂商，其衰退原因多数是技术效率衰退所致，生产技术衰退并不显著，因此在投入资源短期内不宜变动的情况下，未来应设法增加营造业厂商的产出，以提升国内营造业的整体竞争力。

（3）需为营造业全球化做出预应，加强协助国内营造业的国际化与全球竞争力。全球化已是不可阻挡的潮流，营造业厂商需有全球化的思考与布局，在营造业市场逐步开放的趋势下，未来的竞争对手将不仅只是国内厂商，如何提升本身的竞争力，将是国内营造业能否永续经营的关键。

第二节　中国台湾地区机场营运绩效评估——二阶段资料包络分析法的应用

一、研究摘要

中国台湾地区机场长期以来的整体表现不如预期，近几年的货运量、客运量与起降架次皆呈现衰退趋势，对照中国台湾每年持续进行的机场扩建工程，隐含着中国台湾地区机场存在绩效表现不佳的问题。本书以2003~2005年台湾地区的17座国内机场（桃园国际机场除外）为研究对象，采用二阶段资料包络分析法并辅以麦氏生产力指数，以及Mann-Whitney检定与Kruskal-Wallis检定，进行中国台湾地区机场绩效评估，并将机场的生产过程分解为生产面与销售面两个阶段，借以建构完整的机场营运绩效评估模式。

结果显示，中国台湾地区机场绩效表现在一阶段及二阶段都有效率的机场仅有高雄小港机场与金门机场。其中金门机场为离岛机场规模较小，可能由于运输的替代性小，加上近年岛屿观光需求的成长，以致金门机场呈现较佳的生产效率。

本书同时发现，跨期生产力变动仅有台南机场、马公机场、南竿机场、兰屿机场呈现进步趋势外，其余机场均呈现衰退趋势，此是否意味机场已投入过多，密度过高的结果。如今面临高铁通车后的冲击，其未来效率的提升更令人担心，值得中国台湾航政主管部门省思。本书发现，国内机场的销售效率明显不如生产面效率，似乎隐含机场较不重视行销及服务面的效率改善，很有必要正视服务面效率的改善。

二、研究设计与投入产出项选取

（一）研究架构

DEA 认为投入与产出的效率关系可以充分地解释 DMU 的绩效表现，而 Two-Stage DEA 却认为 DEA 忽略了从投入至产出之间的各个阶段对于绩效表现的影响。Two-Stage DEA 强调 DMU 的绩效表现除了受到投入与产出的效率关系的影响之外，亦受到投入与中间财的效率关系，以及中间财与产出的效率关系的影响。因此，唯有整合 DEA 的一阶段（投入与产出的效率关系）与 Two-Stage DEA 的二阶段（投入与中间财的效率关系、中间财与产出的效率关系）的绩效评估，才能完整地解释 DMU 的绩效表现，提供管理者对于维持或改善 DMU 绩效表现的建议。

Fielding、Babitsky 与 Brenner（1985）认为运输产业绩效评估必须同时考虑投入、产出以及消费三个构面，由于运输产业的产出为服务，因此，这里的投入代表的是为了生产服务而投入的生产要素，而消费代表的是生产出来的服务被使用的程度。Fielding et al.（1985）认为运输产业绩效评估除了衡量投入与消费之间的效率关系之外，也应该同时考虑到投入与产出之间，以及产出至消费之间的效率关系。若将 Fielding et al.（1985）对于运输产业绩效评估的概念纳入 Two-Stage DEA 当中，则投入与消费的效率关系可视为 DEA 的一阶段绩效评估，而投入至产出与产出至消费的效率关系可视为 Two-Stage DEA 的二阶段绩效评估，并可以将投入至产出的效率关系视为生产面的效率关系，将产出至消费的效率关系视为销售面的效率关系。

本书参考以上架构将机场绩效评估的过程区分为生产面与销售面两个阶段。如图 12-3 所示，机场绩效评估除了采用 DEA 评估一阶段的投入与产出的效率关系之外，也包括了采用 Two-Stage DEA 评估二阶段的生产面与销售面，阶段一的生产面代表投入与中间财之间的效率关系，阶段二的销售面代表中间财与产出之间的效率关系。其中，投入为机场设施（如跑道、停机坪、客货运站等），中间财为从机场设施所产生出来，能够提供给机场使用者的服务（如起降容量、停机坪机位、客货运站容量等），产出为使用这些服务所产生出来的消费（如起降架次、客货运量等）。此外，为探讨跨期的生产力变动情形，本书亦采用 Malmquist DEA 与 Two-Stage Malmquist DEA，以分析机场在 2003~2005 年的生产力变动情形。由于场址特性属于外部因素，在机场绩效评估的过程当中可能会对生产面与销售面造成影响，本书以 Mann-Whitney 检定与 Kruskal-Wallis 检定分析场址特性对于机场绩效的影响。

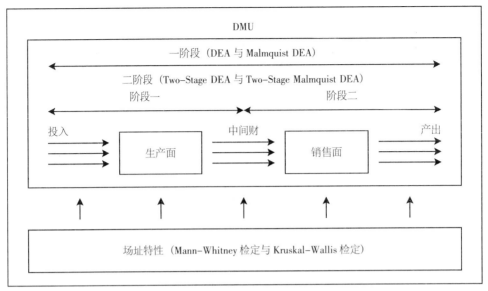

图 12-3　机场绩效评估的过程

本书通过民用航空局《民航统计年报》(中国台湾地区民用航空局，2006) 搜集 2003~2004 年民用航空局管辖的 17 座中国台湾地区国内机场 (桃园国际机场除外) 的数据资料进行本书分析，该资料来源显然具备一致性与客观性，有助于本书的信效度提升。

（二）投入产出项的选取

根据研究架构的设定，本书除了考虑一阶段的投入与产出的效率关系之外，也将机场绩效评估区分为二阶段的生产面与销售面，而其必须考虑的内部因素除了投入与产出之外，也包括了中间财；中间财代表的是机场所提供的服务，投入代表的是生产服务所必须投入的生产要素，产出代表的是服务被使用的程度。如图 12-3 所示，一阶段机场绩效评估仅将生产面与销售面视为一个整体，而只考虑投入与产出的效率关系，因此，一阶段投入产出项的选取不包括中间财的评估项目，而只有投入与产出的评估项目。

采用 Two-Stage DEA 的二阶段机场绩效评估在考虑投入产出项时，扩大了采用 DEA 的一阶段机场绩效评估的内容，除了必须选取投入与产出的评估项目之外，同时也必须增加选取中间财的评估项目。若分别就生产面与投入面来看，投入在进入生产面之后产生了中间财，而中间财在进入销售面之后产生了产出，因此，中间财除了是生产面的产出之外，同时也是销售面的投入。在进行二阶段投入产出项的选取时，必须注意生产面的产出项与销售面的投入项均同为中间财。

根据机场绩效评估相关文献的回顾，并配合本书的研究架构设定，本书初步选取一阶段投入产出项的评估项目包括投入项四项、产出项三项，二阶段投入产出项的评估项目分别为生产面投入项四项、产出项四项，以及销售面投入项四项、产出项三项。在这些投入产出项当中，生产面的产出项与销售面的投入项由于同为中间财，即机场所提供的服务，因此项目种类相同，其说明如表 12-8 与表 12-9 所示。

表 12-8　一阶段投入产出项初步选取

项目	子项目
投入项	跑道数（条）
	停机坪面积（平方米）
	航厦面积（平方米）
	货运站面积（平方米）
产出项	旅客人数（人次）
	货运吨数（吨）
	起降架次（架次）

表 12-9　二阶段投入产出项初步选取

阶段	项目	子项目
生产面	投入项	跑道数（条）
		停机坪面积（平方米）
		航厦面积（平方米）
		货运站面积（平方米）
	产出项	起降容量（架次/小时）
		停机坪位数（个）
		航厦客运年容量（人次/年）
		货运站货运年容量（吨/年）
销售面	投入项	起降容量（架次/小时）
		停机坪位数（个）
		航厦客运年容量（人次/年）
		货运站货运年容量（吨/年）
	产出项	旅客人数（人次）
		货运吨数（吨）
		起降架次（架次）

注：停机坪位数包括客机、货机，以及接驳三个种类。

根据 DEA 与 Two-Stage DEA 对于投入产出项必须符合同向性（Isotonicity）的规定，本书在初步选取了一阶段与二阶段的投入产出项之后，再以统计的 Pearson 积差相关分析确认其是否皆符合同向性。一阶段与二阶段的 Pearson 积差相关分析皆显示投入项与产出项之间具有高度正相关，具备 DEA 与 Two-Stage DEA 对于投入产出项必须符合同向性的规定。

然而，为了确立评估模式具备高度辨识度，本研究选取不同的投入产出项组合，并以假设 DMU 生产过程为固定规模报酬的 CCR 模式进行评估模式的试算，借以选出最具备高度辨识度的评估模式。经过不同的投入产出项组合效率评估后，发现一阶段在删除货运站面积此投入项，二阶段在删除起降容量（同时为生产面的产出项与销售面的投入项）之后，辨识度最佳。因此，本书以此组投入产出项组合作为后续实证分析的依据，将此最终确立的投入产出项组合如图12-1所示。在此需加以说明的是，以上变项的删减并不代表该项生产投入要素不重要，而应解释为该变项对不同DMU的作用（影响）较为一致（平均），致作为效率衡量的辨识度较为不足，故予合理的删减。另值得一提的是，因本书的DMU较少，在投入、产出项受限情况下，变量做一些删减确是不得不的做法，但绝不宜解读为影响生产效率的变量，仅有本书选取的这几个变项而已。

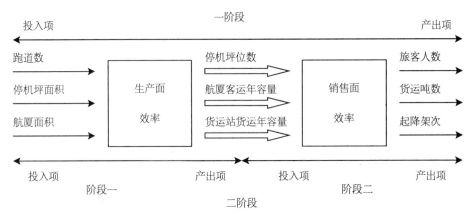

图12-4　最终确立的投入产出项评估模式

（三）最终确立的投入产出项基本资料分析

在确立最终的一阶段及二阶段的投入产出项之后，本书进一步汇整一阶段的投入及产出项，以及二阶段中使用来联结生产面及销售面的中间财，针对这些基本资料进行叙述性统计分析，以作为实证分析的基础与依据。表12-10为最终确立的投入产出项叙述性统计结果，以下分别说明机场的投入项、中间财、产出项的叙述性统计分析结果。

（1）投入项叙述性统计分析。中国台湾17座机场的跑道数均为1条；停机坪面积以高雄小港机场的316.227千平方米最大，其次为台北松山机场的288千平方米，其他15座机场的停机坪面积均在50千平方米以下，差距极为悬殊；航厦面积亦以高雄小港机场的88.485千平方米最大，其次为台北松山机场的46千平方米，马公机场为37.906平方米，台南机场为14.035千平方米，其他13座机场的航厦面积均在10千平方米以下。跑道数、停机坪面积、航厦面积均属机场的沉入成本，2003~2005年几乎没有变动。

（2）中间财叙述性统计分析。停机坪位数以台北松山机场的52个居冠，其次为高雄小港机场的32个，其他15座机场在2004年以后均缩减至10个以内；各机场的航厦客运年容量在2003~2005年亦呈现微幅衰退趋势，台北松山机场的航厦客运年容量最多，可达11000千人次/年，其次为高雄小港机场的10290千人次/年，马公机场为4400千人次/年，花莲机场为3640千人次/年，台南机场为2700千人次/年，台中清泉岗机场为1700千人次/年，金门尚义机场为1000千人次/年，其他10座机场的航厦客运年容量均在1000千人次/年以下；货运站货运年容量以高雄小港机场的 100 千吨最多，其次为金门尚义机场的 31.75 千吨，马公机场为 23.57 千吨，台北松山机场 16.75 千吨，花莲机场为 0.2 千吨，其他 12 座机场的货运站货运年容量均为 100 千吨以下，货运站货运年容量在 2003~2005 年几乎没有变动。

（3）产出项叙述性统计分析。国内机场的旅客人次在 2003~2005 年呈现先增后减的趋势，其中以台北松山机场的衰退幅度最大，从 2004 年的 8108.710 千人次遽降为 2005 年的 7596.578 千人次，约衰退 6%，旅客人次超过百万人次的机场依序为台北松山机场、高雄小港机场（约 4110 千人次）、马公机场（约 1800 千人次）、金门尚义机场（约 1440 千人次）、台南机场（约 1330 千人次）；国内机场的货运吨数在 2003~2005 年呈现明显衰退趋势，约衰退 13%，其中以高雄小港机场的衰退幅度最大，从 2003 年的 610 千吨，遽降为 2005 年的 520 千吨，约衰退 15%；起降架次在 2005~2005 年亦呈现先增后减的趋势，起降架次与旅客人次有高度相关性，同样以台北松山机场的衰退幅度最大，从 2003 年的 118.886 千架次，遽降为 2005 年的 98.479 千架次，约衰退 17%。

表 12-10 最终确立的投入产出项叙述性统计

年份	统计项目	投入项			中间财			产出项		
		跑道数（条）	停机坪面积（千平方米）	航厦面积（千平方米）	停机坪位数（个）	航厦客运年容量（千人次/年）	货运站货运年容量（千吨/年）	旅客人数（千人次）	货运吨数（千吨）	起降架次（千架次）
2003	平均数	1	54.219	13.015	9.117	3240.245	10.312	1181.486	5.828	24.872
	标准差	0	94.786	23.535	11.612	4852.102	25.268	2080.177	14.921	41.007
	最小值	1	3.070	0.432	2	141	0.01	2.469	0	0.210
	最大值	1	316.227	88.485	42	15000	100.88	8108.71	61	140.199
2004	平均数	1	55.079	13.237	8.529	2168.117	10.27	1235.428	5.546	25.771
	标准差	0	94.623	22.883	11.141	3457.222	25.071	2155.468	14.573	45.19
	最小值	1	3.070	0.432	2	50	0.01	2.04	0.005	0.186
	最大值	1	316.277	88.485	42	11000	100	8349.732	59.93	168.354
2005	平均数	1	56.545	13.693	9.117	2223.529	10.27	1135.756	4.984	23.308
	标准差	0	94.058	22.675	13.109	3427.207	25.071	1963.417	12.834	40.456
	最小值	1	3.07	0.432	2	50	0.01	1.622	0.001	0.156
	最大值	1	316.277	88.485	52	11000	100	7596.578	52.724	151.074

（四）DEA 分析与效率值检定

本书鉴于机场投入资源短期内不易改变的特性，因此采用产出导向（Output Oriented）模式，通过产出的调整来改善机场效率，一阶段或二阶段生产面、二阶段销售面的分析模式设定均一致。至于效率分析模式，在静态部分，以 CCR 模式来衡量机场的总技术效率，以 BCC 模式来衡量机场的纯技术效率，通过数学的运算将总技术效率/纯技术效率算出规模效率，通过参考集合的权重加总（$\sum \lambda$）来判定机场属于规模报酬固定（CRS）、规模报酬递增（IRS）、规模报酬递减（DRS），并提出对机场营运规模应该扩增、缩减或维持的具体建议。在比较静态部分，则以麦氏生产力指数（Malmquist Productivity Indexes, MPI）来探讨机场的总要素生产力变动、技术效率变动、技术变革变动、纯技术效率变动、规模效率变动，分析机场的效率与生产力变动情形。此外，本书以 2005 年总技术效率为横轴，以总要素生产力变动（2003~2005 年）为纵轴，绘制出国内机场管理决策矩阵图，并提出改善国内机场经营绩效的管理策略。

外部因素是绩效评估的另一个重点，因为它并不被 DMU 所控制，却又会影响 DMU 的绩效表现。Two-Stage DEA 虽然能够对于生产过程的绩效表现提出完整的解释，但由于能够解释的主要还是 DMU 所能控制的内部因素，因此必须辅以其他研究方法检定外部因素所造成的影响。通常使用于检定外部因素的研究方法有 Tobit 回归、Mann-Whitney 检定以及 Kruskal-Wallis 检定等。

Tobit 回归为 Tobin（1958）所提出，其特性在于可以处理因变量不超过 1 的检定，符合 DEA 与 Two-Stage DEA 的效率值不超过 1 的限制，因此可适用于检定外部因素对 DMU 的效率值是否造成影响。不过，Tobit 回归所能检定的主要是外部因素是否影响效率值以及其影响的程度，却无法根据外部因素的属性分组进行检定。

Mann-Whitney 检定的特性在于可以将 DMU 根据外部因素的属性分为两个群体，并检定其效率值是否有差异，以及哪个群体的效率值较高；Kruskal-Wallis 检定为 Mann-Whitney 检定的扩充，Kruskal-Wallis 检定的特性在于可以将 DMU 根据外部因素的属性分为多个群体，并检定其效率值是否有差异。Mann-Whitney 检定与 Kruskal-Wallis 检定通常会被合并使用，尤其是在必须将 DMU 根据外部因素属性分为多个群体进行检定时，可先通过 Kruskal-Wallis 检定其效率值是否有差异，若检定为有差异，则可再通过 Mann-Whitney 检定针对多个群体进行两两检定，分析其差异的状况。例如，Bazargan 与 Vasigh（2003）曾经评估 1996~2000 年美国 45 座中心机场的效率，并将这些机场根据规模大小分为大、中、小三个群体，先通过 Kruskal-Wallis 检定分析机场规模大小不同的机场，其效率值是否为有差异，在检定显示有差异的状况下，另通过 Mann-Whitney 检定得知小规模的机场，其效率值反较大规模的机场高，这是有趣的现象发现。

根据 Tobit 回归、Mann-Whitney 检定，以及这 Kruskal-Wallis 检定等的特性可以得知，如欲检定外部因素是否对效率值造成影响以及其影响的程度，则可采用 Tobit 回归，如欲检定外部因素的属性是否造成效率值有差异以及其差异的情况，则可采用 Mann-Whitney 检定与 Kruskal-Wallis 检定。本书欲检定的是机场的四个场址特性（机场等级、机场性质、机场坐落位置、机场区位）是否造成效率值有差异以及差异情况为何，因此本书的效率值检定采用 Mann-Whitney 检定以及 Kruskal-Wallis 检定方法。

三、实证分析与研究发现

（一）国内机场营运效率分析

1. 技术效率分析

若以三个年度技术效率的平均值来加以比较，从表 12-11 的技术效率平均值显示，台湾地区机场一阶段、二阶段生产面、二阶段销售面的总技术效率与纯技术效率平均数分别为（0.683，0.738）、（0.935，0.940）、（0.726，0.844），三个阶段总技术相对有效率的机场数分别有 5 座（29.4%）、6 座（35.3%）、6 座（35.43%），而三个阶段纯技术相对有效率的机场数分别有 7 座（41.2%）、7 座（41.2%）、10 座（58.8%）。整体而论，台湾地区机场在生产面的总技术效率、纯技术效率的表现优于销售面的效率，说明台湾地区机场似乎普遍较重视生产面效率而忽视销售面效率，显然在市场行销与服务面的改善是台湾地区机场亟应努力的共同课题。

总技术效率为 1 的机场，其纯技术效率也必定为 1，有 2 座机场（高雄小港机场、金门尚义机场）在一阶段、二阶段生产面、二阶段销售面三个阶段的总技术效率与纯技术效率均为 1，显示这 2 座机场具备良好及稳定的技术效率，亦即在现有可得的投入资源下，均能获致最大的产出水准。有趣的是，台湾地区的机场除高雄小港机场外均显示无效率现象，此是否隐示地区内机场已呈现投资过多，密度过高的不当现象。目前仍有多个地方政府积极争取机场的设置，对照高铁通车岛内运输条件改善后，如此高密度的机场兴建投资是否适当，确是值得台湾地区航政当局深深省思的问题。

另一有趣的发现是离岛的机场如马公机场与金门机场的效率表现反而优于台湾地区其他机场，此与台湾地区外研究指出小型机场效率不见得较差的结论相一致。若进一步观察，马公机场与金门机场因均为离岛机场，运输替代性小，且近年来台湾当局积极鼓励离岛开发与民众旅游，是否因此扩增其旅游市场，提高该两机场的使用率，以致提升其营运效率，确不无关系。绿岛机场、望安机场、恒春机场是一阶段总技术效率最低的 3 座机场，其总技术效率分别为 0.330、0.067、0.067，同样的在二阶段销售面，此 3 座机场依旧是总技术效率最低的机场，其总技术效率分别为 0.284、0.116、0.075，明显的无效率，且严重的低于平均值以下。说明这些机场不但闲置情形严重，显现其无能力改善现况营运效率的窘况，似也说明政府当时设置机场决策的错误。于今之计，似应从根本的市场面与经营面效率的改善着手，提出有效的营运改善策略，如何避开陆空的红海策略，创造新的蓝海确有必要。

表 12-11　中国台湾机场 2003~2005 年技术效率平均值比较分析

机场名称	一阶段		二阶段			
			生产面		销售面	
	总技术效率	纯技术效率	总技术效率	纯技术效率	总技术效率	纯技术效率
A1. 高雄小港机场	1.000	1.000	1.000	1.000	1.000	1.000
A2. 台北松山机场	1.000	1.000	1.000	1.000	0.969	1.000
A3. 台南机场	0.860	0.860	0.952	0.959	1.000	1.000
A4. 花莲机场	0.731	0.731	0.993	0.995	0.805	0.849
A5. 马公机场	1.000	1.000	1.000	1.000	0.993	0.993
A6. 台东丰年机场	0.580	0.580	0.955	0.955	1.000	1.000
A7. 台中清泉岗机场	0.954	0.954	0.983	0.983	1.000	1.000
A8. 嘉义水上机场	1.000	1.000	0.826	0.826	1.000	1.000
A9. 金门尚义机场	1.000	1.000	1.000	1.000	1.000	1.000
A10. 屏东机场	0.545	0.701	0.839	0.846	0.659	0.746
A11. 北竿机场	0.943	1.000	0.992	1.000	0.817	1.000
A12. 南竿机场	0.491	0.492	0.831	0.837	0.575	0.619
A13. 七美机场	0.500	0.767	1.000	1.000	0.535	0.752
A14. 望安机场	0.067	1.000	1.000	1.000	0.116	1.000
A15. 兰屿机场	0.537	0.558	0.844	0.887	0.510	1.000
A16. 绿岛机场	0.330	0.340	0.888	0.888	0.284	0.311
A17. 恒春机场	0.067	0.067	0.800	0.800	0.075	0.083
平均数	0.683	0.738	0.935	0.940	0.726	0.844

2. 规模效率与规模报酬分析

规模效率是由总技术效率/纯技术效率而得，若总技术效率/纯技术效率 = 1，则该决策单位具有规模效率，而依 Seiford 与 Zhu（1999）的定义，若一决策单位不具备规模效率时，则 $\sum \lambda < 1$ 表示规模报酬递增（Increasing Returns to Scale，IRS），$\sum \lambda > 1$ 表示规模报酬递减（Decreasing Returns to Scale，DRS）。相对地，具有规模效率的决策单位，$\sum \lambda = 1$ 表示规模报酬固定（Constant Returns to Scale，CRS）。

本书分析结果显示，一阶段、二阶段生产面、二阶段销售面的规模效率平均数分别为 0.910、0.994、0.870（见表 12-12），在一阶段分析中有 9 座机场（52.9%）三个年度均为固定规模报酬；在二阶段生产面中，有 11 座机场（64.7%）三个年度均为规模报酬固定。在二阶段销售面中，7 座机场（41.2%）三个年度均为规模报酬固定，6 座机场（35.3%）三个年度均为规模报酬递增，2 座机场（11.9%）在 2005 年时为规模报酬递减。这 2 座机场分别是台北松山机场及花莲机场，在此所谓规模偏大应解读为该 2 座机场在营运销售与服务面已存在拥挤效率现象。

表 12-12　中国台湾机场 2003~2005 年规模效率平均值比较分析

机场名称	一阶段	二阶段	
		生产面	销售面
	规模效率	规模效率	规模效率
A1. 高雄小港机场	1.000	1.000	1.000
A2. 台北松山机场	1.000	1.000	0.969
A3. 台南机场	1.000	0.992	1.000
A4. 花莲机场	1.000	0.998	0.942
A5. 马公机场	1.000	1.000	1.000
A6. 台东丰年机场	1.000	1.000	1.000
A7. 台中清泉岗机场	1.000	1.000	1.000
A8. 嘉义水上机场	1.000	1.000	1.000
A9. 金门尚义机场	1.000	1.000	1.000
A10. 屏东机场	0.843	0.987	0.903
A11. 北竿机场	0.943	0.992	0.817
A12. 南竿机场	0.999	0.992	0.931
A13. 七美机场	0.678	1.000	0.735
A14. 望安机场	0.067	1.000	0.116
A15. 兰屿机场	0.966	0.949	0.510
A16. 绿岛机场	0.969	1.000	0.928
A17. 恒春机场	0.998	1.000	0.941
几何平均数	0.910	0.994	0.870

离岛的望安机场在一阶段与二阶段销售面的规模效率明显偏低，分别为 0.067、0.116，属极度规模无效率的机场，而在二阶段生产面的规模效率却为 1，显示望安机场的规模效率的极度低迷主要归因于销售面的规模效率低落，意味市场有限，服务面均亟待市场拓展服务改善。

（二）国内机场生产力变动分析

麦氏生产力指数亦称为总要素生产力变动指数，包括技术效率变动指数（EFFCH）、技术变动指数（TECH）、纯技术效率变动指数（PTECH）、规模效率变动指数（SECH），以及总要素生产力变动指数（TFPCH）。为了解中国台湾地区机场绩效表现的跨期变动状况，本书选取 2003~2005 年，中国台湾地区 17 座国内机场的数据资料进行生产力变动分析。

分析结果显示，中国台湾地区机场在 2003~2005 年的总要素生产力变动，在一阶段、二阶段生产面呈现严重衰退的情形，几何平均数别为 0.869、0.806。在一阶段中，有 13 座机场（76.5%）总要素生产力呈现衰退趋势，4 座机场（23.5%）总要素生产力呈现成长趋势；在二阶段生产面中，中国台湾地区 17 座机场（100%）的总要素生产力均呈现衰退趋势，显示中国台湾地区机场的总要素生产力普遍存在衰退情形，此衰退现象显然与近来年中国台湾地区经济环境不佳、经济活力暨民众消费能力下降以及能源价格上涨有明显关系。未来面对后高铁时代及能源价格的持续上涨压力下，其要素生产力的衰退情形恐将更形严重，亟宜及早应对。

表 12-13　中国台湾地区机场总要素生产力变动分析

机场名称	一阶段	二阶段	
		生产面	销售面
A1. 高雄小港机场	0.983	0.967	1.017
A2. 台北松山机场	0.938	0.976	0.965
A3. 台南机场	1.006	0.744	1.117
A4. 花莲机场	0.712	0.818	0.827
A5. 马公机场	1.021	0.769	1.023
A6. 台东丰年机场	0.856	0.749	1.035
A7. 台中清泉岗机场	0.846	0.835	0.967
A8. 嘉义水上机场	0.968	0.750	1.270
A9. 金门尚义机场	0.851	0.906	1.085
A10. 屏东机场	0.357	0.645	0.792
A11. 北竿机场	0.979	0.915	0.939
A12. 南竿机场	1.151	0.743	1.108
A13. 七美机场	0.986	0.872	1.638
A14. 望安机场	0.929	0.861	2.114
A15. 兰屿机场	1.071	0.732	1.156
A16. 绿岛机场	0.870	0.814	1.096
A17. 恒春机场	0.667	0.692	0.792
平均数	0.869	0.806	1.079
成长（变动值 1）	4 座	0 座	11 座
不变（变动值 = 1）	0 座	0 座	0 座
衰退（变动值 1）	13 座	17 座	6 座

值得一提的是，恒春机场与屏东机场是一阶段总要素生产力衰退最为严重的 2 座国内机场，总要素生产力变动指数分别为 0.667、0.357，进一步探讨其衰退原因，可发现这 2 座机场这几年来因受国内航线班次减少、运量明显下降的影响有关，显示这 2 座机场未来为努力提升生产面的生产力，仍宜从航线增辟与运量的扩张来努力，两岸通航的规划尤应积极进行，城市国际化与产业的全球化均待同步改进。

中国台湾地区机场整体绩效评估生产力变动情形如表 12-14 所示，在一阶段与二阶段生产面中，五个效率变动指数均呈现衰退趋势，在二阶段销售面中，技术变革变动指数、规模效率变动指数、总要素生产力变动指数呈现成长趋势。表 12-13 结果显示，一阶段五个效率变动均呈现衰退现象其主要原因从数据上解释，可以说技术变革变动、规模效率变动、总要素生产力变动呈现衰退似可归因于这三种效率变动在二阶段生产面的衰退；而技术效率变动、纯技术效率变动呈现衰退主要则是由这两种效率变动在二阶段销售面的衰退造成。生产力效率改进的基本关键在于经济环境与市场环境的改变，显然需要更多政府政策的配合；唯在销售面的效率改进，各机场的主事者可以努力从营销与服务面改进。基此，对于销售面效率衰退的机场，其管理者可努力空间仍大，其可参考其他机场的管理效率作为改善依据，实可由本研究的效率值经由差额分析来加强改善。

表 12-14　中国台湾地区机场整体机场绩效评估生产力变动分析

效率变动名称	一阶段	二阶段	
		生产面	销售面
技术效率变动指数	0.913	0.936	0.929
技术变革变动指数	0.952	0.861	1.162
纯技术效率变动指数	0.916	0.942	0.922
规模效率变动指数	0.997	0.994	1.007
总要素生产力变动指数	0.869	0.806	1.079

（三）场址特性检定

在绩效评估当中，检定外部因素对于绩效表现的影响是绩效评估的另一个重点。影响机场绩效表现的外部因素可称为场址特性，场址特性是一个不被机场所控制，但又会影响机场绩效表现的因素。本书将针对机场等级、机场性质、机场坐落位置以及机场区位四个场址特性进行统计分析，检定其对于中国台湾地区机场绩效表现的影响。

1. 机场等级分类

民用航空局将中国台湾地区 17 座机场依航线种类、飞机起降架次、客货运量等多少分为甲等、乙等、丙等以及丁等四个等级，其各个等级的机场数目为甲等 2 座、乙等 4 座、丙等 3 座以及丁等 8 座。由于机场等级分为四个等级，因此，本书采用 Kruskal-Wallis 检定以了解机场等级对于机场绩效表现是否造成影响。如表 12-15 所示，根据 Kruskal-Wallis 检定所得出的 P-Value 值可以发现，机场等级对于一阶段与二阶段销售面的总技术效率、规模效率的影响具有显著性。由于 CCR 模式假设生产过程为固定规模报酬，因此，机场等级对于一阶段与二阶段销售面的总技术效率的影响，代表机场绩效表现会受到机场等级的影响，尤其以对于销售面的影响较为明显。

表 12-15　机场等级对于机场绩效表现的 Kruskal-Wallis 检定

效率名称	一阶段	二阶段	
		生产面	销售面
总技术效率	0.008*	0.293	0.006*
纯技术效率	0.145	0.408	0.145
规模效率	0.003*	0.304	0.004*

本书进一步采用 Mann-Whitney 检定以了解机场等级的不同对于机场绩效表现所造成的影响。根据该检定所得出的 P-Value 值可以发现：

（1）在一阶段机场绩效表现方面，属于甲等的机场，其绩效表现与属于丁等的机场具有显著性的差异，且属于甲等的机场，其绩效表现较高；属于乙等的机场，其绩效表现与属于丁等的机场均具有显著性的差异，且属于乙等的机场，其绩效表现较高；属于丙等的机场，其绩效表现与属于丁等的机场具有显著性的差异，且属于丙等的机场，其绩效表现较高。

（2）在二阶段销售面机场绩效表现方面，属于甲等的机场，其绩效表现与属于丁等的机场均具有显著性的差异，且属于甲等的机场，其绩效表现较高；属于乙等的机场，其绩效表现与属于丁等的机场均具有显著性的差异，且属于乙等的机场，其绩效表现较高；属于丙等的机场，其绩效表现与属于丁等的机场均具有显著性的差异，且属于丙等的机场，其绩效表现较高。

表 12-16　机场等级的不同对于机场绩效表现的 Mann-Whitney 检定

等级组合	一阶段		二阶段	
	总技术效率	规模效率	总技术效率	规模效率
（甲等、乙等）	0.267	1.000	1.000	1.000
（甲等、丙等）	0.800	1.000	0.400	0.400
（甲等、丁等）	0.044*	0.044*	0.044*	0.044*
（乙等、丙等）	0.229	1.000	0.400	0.629
（乙等、丁等）	0.028*	0.004*	0.008*	0.004*
（丙等、丁等）	0.012*	0.012*	0.012*	0.012*

2. 民用与军民合用的性质分类

中国台湾地区 17 座机场，其机场性质属于民用机场的有 10 座，属于军民合用机场的有 7 座。因此，本书采用 Mann-Whitney 检定以了解机场性质对于机场绩效表现是否造成影响。如表 12-17 所示，根据 Mann-Whitney 检定所得出的 P-Value 值可以发现，机场性质对于一阶段、二阶段生产面与销售面的影响均不明显。有趣的是，在机场性质的分类上，军民合用的机场，其绩效表现并不差于民用的机场，此一现象与一般认知军民合用可能降低效率的印象截然不同。

表 12-17　机场性质对于机场绩效表现的 Mann-Whitney 检定

效率名称	一阶段	二阶段	
		生产面	销售面
总技术效率	0.055	0.962	0.109
纯技术效率	0.315	0.887	0.740
规模效率	0.088	0.813	0.109

3. 本岛与离岛的机场分类

台湾地区 17 座机场以坐落位置可分为本岛与外岛两种，其中包括本岛机场 9 座与外岛机场 8 座。本书采用 Mann–Whitney 检定以了解机场坐落位置于对于机场绩效表现是否造成影响。结果如表 12–18 所示，依该检定所得出的 P–Value 值可以发现，机场坐落位置对于二阶段销售面的规模效率的影响具有显著性，代表机场绩效表现受到机场坐落位置的影响。在机场坐落位置的分布上，坐落于本岛的机场，其绩效表现优于坐落于外岛的机场。

表 12–18　机场坐落位置对于机场绩效表现的 Mann–Whitney 检定

效率名称	一阶段	二阶段	
		生产面	销售面
总技术效率	0.277	0.370	0.093
纯技术效率	0.969	0.277	0.673
规模效率	0.059	0.815	0.046*

4. 都会区与非都会区的机场分类

中国台湾地区 17 座机场，其机场区位为位于都会区的机场有 5 座，位于非都会区的机场有 12 座。本书采用 Mann–Whitney 检定以了解机场区位对于机场绩效表现是否造成影响。结果如表 12–19 所示。根据该检定所得出的 P–Value 值可以发现，机场区位对于一阶段与二阶段销售面的总技术效率、规模效率的影响具有显著性，代表机场绩效表现受到机场区位的影响，尤其以对于销售面的影响较为明显。在机场区位的分类上，位于都会区的机场，其绩效表现优于位于非都会区的机场。

表 12–19　机场区位对于机场绩效表现的 Mann–Whitney 检定

效率名称	一阶段	二阶段	
		生产面	销售面
总技术效率	0.019*	0.879	0.014*
纯技术效率	0.104	0.879	0.064
规模效率	0.037*	0.506	0.027*

四、研究结论与管理意涵

机场绩效评估的价值在于促使机场的利害关系人（Stakeholders），包括机场管理单位、航商及其使用者，对于机场绩效能够有更深入的了解，并根据评估的结果对他们所关心的层面做出适当的决策。因此，综合本实证分析与研究结果，整理出其重要的管理意涵如下：

（一）中国台湾地区机场整体生产力呈现衰退的趋势

中国台湾地区机场整体的总要素生产力变动指数为 0.869，显示中国台湾地区机场整体生产力呈现严重衰退的趋势。配合民用航空局《民航统计年报》（中国台湾地区民用航空局，2006）的资料，1995~2005 年，中国台湾地区机场在客运量、货运量，以及起降架次等营运量表现上，整体表现除了货运量呈现成长趋势以外，客运量与起降架次皆呈现衰退。本书认为中国台湾地区机场整体呈现衰退的原因在于近年来经济活力的衰退与能源价格的影响，因此，在机场扩建工程每年仍持续进行的状况下，机场管理者应致力于提升营运量表现，以改变中国台湾地区机场整体呈现衰退的趋势。

（二）中国台湾地区机场普遍存在改善缓慢的问题

根据中国台湾地区机场绩效表现散布图显示，中国台湾地区机场绩效表现明显散布于竞争力高、改善缓慢，以及竞争力低、改善缓慢两种类型。显示近年来中国台湾地区机场普遍存在改善缓慢的问题，因此，本书认为机场管理者必须努力追求突破，加快改善中国台湾地区机场绩效表现的脚步，借以提升中国台湾地区机场绩效表现。

（三）中国台湾地区机场普遍存在绩效表现不佳的状况

绩效表现不佳的中国台湾地区机场包括花莲机场等 15 座机场。显示中国台湾地区机场普遍存在绩效表现不佳的状况，而其机场提升绩效的改进方向建议，台东丰年机场、台中清泉岗机场、北竿机场、七美机场以及望安机场应着重于销售面绩效表现的提升；花莲机场、屏东机场、南竿机场、兰屿机场、绿岛机场，以及恒春机场应着重于兼顾生产面与销售面绩效表现的提升。

（四）机场管理者应特别重视销售面绩效表现

中国台湾地区机场整体绩效表现与销售面绩效表现具有高度正相关，这个结果显示中国台湾地区机场绩效表现主要是受到销售面的影响，亦即机场销售面绩效表现的优劣相当程度影响了台湾地区机场绩效表现。因此，本书认为机场管理者在制定中国台湾地区机场整体发展策略时必须了解，中国台湾地区机场每年持续进行的机场扩建工程虽然能够提升机场在生产面绩效表现，但是，若无法同时配合机场在销售面绩效表现的提升，则过多的机场设施反而会造成机场在销售面绩效表现不佳的状况，使得机场整体绩效表现衰退。

（五）机场管理者应特别重视场址特性的影响

机场等级、机场性质、机场坐落位置以及机场区位四个场址特性对于机场绩效表现均造成显著的影响。其中，机场等级、机场坐落位置，以及机场区位三个场址特性对于机场在销售面的影响尤其明显。

在机场等级的部分，丁等机场其绩效表现明显劣于其他等级机场。根据中国台湾地区《交通年鉴》（2006）的资料，在 8 座丁等机场当中，七美机场与望安机场由马公机场代管，兰屿机场与绿岛机场由台东丰年机场代管，这个现象显示丁等机场营运管理的独立程度较低，对于资源的掌握与配置亦较无自主性。因此，本书建议机场管理者似可考虑将七美机场、望安机场、兰屿机场，以及绿岛机场的管理权予以独立，借以改善机场等级对于丁等机场的影响。

在机场性质的部分，军民合用机场的绩效并不差于民用机场，对照《中国台湾地区民航发展的研究（总报告）》（1997）认为军事管制空域对于民航管制空域的压迫使得中国台湾地区机场在民用航空业务的营运容量受到限制的观点，似乎隐示在目前中国台湾地区机场整体营运量衰退，其营运容量仍未达到饱和的情况下，前述军事管制的影响其实相当有限。

在机场区位的部分，位于都会区的机场，其绩效表现明显优于位于非都会区的机场，这个现象显示大都市的机场，其绩效表现较小都市的机场为佳，因此，机场管理者将来若提出兴建或迁移机场的政策时，实应将机场区位纳入规划考量，可提升机场的绩效表现。

第三节　中国台湾地区国道客运业的绩效评估——三阶段资料包络分析法的应用

一、研究摘要

自国道客运开放路权后，经营国道客运业者每年一直持续增加，为了吸引大众搭乘，业者纷纷改善车辆设备，并引进车内视听设备，提高乘客意外险保额，进而掀起了国道客运在营运上竞争的局势。目前城际客运大众运输系统包括公路客运、铁路客运、航空客运，而高铁也于 2007 年加入战局，是否会直接影响到国道客运的营运仍有待观察。

为了了解外在环境对台湾国道客运业者营运绩效的影响，本书利用 Fried、Lovell、Schmidt and Yaisawarng（2002）所提出的三阶段分析法进行 2001~2005 年的 38 家国道客运业者的绩效评估。第一阶段，以资料包络分析法（DEA）衡量各家业者的经营效率，并计算出各投入项的总差额（射线差额、非射线差额）；第二阶段，以各投入项的总差额为依变量，环境变量为解释变量，进行随机边界法（SFA）回归分析，并依据 SFA 所得出环境变量的回归参数，以及随机干扰值，调整投入项数值，调整后各家客运业者便处于公平的竞争环境；第三阶段，以调整后的投入资料，以及原产出资料，再次执行 DEA 分析，借以了解环境变量及随机干扰是否会影响国道客运业者的营运绩效。

二、研究设计与变量选取

（一）研究对象

本书选取 38 家客运公司，样本厂商为基隆客运公司、国光客运公司、大有巴士公司、福和客运公司、中兴巴士公司、指南客运公司、光华巴士公司、建明客运公司、东南客运公司、亚通客运公司、台联客运公司、豪泰客运公司、阿罗哈客运公司、统联客运公司、台北客运公司、三重客运公司、亚联客运公司、尊龙客运公司、桃园客运公司、中坜客运公司、长荣储运公司、泛航通运公司、新竹客运公司、丰原客运公司、巨业交通公司、台中客运公司、仁友客运公司、全航客运公司、总达客运公司、丰荣客运公司、台西客运公司、嘉义客运公司、和欣客运公司、兴南客运公司、高雄客运公司、中南客运公司、屏东客运公司、日统客运公司。由于各客运公司营运资料不能公布其名单，故本书在各家客运公司的名称上以代号来表示。

（二）研究范围与期间

根据台湾地区公共汽车客运商业同业公会联合会与台湾地区公共汽车客运商业同业公会联合会所提供的运输资料分析台湾地区各民营汽车客运公司营运量统计显示，目前资料更新至 2005 年营运统计量，本书跨期长度选取 2001~2005 年的资料，总计 5 个年度，但并非每家客运业每年都会提供资料给客运公会，所以无法涵盖所有客运业者，故总决策单位（Decision Making Unit，DMU）为 153 个单位。

（三）投入与产出项选择

本书选取五个投入项：营业车数（X_1）、营业路线许可里程（X_2）、行车次数（X_3）、耗油量（X_4）、驾驶员（X_5）；与四个产出项：营运收入（Y_1）、行车公里（Y_2）、载客人数（Y_3）、延人公里（Y_4）。投入与产出变量界定如表 12-20 及表 12-21 为叙述统计资料表；表 12-22 为相关系数表。

表 12-20 变量定义

变数	定义
投入项：	
营业车数（X_1）	在特定期间内，经登记核准营业的客货车车辆数日，包括实际在行驶的车辆与因故停驶的车辆数
营业路线许可里程（X_2）	是指营业路线起讫站间的公里数
行车次数（X_3）	在特定期间内，从出发站至终点站的行驶次数（班次，去程与回程各算一班次）
耗油量（X_4）	所有车辆在特定行驶时间，所消耗的油量
驾驶员（X_5）	是指在特定时间内，所有聘请的司机数
产出项：	
营运收入（Y_1）	是指总营业收入
行车公里（Y_2）	是指在特定期间内，所有班次客车行驶里程的总和

变数	定义
载客人数（Y_3）	是指客车载运旅客的人数，若在核定路线或区域内，如以公共汽车运输旅客者，则为各站起运人数不论其旅程的远近，按票计算
延人公里（Y_4）	为各班次客运人数与其行驶公里相乘积的总和

表 12-21　叙述统计资料

	最大值	最小值	平均值	标准差
投入项				
营业车数（辆）：X_1	1002.00	3.00	87.31	191.24
营业路线许可里程（公里）：X_2	7591.70	19.35	708.83	1733.19
行车次数（次）：X_3	1269442.00	1266.00	118733.43	237515.38
耗油量（公升）：X_4	51139761.00	13244.00	4785674.81	10683527.24
驾驶员（人）：X_5	1086.00	2.00	109.83	241.71
产出项				
营运收入（元）：Y_1	3326706220.00	61905.00	251499749.21	638002745.69
行车公里（公里）：Y_2	205758535.30	62468.60	15083237.97	37406314.23
载客人数（人）：Y_3	25954236.00	2106.00	1850200.29	4289981.91
延人公里（人/公里）：Y_4	2972574634.60	117909.30	209429586.73	564414895.67

如表 12-21 所示投入项有营业车数（X_1）的标准差为 191.24 辆、营业路线许可里程（X_2）的标准差 1733.19 公里、行车次数（X_3）的标准差 237515.38 次、耗油量（X_4）的标准差 10683527.24 公升与驾驶员（X_5）的标准差 241.71 人，产出项有营运收入（Y_1）的标准差 638002745.69 元、行车公里（Y_2）的标准差 37406314.23 公里、载客人数（Y_3）的标准差 4289981.91 人与延人公里（Y_4）的标准差 564414895.67 人公里。由于各投入项与产出项相差过大，显示样本厂商的差异情形相差甚大。

为了进一步了解投入项与产出项变量间的关系，本书进行相关系数分析，变量相关系数如表 12-22。

表 12-22　相关系数分析

	Y_1	Y_2	Y_3	Y_4
X_1	0.934**	0.937**	0.874**	0.911**
X_2	0.589**	0.657**	0.398**	0.562**
X_3	0.914**	0.892**	0.952**	0.889**
X_4	0.945**	0.963**	0.848**	0.917**
X_5	0.947**	0.928**	0.892**	0.921**

注：** 在显著水准为 0.001 时（双尾），相关显著。

如表 12-22 所示：投入与产出项间均呈现正相关（显著检定 P 值小于 0.001 为显著）。说明了营业车数、营业路线许可里程、行车次数、耗油量与驾驶员增加时，相对的营运收入、行车公里、载客人数与延人公里也会随着增加。

（四）环境变量定义

本书在第二阶段，将以利用随机边界法，探讨经营环境对投入差额变量的影响，据以分析管理无效率与随机干扰因素。以下是各环境变量的定义：

（1）路线地区别：路线以各客运公司所行驶路线为主，其六大地区为北中南地区路线、北部地区路线、中北地区路线、中部地区路线、中南地区路线以及南部地区路线。以中部地区作为虚拟变量的标准组，其余路线为比较组。

表 12-23　路线地区别与客运业者对照

路线地区别	客运业者
北中南地区	国光客运、建明客运、阿罗哈客运、统联客运、台中客运、和欣客运、日统客运
北部地区	基隆客运、大有巴士、福和客运、中兴巴士、指南客运、光华巴士、亚通客运、台联客运、豪泰客运、台北客运、三重客运、亚联客运、桃园客运、中坜客运、长荣储运、泛航通运
中北地区	东南客运、尊龙客运、新竹客运、丰原客运、巨业交通、丰荣客运
中部地区	仁友客运、台西客运
中南地区	总达客运、高雄客运、中南客运
南部地区	全航客运、嘉义客运、兴南客运、屏东客运

（2）营运类别：营运类别为各客运公司所经营项目，其分为：①国道客运；②国道客运与公路客运；③国道客运与市区公车；④国道客运、公路客运与市区公车；⑤国道客运、公路客运与游览车；⑥国道客运、公路客运、市区公车与游览车。以国道客运与市区公车作为虚拟变量的标准组，其余营运类别为比较组。

表 12-24　营运类别与客运业者对照

营运类别	客运业者
国道	建明客运、台联客运、豪泰客运、阿罗哈客运、亚联客运、尊龙客运、长荣储运、泛航通运、和欣客运、亚通客运
国、公	总达客运、中南客运、台西客运
国、市	大有巴士、光华巴士、东南客运、亚通客运、统联客运
国、公、市	基隆客运、福和客运、中兴巴士、台北客运、全航客运
国、公、游	国光客运、丰荣客运、嘉义客运、兴南客运
国、公、市、游	三重客运、桃园客运、中坜客运、新竹客运、丰原客运、巨业客运、台中客运、仁友客运、高雄客运、屏东客运、日统客运

注：营运类别的分类，国为国道客运、公为公路客运、市为市区公车、游为游览车。

三、实证研究结果分析

本书首先利用一阶段 DEA 评估各客运公司的效率值，并求出无效率客运公司的差额变量。然后在二阶段分析中加入环境变量，将一阶段 DEA 所分析出来的差额变量作为二阶段的应变量，环境变量作为自变量，并利用随机边界法（SFA）算出管理无效率及统计干扰，最后把调整过后的投入项及原产出项再做 DEA 分析，针对第三阶段的 DEA 分析结果与第一阶段相互比较，并提出管理意涵。

（一）第一阶段 DEA 分析的结果

第一阶段使用 DEA 法，在不考虑环境因素与随机干扰因素下，估计 38 家客运业者的技术效率与规模效率，结果列于表 12-23。由表 12-25 可知，第一阶段全体样本客运公司的总技术效率平均值为 0.820，纯技术效率平均值为 0.902，规模效率平均值为 0.912，纯技术效率低于规模效率，显示总技术无效率原因主要来自生产技术不当。以一阶段 DEA 分析出整体平均效率来看，国道客运业的绩效有很好的表现。

在总技术效率平均值方面，若按路线地区别分类，以北中南地区最高，其次依序为中北地区、北部地区、中南地区、中部地区及南部地区，进一步探讨中部地区与南部地区的效率值低的原因，发现它们都有共同点，就是规模效率对比其他地区都比较低，而北中南地区及中北地区效率值高的原因为长途路线通常以 24 小时经营方式为主，其车辆及人员都发挥最佳状态；以营运类别分类，国道客运与市区公车最高。其次依序为：①国道客运；②国道客运、公路客运与游览车；③国道客运与公路客运；④国道客运、公路客运、市区公车与游览车；⑤国道客运、公路客运与市区公车。

表 12-25　第一阶段 DEA——各类型客运厂商平均效率分析

分类准则	类型	单位	总技术效率	纯技术效率	规模效率	规模报酬		
						递增	固定	递减
路线地区别	北中南	26	0.925	0.943	0.980	0 单位 (0%)	11 单位 (42.31%)	15 单位 (57.69%)
	北部	68	0.789	0.859	0.921	46 单位 (67.65%)	13 单位 (19.21%)	9 单位 (13.24%)
	中北	22	0.900	0.915	0.982	11 单位 (50.00%)	7 单位 (31.82%)	4 单位 (18.18%)
	中部	9	0.766	0.900	0.849	7 单位 (77.78%)	2 单位 (22.22%)	0 单位 (0%)
	中南	12	0.783	0.899	0.874	11 单位 (91.67%)	1 单位 (8.33%)	0 单位 (0%)
	南部	16	0.727	1.000	0.727	11 单位 (68.75%)	5 单位 (31.25%)	0 单位 (0%)

续表

分类准则	类型	单位	总技术效率	纯技术效率	规模效率	规模报酬		
						递增	固定	递减
营运类别	国	38	0.895	0.926	0.964	19 单位 (50.00%)	15 单位 (39.47%)	4 单位 (10.53%)
	国、公	12	0.847	0.948	0.893	9 单位 (75.00%)	3 单位 (25.00%)	0 单位 (0%)
	国、市	14	0.918	0.957	0.960	3 单位 (21.43%)	6 单位 (42.86%)	5 单位 (35.71%)
	国、公、市	23	0.687	0.818	0.858	17 单位 (73.91%)	1 单位 (4.35%)	5 单位 (21.74%)
	国、公、游	19	0.855	0.975	0.880	10 单位 (52.63%)	5 单位 (26.32%)	4 单位 (21.05%)
	国、公、市、游	47	0.775	0.865	0.898	28 单位 (59.57%)	9 单位 (19.15%)	10 单位 (21.28%)
全体		153	0.820	0.902	0.912	86 单位 (56.21%)	39 单位 (25.49%)	28 单位 (18.30%)

注：括弧内数字代表各种规模报酬占各类型客运厂商数的百分比。

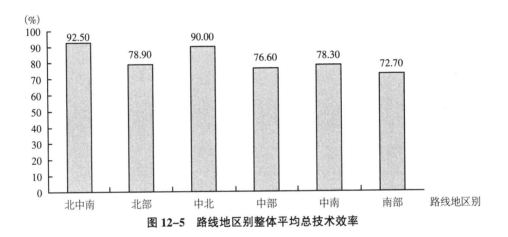

图 12-5　路线地区别整体平均总技术效率

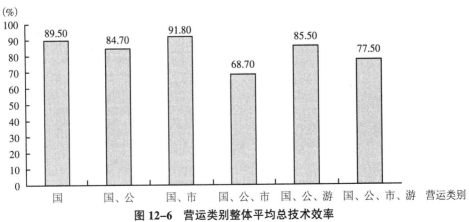

图 12-6　营运类别整体平均总技术效率

在纯技术效率平均值方面，若按路线地区别分类，以南部地区最高，原因为南部地区利用较小投入量，产生较大的产出量，使得资源获得最佳的利用，其次依序为北中南地区、中北地区、中部地区、中南地区及北部地区；以营运类别分类，国道客运、公路客运与游览车最高。其次依序为：①国道客运与市区公车；②国道客运与公路客运；③国道客运；④国道客运、公路客运、市区公车与游览车；⑤国道客运、公路客运与市区公车。

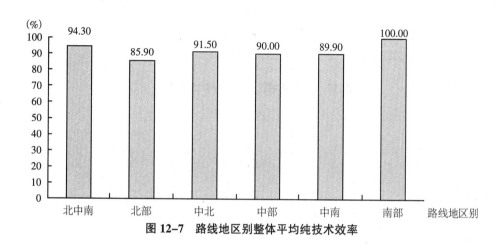

图12-7 路线地区别整体平均纯技术效率

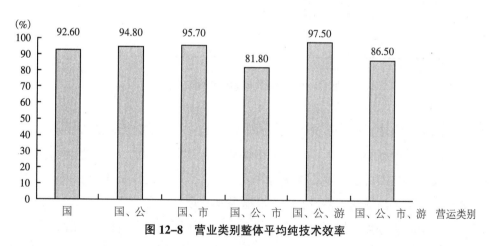

图12-8 营业类别整体平均纯技术效率

在规模效率平均值方面，若按路线地区别分类，以中北地区最高，其次依序为北中南地区、北部地区、中南地区、中部地区及南部地区；以营运类别分类，国道客运最高，其次依序为：①国道客运与市区公车；②国道客运、公路客运、市区公车与游览车；③国道客运与公路客运；④国道客运、公路客运与游览车；⑤国道客运、公路客运与市区公车。

在规模报酬分析中，固定规模报酬，表示该决策单元已经达到有效率，不需再做任何的改变；规模报酬递增，表示该决策单元可以考虑是否扩大规模。以行驶中南部地区客运业者为例，其纯技术效率达到最佳状态，若要使总技术效率更加提升，可以从扩大规模入

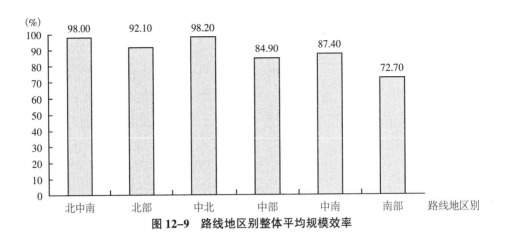

图 12-9　路线地区别整体平均规模效率

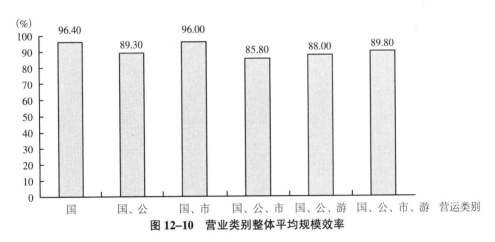

图 12-10　营业类别整体平均规模效率

手，以下有两点作为建议：①扩充路线规模；②增加行驶班次。规模报酬递减，表示该决策单元可以考虑是否缩小规模，以行驶北中南地区客运业者为例，在总技术效率有良好的表现时，若要使得绩效再进一步更加提升，以下有三点作为建议：①精减人员与缩减车辆规模；②利用促销手法提高搭乘量；③提高服务水准吸引旅客。

若按路线地区别分类，规模报酬递增依序为中南地区、中部地区、南部地区、北部地区及中北地区，规模报酬递减较为明显为北中南地区，其次为中北地区、北部地区，固定规模报酬依序为北中南地区、中北地区、南部地区、中部地区、北部地区及中南地区。以营运类别分类，规模报酬递增依序为：①国道客运与公路客运；②国道客运、公路客运与市区公车；③国道客运、公路客运、市区公车与游览车；④国道客运、公路客运与游览车；⑤国道客运；⑥国道客运与市区公车。规模报酬递减较为明显的为国道客运与市区公车，固定规模报酬依序为：①国道客运与市区公车；②国道客运；③国道客运、公路客运与游览车；④国道客运与公路客运；⑤国道客运、公路客运、市区公车与游览车；⑥国道客运、公路客运、市区公车。

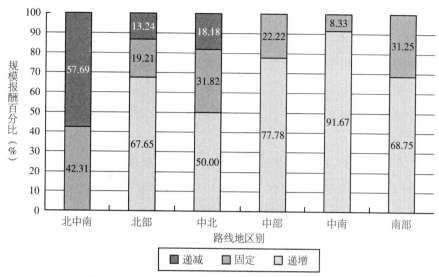

图 12-11 路线地区别整体平均规模报酬百分比（%）

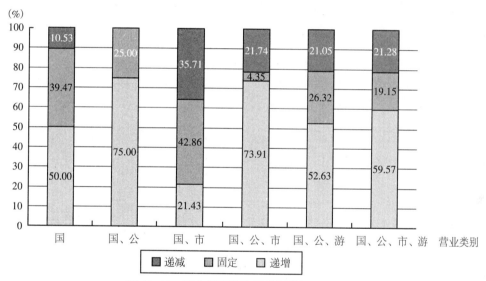

图 12-12 营业类别整体平均规模报酬百分比

（二）第二阶段 SFA 分析

1. 投入差额变量的叙途统计

DEA 法属于"确定性无母数边界"模型，其假设所有的 DMUs 面对相同生产边界，将投入及产出的差异归因于个别厂商的技术无效率，但现实的经营环境中，厂商会受到外在环境因素的影响，并影响其技术效率，所以 DEA 模型计算出来的效率值，则厂商可能面对相同的生产边界的假设，使得效率造成偏差。

因此第二阶段采用随机边缘法（SFA）来调整，将路线地区别：路线以各客运公司所行驶路线为主，其分为六大地区为北中南地区路线、北部地区路线、中北地区路线、中部地区路线、中南地区路线以及南部地区路线。并以中部地区作为虚拟变量的标准组，其余路线为比较组；营运类别：为各客运公司所经营项目，但并非所有业者只有经营国道客运，另外还会经营其他项目。其分为：①国道客运；②国道客运与公路客运；③国道客运与市区公车；④国道客运、公路客运与市区公车；⑤国道客运、公路客运与游览车；⑥国道客运、公路客运、市区公车与游览车。以国道客运与市区公车作为虚拟变量的标准组，其余营运类别为比较组。并利用以上的环境变数、管理无效率和随机干扰对投入差额变量的影响做分析，将厂商的投入项调整在相同的环境因素与随机干扰此两项去除后，利用调整后的投入项与原产出项，以 DEA 法再重新计算厂商相对效率值。

差额变量分析部分主要应用在效率值相结合以进行投影分析，亦即通过各投入产出项的差额变量分析，提供相关效率小于 1 的 DMUs 改善的方向。本书是以投入导向为主，主要目的是让管理者了解在投入项其投入量过多，需以减少。所以若环境变量对投入差额的影响是负向的，表示厂商处于此环境条件下，投入差额变量较小，有利于厂商的经营环境；相反地，若环境变量对投入差额的影响是正向的，表示厂商处于此环境条件下，投入差额变量较大，不利于厂商的经营环境。

表 12-26　第二阶段各类型客运厂商平均差额分析

分类准则	类型	单位	各类型平均差额				
			营业车数（辆）	营业许可里程（公里）	行车次数（次）	耗油量（升）	驾驶员（人）
路线地区别	北中南	26	27.08	333.95	20396.37	1811554.39	38.57
	北部	68	8.24	26.44	16603.22	756882.13	9.01
	中北	22	5.62	28.56	3262.90	99917.62	2.54
	中部	9	3.23	19.99	1236.31	46509.44	1.03
	中南	12	2.33	34.93	1334.08	207505.63	1.20
	南部	16	0.00	0.00	11.66	6541.60	0.05
营运类别	国	38	7.81	24.69	14656.35	497958.36	9.87
	国、公	12	4.82	13.80	2044.35	212411.13	1.44
	国、市	14	9.39	26.74	20018.78	2746757.76	12.24
	国、公、市	23	11.79	39.33	18417.54	319487.73	9.96
	国、公、游	19	21.83	349.72	5952.65	1518037.23	34.35
	国、公、市、游	47	5.81	57.03	7659.37	163042.96	5.32

将各投入差额变量的样本统计量列于表 12-26，可发现各投入差额变量，在营业车数以路线地区别的北中南地区减少幅度最大，应减少 27.08 辆；在营业许可里程以营运类别的国道客运、公路客运及游览车减少幅度最大，应减少 349.72 公里；在行车次数以路线地区别的全线地区减少幅度最大，应减少 20396.37 次；在耗油量以营运类别的国道客运及市区公车减少幅度最大，应减少 2746757.76 公升；在驾驶员以路线地区别的全线地区减少幅度最大，应减少 38.57 人。

2. 回归估计模型

探讨环境变量对各投入差额变量的影响，其回归模型列于表 12-27：原式为：$s_{ni} = f^n(z_i; \beta^n) + v_{ni} + u_{ni}$；$n = 1, \cdots, N$；$i = 1, \cdots, I$，将各个投入项的差额量当成应变数，其应自变数为环境变数、统计干扰及管理效率。

$$S_{ni} = \beta_1*Z_1 + \beta_2*Z_2 + \beta_3*Z_3 + \beta_4*Z_4 + \beta_5*Z_5 + \beta_6*Z_6 + \beta_7*Z_7 + \beta_8*Z_8 + \beta_9*Z_9 + \beta_{10}*Z_{10} + v_{ni} + u_{ni}$$

I = 营业车数、营业路线许可里程、行车次数、耗油量、驾驶员。

其中，差额变量中的营业车数为客运公司实际投入与估计最适投入之间的差，称营业车数差额变量，以下可依此类推，营业路线许可里程差额变量、行车次数差额变量、耗油量差额变量、驾驶员差额变量。

β_1：客运公司从事路线地区别行驶全线地区，Z_1 虚拟变量待估计值。

β_2：客运公司从事路线地区别行驶北部地区，Z_2 虚拟变量待估计值。

β_3：客运公司从事路线地区别行驶中北地区，Z_3 虚拟变量待估计值。

β_4：客运公司从事路线地区别行驶中南地区，Z_4 虚拟变量待估计值。

β_5：客运公司从事路线地区别行驶南部地区，Z_5 虚拟变量待估计值。

β_6：客运公司从事营运类别的国道客运，Z_6 虚拟变量待估计值。

β_7：客运公司从事营运类别的国道客运与市区公车，Z_7 虚拟变量待估计值。

β_8：客运公司是否有从事营运类别的国道客运、公路客运与市区公车，Z_8 虚拟变量待估计值。

β_9：客运公司是否有从事营运类别的国道客运、市区公车与游览车，Z_9 虚拟变量待估计值。

β_{10}：客运公司是否有从事营运类别的国道客运、公路客运、市区公车与游览车，Z_{10} 虚拟变量待估计值。

$v_{ni} + u_{ni}$ 可视误差项组合（Error Component），$v_{ni} \sim N(0, \sigma_{vn}^2)$ 代表统计干扰，$u_{ni} \geq 0$ 代表管理无效率，且 v_{ni} 与 u_{ni} 间互相独立。

在各投入差额变量回归式中，若自变量的待估计系数为负值，表示此自变量为好的经营环境，反映出该环境可以减少客运公司在投入项的支出；反之，若自变量为正值，反映出该环境会增加客运公司在投入项支出，相对的此变量为不好的经营环境。利用 Frontier 4.1 软件所得出回归估计的结果列于表 12-27。

由表 12-27 可知，从事路线地区别行驶北中南地区、北部地区、中北地区及中南地区的客运公司均处在不佳经营环境，只有南部地区的环境较佳；营运类别方面，从事国道客运是处在最佳的经营环境，另外国、市与国、公、市与国、公、市、游是在某些投入项中，是处在较佳的经营环境，只有国、公、游处在不佳经营环境。另外当 $\gamma^n = \sigma_{un}^2 / (\sigma_{un}^2 + \sigma_{vn}^2) = 1$ 时，代表管理无效率的效果达到最大，统计干扰对生产绩效没有影响效果；相反

表 12-27　随机边界（SFA）估计结果

自变量	依变量				
	营业车数 （辆）	营业许可里程 （公里）	行车次数 （次）	耗油量 （升）	驾驶员 （人）
常数项	1.213 (11.220)	4.598*** (1.402)	0.013 (0.196)	−45.214 (43.484)	−4.685 (10.504)
北中南	34.775*** (3.713)	49.527*** (1.462)	0.395* (0.179)	205.477*** (8.040)	54.926*** (3.855)
北部	18.402*** (4.571)	17.677*** (2.494)	0.289 (0.176)	134.411*** (33.819)	31.973*** (3.990)
中北	9.945*** (2.518)	13.207*** (1.173)	0.040 (0.177)	49.776*** (6.758)	14.641*** (3.231)
中南	3.995 (3.692)	18.224*** (1.063)	0.008 (0.204)	80.006*** (16.530)	10.835* (4.740)
南部	−3.907 (2.580)	−1.967 (1.194)	−0.030 (0.181)	−16.497* (8.873)	−2.182 (3.331)
国	−16.154*** (2.551)	−15.710*** (1.337)	−0.036 (0.162)	−52.977*** (13.187)	−23.424*** (1.268)
国、市	−18.418*** (1.862)	−11.524*** (1.049)	0.102 (0.192)	190.279*** (3.285)	−28.002*** (1.684)
国、公、市	−6.173* (3.149)	−2.326** (0.882)	0.081 (0.177)	−44.336*** (8.800)	−15.060*** (1.040)
国、公、游	12.781* (5.862)	40.238*** (0.621)	0.012 (0.180)	147.455*** (25.041)	24.956*** (5.058)
国、公、市、游	−5.951 (5.007)	1.370* (0.621)	0.017 (0.144)	−14.537 (11.480)	−8.759*** (1.984)
σ^2	763.046*** (11.336)	2314.262*** (1.000)	0.189*** (0.022)	97872.846*** (1.023)	1436.692*** (1.214)
γ	0.000 (0.027)	1.000*** (0.000)	0.000 (0.000)	0.000 (0.001)	0.000 (0.021)
log-likeihood function	−722.502	−697.392	−89.807	−1093.767	−770.838

注：* 表 $p < 0.05$，** 表 $p < 0.01$，*** 表 $p < 0.001$。括弧数字代表标准误。

地，当 $\gamma^n = \sigma_{un}^2/(\sigma_{un}^2 + \sigma_{vn}^2) = 0$ 时，统计干扰的效果达到最大，管理无效率对生产绩效没有影响效果。结果显示，营业许可里程受到管理无效率影响，原因为路线的选择会影响其产出，太多的不好的的路线，只会让投入量增加而产出量增加有限，进而影响其效率。而营业车数、行车次数、耗油量及驾驶员主要影响来自统计干扰。

3. 管理效率及统计干扰

管理效率是由随机边界法所算出，一阶段的差额变量当为应变量，环境变量为自变量，亦可算出管理效率。如表 12-28 所示，除了驾驶员在路线地区别的中南地区表现比较差之外，其于营业车数、行车次数、耗油量及驾驶员数的管理效率都表现良好。另外，营业许可里程在管理效率表现上最差，显示国道客运公司需要积极改善其较不易经营的路线，并且进一步提升载客量。

表 12-28 第二阶段各类型客运业厂商平均管理效率分析

分类准则	类型	单位	营业车数（辆）	营业许可里程（公里）	行车次数（次）	耗油量（升）	驾驶员（人）
路线地区别	北中南	26	0.9726	0.2984	0.9983	0.9724	0.9781
	北部	68	0.8384	0.1704	0.9979	0.9213	0.9126
	中北	22	0.9081	0.1491	0.9868	0.8758	0.6050
	中部	9	0.9180	0.2248	0.9705	0.9824	0.9842
	中南	12	0.9255	0.1467	0.9720	0.8491	0.9316
	南部	16	0.9670	0.0000	0.9993	0.9764	0.9801
营运类别	国	38	0.8765	0.1252	0.9956	0.9211	0.8822
	国、公	12	0.8621	0.0635	0.9716	0.7070	0.9113
	国、市	14	0.6339	0.1836	0.9982	0.9849	0.9920
	国、公、市	23	0.9527	0.1971	0.9978	0.9138	0.9436
	国、公、游	19	0.9557	0.1852	0.9923	0.9655	0.9710
	国、公、市、游	47	0.9472	0.2184	0.9923	0.9620	0.8088

统计干扰也称为随机干扰，厂商在生产过程中，常会遇到一些人为无法控制的随机因素，受到非技术性随机因素的影响，如自然的天灾（地震、台风等）、车辆的运输良差或是外在因素导致生产要素供给不确定等，这些随机干扰因素，厂商无法完全掌控，却直接或间接地影响厂商的产出水准，故根据随机干扰因素的不同，每家厂商的生产边界亦不同。其统计干扰的公式如下，表 12-29 为统计干扰的计算结果。

表 12-29 第二阶段各类型客运业厂商平均统计干扰分析

分类准则	类型	单位	营业车数（辆）	营业许可里程（公里）	行车次数（次）	耗油量（升）	驾驶员（人）
路线地区别	北中南	26	0.5443	−16.2543	0.0102	−3.5043	−5.4485
	北部	68	0.3854	−8.7440	0.0098	0.4314	−5.3529
	中北	22	0.5169	−13.7798	−0.0013	−30.5972	−5.7847
	中部	9	0.1084	−17.2683	−0.0178	−54.4414	−6.1849
	中南	12	0.7362	−16.1550	−0.0159	−53.3498	−6.0571
	南部	16	0.4729	−19.6060	0.0115	−47.4696	−5.4964
营运类别	国	38	−0.1390	−11.0221	0.0133	−52.4929	−6.3620
	国、公	12	−1.6677	−14.9621	−0.0258	−49.3673	−11.2908
	国、市	14	3.6502	−13.8990	0.0026	302.6784	0.9447
	国、公、市	23	0.4799	−11.3667	0.0097	−51.6515	−5.5298
	国、公、游	19	0.4486	−19.6761	0.0044	−48.0527	−5.7079
	国、公、市、游	47	0.5050	−11.8102	0.0042	−46.2547	−5.3097

$$\hat{E}[v_{ni}|v_{ni} + u_{ni}] = s_{ni} - z_i\hat{\beta}^n - \hat{E}[u_{ni}|v_{ni} + u_{ni}], \quad n = 1, \cdots, N, \quad i = 1, \cdots, I, \qquad (12-1)$$

$\hat{E}[v_{ni}|v_{ni} + u_{ni}]$ 表示统计干扰;

s_{ni} 表示各投入项的差额变量;

$z_i\hat{\beta}^n$: z_i 为各环境变数, $\hat{\beta}^n$ 虚拟变数待估计值;

$\hat{E}[u_{ni}|v_{ni} + u_{ni}]$ 表示管理无效率。

假设 s_{ni} 为投入项 1 的差额变量, 其 $z_i\hat{\beta}^n$ 为环境变数与 $\hat{E}[u_{ni}|v_{ni} + u_{ni}]$ 管理无效率如表 12-26 所示, 其计算过程为:

$$\hat{E}[v_{ni}|v_{ni} + u_{ni}] = s_{ni} - (34.774714*z1 + 18.401715*z2 + 9.9447345*z3 + 3.9954692*z4$$
$$-3.907052*z5 - 16.153893*z6 - 18.41781*z7 - 6.1730715*z8$$
$$+ 12.781297*z9 - 5.9506286*z10) - \hat{E}[u_{ni}|v_{ni} + u_{ni}]$$

(三) 第三阶段 DEA 分析的结果

本书采用的调整依据是针对经营环境较佳或运气较好的决策单位, 将其投入数量向上增加, 使其经营环境达到最差, 运气达到最坏程度, 调整之后, 各决策单位均面临相同的经营环境与运气。各决策单位的各项投入数量的调整, 是依据第二阶段 SFA 回归分析结果而决定, 其调整公式如下:

$$x^A_{ni} = x_{ni} + [\max_i\{z_i\hat{\beta}^n\} - z_i\hat{\beta}^n] + [\max_i\{\hat{v}_{ni}\} - \hat{v}_{ni}], \quad n = 1, \cdots, N, \quad i = 1, \cdots, I \qquad (12-2)$$

式中, x^A_{ni} 是调整后的投入数量, x_{ni} 是原先的投入数量, 公式的右侧第一项调整是将所有决策单位均调整到相同的经营环境, 亦即所有决策单位均处于最差的经营环境, 第二项调整是将所有决策单位调整到面临相同的运气, 亦即所有决策单位均面临最坏的运气。基于上述, 经营环境较差或运气较坏的决策单位, 投入数量向上调整的幅度较小, 经营环境较佳或运气较好的决策单位, 投入数量向上调整的幅度较大, 这些调整幅度会随决策单位与投入项的不同而有所差异。

由表 12-30 显示, 规模报酬递增第一阶段由 86 单位增加至第三阶段 146 单位, 规模报酬递减第一阶段由 28 单位减少至第三阶段 0 单位, 显示考虑环境变数的三阶段 DEA, 有达到改善其整体绩效的效果。

研究过程中发现, 经过调整后, 第三阶段的纯技术效率比第一阶段来得高, 由表 12-31 可知经调整后第三阶段的 DEA 结果如下: 在 BCC 模式下, 大部分的客运业者的纯技术效率都有提升, 代表客运公司在变动规模报酬下的效率值变高了。

第一阶段与第三阶段的纯技术效率值由高至低排列, 可以得到各类别平均排名的变动, 如表 12-32 所示。在路线地区别的北中南地区效率值排名进步最多, 但其北部地区、

表 12-30 第一阶段与第三阶段 DEA 的规模报酬的比较

分类准则	类型	规模报酬递增		规模报酬固定		规模报酬递减	
		阶段一	阶段二	阶段一	阶段二	阶段一	阶段二
路线地区别	北中南	0 单位 (0%)	19 单位 (73.08%)	11 单位 (42.31%)	7 单位 (26.92%)	15 单位 (57.69%)	0 单位 (0.00%)
	北部	46 单位 (67.65%)	68 单位 (100%)	13 单位 (19.21%)	0 单位 (0.00%)	9 单位 (13.24%)	0 单位 (0.00%)
	中北	11 单位 (50.00%)	22 单位 (100%)	7 单位 (31.82%)	0 单位 (0.00%)	4 单位 (18.18%)	0 单位 (0.00%)
	中部	7 单位 (77.78%)	9 单位 (100%)	2 单位 (22.22%)	0 单位 (0.00%)	0 单位 (0.00%)	0 单位 (0.00%)
	中南	11 单位 (91.67%)	12 单位 (100%)	1 单位 (8.33%)	0 单位 (0.00%)	0 单位 (0.00%)	0 单位 (0.00%)
	南部	11 单位 (68.75%)	16 单位 (100%)	5 单位 (31.25%)	0 单位 (0.00%)	0 单位 (0.00%)	0 单位 (0.00%)
营运类别	国	19 单位 (50.00%)	36 单位 (94.74%)	15 单位 (39.47%)	2 单位 (5.26%)	4 单位 (10.53%)	0 单位 (0.00%)
	国、公	9 单位 (75.00%)	12 单位 (100%)	3 单位 (25.00%)	0 单位 (0.00%)	0 单位 (0%)	0 单位 (0.00%)
	国、市	3 单位 (21.43%)	10 单位 (71.43%)	6 单位 (42.86%)	4 单位 (28.57%)	5 单位 (35.71%)	0 单位 (0.00%)
	国、公、市	17 单位 (73.91%)	23 单位 (100%)	1 单位 (4.35%)	0 单位 (0.00%)	5 单位 (21.74%)	0 单位 (0.00%)
	国、公、游	10 单位 (52.63%)	18 单位 (94.74%)	5 单位 (26.32%)	1 单位 (5.26%)	4 单位 (21.05%)	0 单位 (0.00%)
	国、公、市、游	28 单位 (59.57%)	47 单位 (100%)	9 单位 (19.15%)	0 单位 (0.00%)	10 单位 (21.28%)	0 单位 (0.00%)
全体		86 单位	146 单位	39 单位	7 单位	28 单位	0 单位

注：括弧内数字代表各种规模报酬占各类型客运厂商数的百分比。

表 12-31 第一阶段与第三阶段 DEA 的平均效率值的比较

分类准则	类型	纯技术效率	
		阶段一	阶段三
路线地区别	北中南	0.943	1.000
	北部	0.859	0.977
	中北	0.915	0.985
	中部	0.900	0.980
	中南	0.899	0.985
	南部	1.000	0.995
营运类别	国	0.926	0.992
	国、公	0.948	0.983
	国、市	0.957	0.998
	国、公、市	0.818	0.966
	国、公、游	0.975	0.984
	国、公、市、游	0.865	0.984

中北地区、中部地区、中南地区及南部地区效率值排名都呈现退步现象；在营运类别方面各类型效率值排名进退步各半，效率值排名进步依序为：①国道客运、市区公车；②国道客运；③国道客运、公路客运、市区公车、游览车。而效率值排名退步有：①国道客运、公路客运；②国道客运、公路客运、游览车；③国道客运、公路客运、市区公车。

表 12-32　第一阶段与第三阶段各类型国道客运业经营绩效平均排序

分类准则	类型	单位	第一阶段	第二阶段
路线地区别	北中南	26	62	24(-)
	北部	68	90	97(+)
	中北	22	75	79(+)
	中部	9	82	90(+)
	中南	12	77	84(+)
	南部	16	35	43(+)
营运类别	国	38	66	53(-)
	国、公	12	55	80(+)
	国、市	14	53	34(-)
	国、公、市	23	100	122(+)
	国、公、游	19	54	77(+)
	国、公、市、游	47	92	80(-)

注：(+) 代表平均排序上升，(-) 代表平均排序下降。

四、研究结论与管理意涵

（一）第一阶段 DEA 分析

（1）纯技术效率低于规模效率，显示总技术无效率原因主要来自生产技术不当，以整体平均效率来看，国道客运业的总体绩效表现都相当不错。

（2）以一阶段 DEA 分析出整体平均效率来看，国道客运业的绩效有很好的表现。

（3）总技术效率平均值表现，以路线地区别分类北中南地区效率值表现最好；以营运规模效率分类国道客运与市区客运效率值表现最好。

（二）第二阶段 SFA 分析

（1）营业车数、行车次数、耗油量及驾驶员主要影响来自统计干扰，故环境变量占投入项重要的比重；而营业许可里程主要影响是来自管理无效率。

（2）从事路线地区别只有行驶南部地区的环境较佳，其他路线均处在较不佳环境；在营运类别方面，从事国道客运是处在最佳的经营环境，另外国、市与国、公、市与国、公、市、游是在某些投入项中，是处在较佳的经营环境，只有国、公、游处在不佳经营环境。

（三）第三阶段 DEA 分析

（1）调整前后整体的客运业者的纯技术效率都有明显进步，表示考虑环境变数后，除了营业许可里程主要是受管理无效率所影响，其他投入项主要影响是来自统计干扰而非管理无效率。

（2）调整前后的客运业者的总技术效率大幅下降，主要原因为统计干扰项差异大，造成调整过程中，投入量过大，进而影响到规模无效率。

（3）研究过程中发现，经过调整后，第三阶段的纯技术效率比第一阶段来得高，大部分的客运业者的纯技术效率都有提升，代表客运公司在变动规模报酬下的效率值变高了。

（4）第一阶段与第三阶段的纯技术效率值的排序比较，研究显示大部分的客运公司排序上都有进步，而少部分的客运公司在排序上退步。

第四节　小结

本章介绍了三个 DEA 应用案例，分别为麦氏 DEA、二阶段 DEA 及三阶段 DEA 的实证个案研究，目前国内的 DEA 扩张模式的应用仍局限于少数几个模式，且落后国外研究往往超过 5 年以上，笔者希冀借由本书的出版，能让更多有兴趣于 DEA 研究的读者，熟悉并了解各种 DEA 扩张模式的意涵与应用情况，以迎头赶上国外 DEA 研究的脚步。

参考文献

[1] Afriat, S. N. Efficiency Estimation of Production Functions, International Economic Review [J], 1972 (13): 568–598.

[2] Aigner, D. J. and S. F. Chu. On Estimating the Industry Production Function, American Economic Review [J], 1968 (58): 826–829.

[3] Ali, A. and L. M. Seiford. Translation Invariance in Data Envelopment Analysis, Operations Research Letters [J], 1990 (9): 403–405.

[4] Andersen, P. and N. C. Petersen. A Procedure for Ranking Efficiency Units in Data Envelopment Analysis, Management Science [J], 1993 (39): 1261–1264.

[5] Avkiran, N. K. and T. Rowlands. How to Better Identify the True Managerial Performance: State of the Art Using DEA, OMEGA: International Journal of Management Science [J], 2008 (36): 317–324.

[6] Balk, B. M. Scale Efficiency and Productivity Change, Journal of Productivity Analysis [J], 2001 (15): 159–183.

[7] Banker, R. D. Estimating Most Productive Scale Size Using Data Envelopment Analysis, European Journal of Operational Research [J], 1984 (17): 35–44.

[8] Banker, R. D., A. Charnes, and W. W. Cooper. Some Models for Estimating Technical and Scale Inefficiencies in Data Envelopment Analysis, Management Science [J], 1984 (30): 1078–1092.

[9] Banker, R. D. and A. Maindiratta. Piecewise Log-linear Estimation of Efficient Production Surfaces, Management Science [J], 1986 (32): 121–135.

[10] Banker, R. D. and R. C. Morey. Efficiency Analysis for Exogenously Fixed Inputs and Outputs, Operational Research [J], 1986a, 34 (4): 513–521.

[11] Banker, R. D. and R. C. Morey. The Use of Categorical Variables in Data Envelopment Analysis, Management Science [J], 1986b, 32 (12): 1613–1627.

[12] Banker, R. D. and R. C. Morey. Incorporating Value Judgments in Efficiency Analysis, in J. L. Chan and J. M. Pattons (eds.) Research in Governmental and Nonprofit Account-

ing，JAI Press Inc.，Greenwich，CT［J］，1989：245-267.

［13］ Banker，R. D. and R. M. Thrall. Estimating of Returns to Scale Using Data Envelopment Analysis，European Journal of Operational Research［J］，1992（62）：75-84.

［14］ Bhattacharyya，A.，C. A. K. Lovell and P. Sahay. The Impact of Liberalization on the Productive Efficiency of Indian Commercial Banks，European Journal of Operational Research［J］，1997，98（2）：332-347.

［15］ Boles，J. N. Efficiency Squared-Efficiency Computation of Efficiency Indexes，Proceedings of the 39th Annual Meeting of the Western Farm Economics Association［J］，1966：137-142.

［16］ Boussofiane，A.，R. G. Dyson，and E. Thanassoulis. Applied Data Envelopment Analysis，European Journal of Operational Research［J］，1991（52）：1-15.

［17］ Bowlin，W. Evaluating the Efficiency of US Air Force Real-property Maintenance Activities，Journal of the Operational Research Society，1987（38）：127-135.

［18］ Caves，D. W.，L. R. Christensen，and W. E. Diewert. Multilateral Comparison of Output，Input and Productivity Using Superlative Index Numbers，Economic Journal［J］，1982（92）：73-86.

［19］ Chang，P. L.，S. N. Hwang，And W. Y. Cheng. Using Data Envelopment Analysis to Measure the Achievement and Change of Regional Development in Taiwan ［J］，Journal of Environmental Management，1995（43）：49-66.

［20］ Charnes，A.，C. T. Clark，W. W. Cooper and B. Golany. A Development Study of Data Envelopment Analysis in Measuring the Efficiency of Maintenance Units in the U.S. Air Force，Annals of Operations Research［J］，1985（2）：95-112.

［21］ Charnes，A. and W. W. Cooper. Programming with Linear Fractionals，Naval Res. Logistics Quarterly［J］，1962（9）：181-186.

［22］ Charnes，A.，W. W. Cooper，and E. Rhodes. Measuring the Efficiency of Decision Making Units，European Journal of Operational Research［J］，1978（2）：429-444.

［23］ Charnes，A.，W. W. Cooper，and E. Rhodes. Short Communication：Measuring the Efficiency of Decision Making Units，European Journal of Operational Research［J］，1979（3）：339.

［24］ Charnes，A.，W. W. Cooper，and E. Rhodes. Evaluating Program and Managerial Efficiency：An Application of Data Envelopment Analysis to Program Follow Through，Management Science［J］，1981（27）：668-697.

［25］ Charnes，A.，W. W. Cooper，L. M. Seiford，and J. Stuts. Invariant Multiplicative

Efficiency and Piecewise Cobb–Douglas Envelopments, Operations Research Letters [J], 1983 (2): 101–103.

[26] Chirwa, E. W. Privatization and Technical Efficiency: Evidence from the Manufacturing Sector in Malawi, African Development Review [J], 2001, 13 (2): 276–307.

[27] Cochrane, J. L. and M. Zeleny (eds.) . Multiple Criteria Decision Making [M]. Columbia University of South California Press, 1973.

[28] Coelli, T. J. Assessing the Performance of Australian University using Data Envelopment Analysis [D]. mimeo, Center of Efficiency and Productivity Analysis, University of New England, 1996.

[29] Coelli, T. J., D. S. Prasad, and G. E. Battese. An Introduction to Efficiency and Productivity Analysis [M]. Boston: Kluwer Academic Publishers, 1998.

[30] Cooper, W. W., K. S. Park, and G. Yu. IDEA and AR–IDEA: Modes for Dealing with Imprecise Data in DEA, Management Science [J], 1999 (45): 597–607.

[31] Cooper, W. W., L. M. Seiford, and K. Tone. Data Envelopment Analysis–A Comprehensive Text with Models, Applications, References and DEA –Solver Software [M]. Boston: Kluwer Academic Publishers, 2000.

[32] Cooper, W. W., L. M. Seiford, and K. Tone. Data Envelopment Analysis: A Comprehensive Text with Models, Applications, Reference and DEA–Solver Software [N]. Second Edition, Springer, 2007.

[33] Debreu, G. The Coefficient of Resource Utilisation, Econometrica[J], 1951 (19): 273–292.

[34] Dubios, D. and H. Prade. Possibility Theory–An Approach to Computerized Processing of Uncertaint [M]. New York Plenum Press, 1988.

[35] Färe, R. and S. Grosskopf. Measuring Congestion in Production, Zeutschrift für Nationalokonomie, 1983 (43): 123–126.

[36] Färe, R., and S. Grosskopf. Intertemporal Production Frontiers: With Dynamic DEA [M]. Boston; London and Dordrecht, 1996.

[37] Färe, R., and S. Grosskopf. Efficiency and Productivity in Rich and Poor Countries, Dynamics, Economic Growth, and International Trade, B. S. Jensen and K. Wong, eds., University in International Economics, Ann Arbor [J], 1997: 243–263.

[38] Färe, R. S. and W. Hunsaker. Notions of Efficiency and Their Reference Sets, Management Science [J], 1986 (32): 237–243.

[39] Färe, R. S., S. Grosskopf, and G. Whittaker. Network DEA [J]. Discussing, 2005

（9）．

[40] Färe, R., S. Grosskopf, and W. F. Lee. Property Rights and Profitability, New Directions: Efficiency and Productivity, R. Färe and S. Grosskopf, eds., Kluwer Academic, Boston, 2004: 65–77.

[41] Färe, R., S. Grosskopf, M. Norris, and Z. Zhang. Productivity Growth, Technical Progress and Efficiency Changes in Industrialized Countries, American Economic Review [J], 1994 (84): 66–83.

[42] Färe, R. and C. A. K. Lovell. Measuring the Technical Efficiency of Production, Journal of Economic Theory [J], 1978 (19): 150–162.

[43] Färe, R. and G. Whittaker. Dynamic Measurement of Efficiency: An Application to Western Public Grazing, Intertemporal Production Frontiers: With Dynamic DEA, R. Färe and S. Grosskopf, eds., Kluwer Academic, Boston; London and Dordrecht [J], 1996: 168–186.

[44] Farrell, M. J. The Measurement of Productivity Efficiency, Journal of the Royal Statistical Society, Series A [J], 1957, 120 (3): 253–281.

[45] Fielding, G. J., T. T. Babitsky, and M. E. Brenner. Performance Evaluation for Bus Transit, Transportation Research Part A: General, 1985, 19A (1): 73–82.

[46] Fried, H. O., C. A. K. Lovell, S. S. Schmidt, and S. Yaisawarng. Accounting for Environmental Effects and Statistical Noise in Data Envelopment Analysis, Journal of Productivity Analysis [J], 2002 (17): 154–174.

[47] Fried, H. O., C. A. K. Lovell and P. Vanden Eeckaut. Evaluating the Performance of U.S. Credit Unions, Journal of Banking and Finance [J], 1993, 17 (2/3): 251–265.

[48] Fried, H. O., S. S. Schmidt and S. Yaisawarng. Incorporating the Operating Environment into a Nonparametric Measure of Technical Efficiency, Journal of Productivity Analysis [J], 1999, 12 (3): 249–267.

[49] Ganley, J. A. and J. S. Cubbin. Public Sector Efficiency Measurement: Applications of Data Envelopment Analysis, North-Holland, Amsterdam [J], 1992.

[50] Golany, B. and Y. Roll. An Application Procedure for DEA, OMEGA: International Journal of Management Science [J], 1989 (17): 237–250.

[51] Guo, P. and H. Tanaka. Fuzzy DEA: A Perceptual Evaluation Method, Fuzzy Sets and Systems [J], 2001 (119): 149–160.

[52] Hill, M.. Planning for Multiple Objectives, Regional Science Research [J], 1973.

[53] Jaenicke, E. C.. Testing for Intermediate Outputs in Dynamic DEA Models: Accounting for Soil Capital in Rotational Crop Production and Productivity Measures, Journal of

Productivity Analysis [J], 2000, 14 (3): 247–266.

[54] Johansen, L.. Substitution versus Fixed Production Coefficient in the Theory of Economic Growth: A Synthesis, Econometrica [J], 1959, 27 (2): 157–176.

[55] Jonrow, J., I. Materov, C. A. K. Lovell, and P. Schmidt. On the Estimation of Technical Inefficiency in the Stochastic Frontier Production Model, Journal of Econometrics [J], 1982, 19 (2/3): 233–238.

[56] Kao, C. and S. T. Liu. Data Envelopment Analysis with Missing Data: An Application to University Libraries in Taiwan, Journal of the Operational Research Society [J], 2000 (51): 897–905.

[57] Klopp, P.. The Analysis of the Efficiency of Production System with Multiple Inputs and Outputs [D], Ph. D. thesis, University of Illinois, Chicago, 1985.

[58] Koopmans, T. C.. An Analysis of Production as an Efficient Combination of Activities [J]. in T. C. Koopmans, (Ed.) Activity Analysis of Production and Allocation, Cowles Commission for Research in Economics, Monograph, 1951 (13): 7–14.

[59] Kuhn, H. W. and A. W. Tucker. Nonlinear Programming [M]. in J Neyman (ed.), Proceedings of the Second Berkeley Symposium on Mathematical Statistic and Probability, pp. 481–491, University of California Press, Berkeley, 1951.

[60] Lewis, H. F. and T. R. Sexton. Network DEA: Efficiency Analysis of Organization with Complex Internal Structure, Computers and Operations Research [J], 2004, 31 (9): 1365.

[61] Lovell, C. A. K. and E. Grifell–Tatje. A Generalized Malmquist Productivity Index [N]. Paper Presented at the Georgia Productivity Workshop at Athens, GA, October, 1994.

[62] Margari, B. B., F. Erbetta, C. Petraglia, and M. Piacenza. Regulatory and Environmental Effects on Public Transit Efficiency: A Mixed DEA–SFA Approach [N]. Working Paper, Center for Research on Regulated Services, Italy, 2006.

[63] McCarty, T. and S. Yaisawarng. Technical Efficiency in New Jersey School Districts [M]. In H. O. Fried, C. A. K. Lovell and S. S. Schmidt (eds), The Measurement of Productivity Efficiency: Techniques and Applications, New York: Oxford University Press, 1993.

[64] Muniz, M. A.. Separating Managerial Inefficiency and External Conditions in Data Envelopment Analysis, European Journal of Operational Research [J], 2002, 143 (2): 625–643.

[65] Nemota, J. and M. Gota. Measuring Dynamic Efficiency in Production: An Application of Data Envelopment Analysis to Japanese Electric Utilities, Journal of Productivity Analy-

sis [J], 2003 (19): 191-210.

[66] Nishimizu, M. and J. M. Page. Total Factor Productivity Growth, Technical Progress and Technical Efficiency Change: Dimensions of Productivity Change in Yugoslavia, 1965-1978, Economic Journal [J], 1982 (92): 920-936.

[67] Pastor, J. T. How to Account for Environmental Effects in DEA: An Application to Bank Branches, Working Paper, Departmento de Estadistica e Investigacion Operativa. 03071 Alicante, Spain: Universidad de Alicante [J], 1995.

[68] Pastor, J. T.. Credit Risk and Efficiency in the European Banking System: A three-stage Analysis, Applied Financial Economics, 2002 (1212): 895-911.

[69] Ray, S. C. and E. Desli. Productivity Growth, Technical Progress and Efficiency Changes in Industrialized Countries: Comments, American Economic Review [J], 1997 (87): 1033-1039.

[70] Schmidt, P. and T. F. Lin. Simple Tests of Alternative Specifications in Stochastic Frontier Models, Journal of Econometrics, Elsevier [J], 1984, 24 (3): 349-361.

[71] Seaver, B. L. and K. P. Triantis. A Fuzzy Clustering Approach Used in Evaluating Technical Efficiency Measures in Manufacturing, Journal of Productivity Analysis [J], 1992, 3(4): 337.

[72] Seiford, L. M.. Data Envelopment Analysis: The Evolution of the State of the Art (1978-1995), Journal of Productivity Analysis [J], 1996 (7): 99-138.

[73] Seiford, L. M. and J. Zhu. Profitability and Marketability of the Top 55 U.S. Commercial Banks, Management Science, 1997, 45 (9): 1270-1288.

[74] Sengupta, J. K. A Fuzzy System Approach in Data Envelopment Analysis, Computer Mathematics Application [J], 1992 (24): 259-266.

[75] Sexton, T., R. Silkman, and A. Hogan. Data Envelopment Analysis: Critique and Extensions [J]. in Sikman, R (ed.) (1986), Measuring Efficiency: An Assessment of Data Envelopment Analysis, New Directions for Program Evaluation, 1986 (32): 7-14.

[76] Shephard, R. W.. Theory of Cost and Production Functions [M]. Princeton Princeton University Press, 1970.

[77] Solow, R. M.. Investment and Technical Progress [M]. Mathematical Methods in the Social Science, K. J. Arrow, S. Karlin, and P. Suppes, eds., Stanford, CA Stanford University Press, 1960.

[78] Sun, H., P. Hone, and H. Doucouliagos. Economic Openness and Technical Efficiency: A Case Study of Chinese Manufacturing Industries. Economic of Transition, 1999, 7

（3）：615–636.

［79］ Taesik A., A. Charnes, and W. W. Cooper. Some Statistical and DEA Evaluations of Relative Efficiencies of Public and Private Institutions of Higher Learning, Socio–Economic Planning Sciences, 1988, 22（6）：259–269.

［80］ Thompson, R. G., F. D. Singleton, R. M. Jr., Thrall, and B. A. Smith. Comparative Site Evaluations for Locating a High–Energy Physics lab in Texas, Interfaces, 1986, 16（6）：35–49.

［81］ Timmer, C. P.. Using a Probabilistic Frontier Function to Measure Technical Efficiency, Journal of Political Economy, 1971（79）：776–794.

［82］ Tone, K.. A Slack–Based Measure of Efficiency in Data Envelopment Analysis ［D］. Research Reports, Graduate School of Policy Science, Saitama University, Urawa, Saitama, 1997.

［83］ Tone, K and M. Tsutsui. Network DEA：A Slacks–based Measure Approach ［N］. Discussing Paper：07–08, GRIPS Policy Information Center, 2007.

［84］ Whiteman, J. and K. Pearson. Benchmarking Telecommunications using Data Envelopment Analysis, Australian Economic Papers ［J］, 1993（12）：97–105.

［85］ Yager, R. R.. A Procedure for Ordering Fuzzy Subsets of the Units Interval, Information Science ［J］, 1981（24）：143–161.

［86］ Zadeh, L. A.. Fuzzy Sets, Information and Control ［J］, 1965（8）：338–353.

［87］ Zadeh, L. A.. Fuzzy Sets as a Basis for a Theory of Possibility, Fuzzy Sets and Systems ［J］, 1978（1）：3–28.

［88］ Zeleny, M.. The Attribute–Dynamic Attitude Model（ADAM）, Management Science ［J］, 1976, 23（1）：12–26.

［89］ Zimmerman, H. J.. Fuzzy Set Theory and Its Applications ［M］. 3rd ed., Boston Kluwer Academic Publisher, 1996.

［90］ 史济增. 生产函数的理论发展 ［J］. 经济论文, 1993, 1（1）。

［91］ 台湾地区交通年鉴编辑委员会. 交通年鉴, 2006 年 6 月 12 日, 取自：http：//www.motc.gov.tw/hypage.cgi？HYPAGE=yearbook.asp, 2006.

［92］ 台湾地区"交通部"运输研究所. 台湾地区民航发展的研究（总报告）［M］. 台北："交通部"民用航空局, 1997.

［93］ 台湾地区"交通部"民用航空局. 民航统计年报 ［M］. 台北："交通部"民用航空局, 2006.

［94］ 吴济华, 何柏正, 黄元璋. 台湾地区营造业营运绩效与经营策略 ［D］. 建筑学

报，2008（66）.

[95] 吴济华，刘春初. 应用 DEA 模型分析高雄市垃圾清运区队的生产效率 [J]. 中山管理评论，1998，6（3）.

[96] 林嘉信. 台湾地区国道客运业的绩效评估——三阶段资料包络分析法的应用 [D]. 中国台湾中山大学公共事务管理研究所硕士论文，2007.

[97] 高强，黄旭男，Sueyoshi. 管理绩效评估：资料包络分析法 [M]. 台北：华泰文化事业公司，2003.

[98] 许志义. 多目标决策（增订版）[M]. 台北五南图书出版公司，2003.

[99] 许晋铭. 台湾地区机场营运绩效评估——二阶段资料包络分析法的应用 [D]. 中国台湾中山大学公共事务管理研究所硕士论文，2006.

[100] 黄旭男. 资料包络分析法使用程序的研究及其在非营利组织效率评估上的应用 [M]. 中国台湾交通大学管理科学研究所博士论文，1993.

[101] 黄启诚. 科技研发项目的模糊网络决策分析 [D]. 中国台湾中山大学公共事务管理研究所博士论文，2005.

[102] 游秉睿. 我国职棒球队绩效评估：两阶段资料包络分析法的应用 [D]. 中国台湾中山大学公共事务管理研究所硕士论文，2006.

[103] 杨永列. 新竹科学园区厂商效率与生产力变动的研究 [D]. 东吴大学经济系博士论文，2000.

[104] 叶晋嘉，刘丽娟，吴济华. 运用资料包络分析法评量台湾地区健康城市度的研究 [J]. 健康城市学刊，2006（4）.

[105] 刘祥泰. 模糊资料包络分析模式的求解与应用 [D]. 中国台湾成功大学工业管理研究所博士论文，1999.

[106] 蓝武王，林村基. 铁路运输的生产效率分析：DEA 与 SFA 方法的比较 [J]. 运输学刊，2003，15（1）.

附录一　IDEAS 应用软件操作说明

一、IDEAS 应用软件介绍

（一）IDEAS 应用软件的简介

（1）IDEAS 全名为 Integrated Data Envelopment Analysis System，中文译为整合性资料包络分析系统。

（2）IDEAS 允许我们做资料及模型的管理。资料可以直接输入由 IDEAS 所维护的资料文件中，或由外部读入已由 IDEAS 结构化的资料文件中。模型管理可以让我们依特定的分析设定参数。

（3）IDEAS 将 DEA 模型分类。

1）依包络平面的形式分为：固定规模报酬（CRS）—CCR 模式，及变动规模报酬（VRS）—BCC 模式。

2）依使用的评估系统分为：Pricing System：Standard 及 Units Invariance（单位不变性）；Orientation（导向）：Input（投入导向），Output（产出导向），Base（Input/Output）（无导向性的分析模式）。

（二）IDEAS 应用软件的使用

（1）开启 IDEAS 资料夹中的 IDEAS.exe 应用程序窗口，即可开始操作软件。

（2）IDEAS 将资料与档案分开管理。

（3）资料文件是为 dbaseIII 或 dbaseIV 格式，需储存为.DBF 档案类型。

（4）模型管理是以设立参数的方式来定义所执行的分析，这些参数储存在包络档中，附档为.ENV 档案类型。

（5）每个资料集均有其包络线（平面），所以只有当所要分析的资料文件存在时，才能定义包络线。

（6）资料在进入 IDEAS 前，必须先建立一个资料文件，而资料可以人工输入资料档或由外部的 ASCII code 档 Import 进来。

（7）执行 IDEAS 软件时，使用↑、↓、←、→、Enter、Esc 键，鼠标并无作用。

二、IDEAS 应用软件操作步骤

（1）在 Excel 输入投入及产出资料（先输入产出项再输入投入项），假设有 12 个 DMU，2 项产出，2 项投入，则输入资料的形式如下表所示。

IDEAS 应用软件的资料档格式

DMU	OUTPUT1	OUTPUT2	INPUT1	INPUT2
A	80	100	40	30
B	90	70	30	60
C	85	60	93	40
D	95	130	50	70
E	90	120	80	30
F	70	82	35	45
G	60	90	75	75
H	50	82	83	67
I	70	40	100	50
J	70	105	70	60
K	70	50	75	65
L	60	70	70	23

（2）输入完产出及投入资料后，将档案存在 IDEAS 资料夹中（例如档名为 Sample1），档案类型为 DBF IV，关闭 Excel 窗口。

（3）打开 IDEAS 资料夹中的 IDEAS.exe 应用程序窗口，开始操作软件。首先进入的画面如下，将光标移到第一个选项。

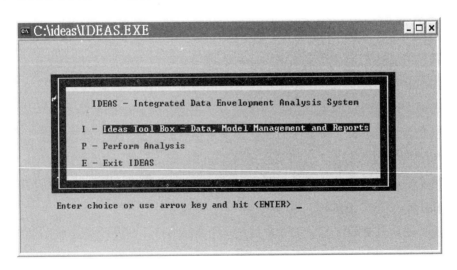

（4）依序将光标移到以下两个选项，按 Enter。

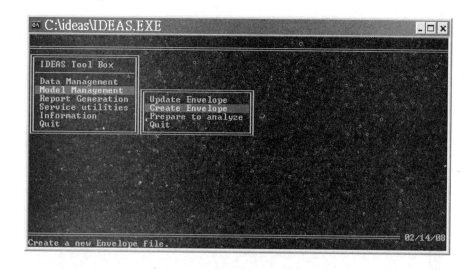

（5）依序设定各种参数，输入完毕按 Enter。

Output fields：操作时依序选取 OUTPUT11，OUTPUT2，连按 4 次 Enter

Input fields：操作时依序选取 INPUT1，INPUT2，连按 4 次 Enter

投入产出变量可以为任意（Discretionary）、非任意（Non-discretionary）或类别（Categorical）变量，请于此操作步骤选取设定

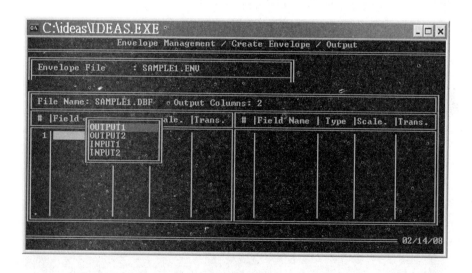

Form of Surface：亦可设定为 VRS

Evaluation System：亦可设定为 Units Invariance

Orientation：亦可设定为 Output，Base

Conversion：亦可设定为 Log 或 Exp

Price Ratios：可设定乘数比值上下限（AR 法）

输入完资料所呈现出的画面如下：

其中 Generated Reports 请设定为 Tables & Individual Reports，如此才可得出个别 DMU 的分析结果

输入完资料后，按 Enter 跳至上一层画面

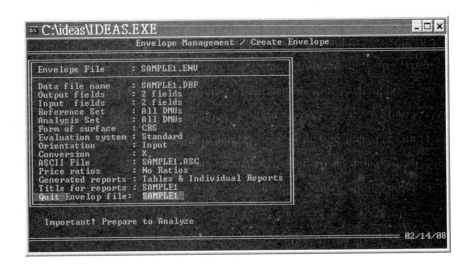

（6）依序将光标移到此两个选项，键入包络档名称。

输入包络档名后，会出现 DMU 个数的讯息。

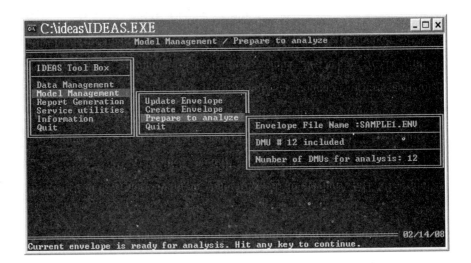

（7）连按两次 Quit，跳至首页画面，将光标移到第二个选项，开始执行分析。

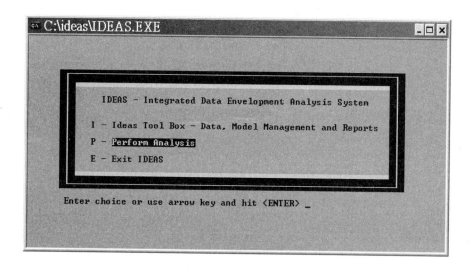

（8）输入包络档名称，按 Enter。

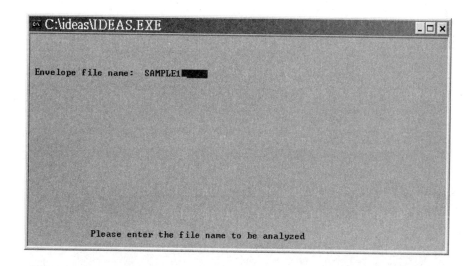

（9）出现以下讯息，表计算机分析完成，按 Enter。

（10）返回首页画面，将光标移到第一个选项，按 Enter。

（11）将光标移到第三个选项，再选择右侧所要分析的结果报表，可以选择在计算机上阅读（Screen）或打印（Printer）。

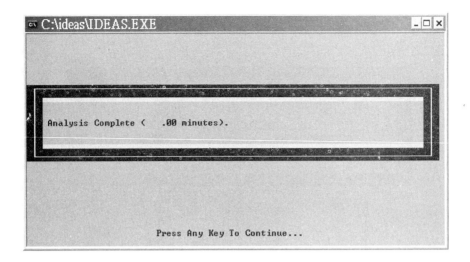

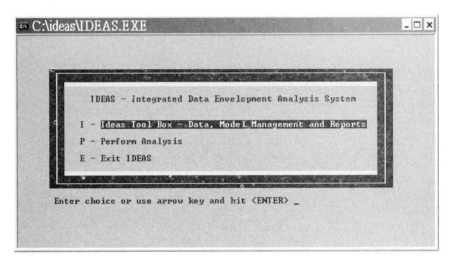

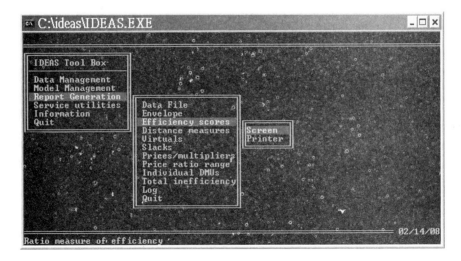

三、IDEAS 应用软件报表结果分析

（一）效率分析（Efficiency Scores）

THETA 值为总技术效率，若 Form of Surface 设定为 VRS，则得出的 THETA 值为纯技术效率，总技术效率/纯技术效率＝规模效率。

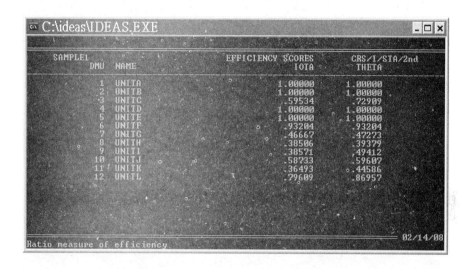

若设定为产出导向（Output Orientation），则需将 PHI 值（扩展因素）取倒数才是效率值。

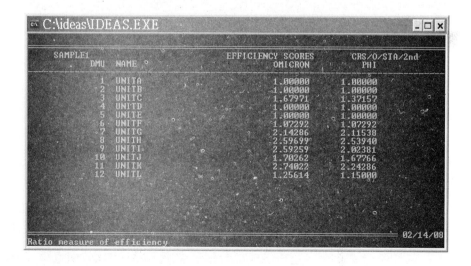

（二）差额变量分析（Slacks）

此表呈现产出差额（Output Slack）及投入超额（Input Excess），均为非射线差额。

（三）乘数（Multipliers）

此表呈现产出项乘数与投入项乘数。

（四）个别 DMU 分析

1. 有效率 DMU

Theta = 1，Inefficiency = 0（射线差额及非射线差额加总为 0），Projected = Data（投射值 = 原资料），V-input（投入加权组合）= $40 \times 1 + 30 \times 6.3333 = 230$，V-output（产出加权组合）= $80 \times 1 + 100 \times 1.5 = 230$，产出加权组合/投入加权组合 = 1（效率值），Comparison set（参考集合）为 A 本身（$\lambda_E = 0$），数字代表 DMU 权重 λ，所有 DMU 权重加总 $\sum \lambda = 1$，代表固定规模报酬（CRS）。

```
DEA REPORT

DEA: SAMPLE1
NAME: UNITA                          MODEL: CRS/I/STA/2nd
Unit:   1                            Number of Units in Analysis:  12

                  DATA     PROJECTED INEFFICIENCY      PRICE
Outputs...
OUTPUT1  <D>     80.00      80.00          .00       1.00000
OUTPUT2  <D>    100.00     100.00          .00       1.50000
Inputs....
INPUT1   <D>     40.00      40.00          .00       1.00000
INPUT2   <D>     30.00      30.00          .00       6.33333


Iota:              1.00000 Theta:                     1.00000
Delta:                .000 Sigma:                        .000
V-input:           230.000 V-output:                  230.000

Comparison Set:
UNITE     .00000        UNITA    1.00000
                                                        02/14/08
DEA Analysis for each DMU
```

2. 无效率 DMU

Theta = 0.72909 < 1，Inefficiency（射线差额及非射线差额加总至少有一变量不为 0），Proportional（代表等比率调整的射线差额），Residual（残差，代表非射线差额），产出加权组合/投入加权组合 = 230/386.333 = 0.72909（效率值），Comparison Set（参考集合）为 E、A，所有 DMU 权重加总 $\sum \lambda$ = 0.72302 + 0.24911 = 0.97213 < 1，代表该 DMU 处于规模报酬递增（IRS）。

```
OUTPUT2  <D>     60.00     111.67        51.67       1.00000
Inputs...
INPUT1   <D>     93.00      67.81       -25.19       1.00000
INPUT2   <D>     40.00      29.16       -10.84       7.33333

Analysis of Projection
               Proportional  Residual..
OUTPUT1          .000         .000
OUTPUT2          .000       51.673
INPUT1         25.194         .000
INPUT2         10.836         .000

Iota:                .59534 Theta:                     .72909
Delta:              156.333 Sigma:                     51.673
V-input:            386.333 V-output:                  230.000

Comparison Set:
UNITE     .72302        UNITA     .24911
                                                        02/14/08
DEA Analysis for each DMU
```

（五）总差额分析（Inefficiency）

射线差额及非射线差额加总，亦即投射值及观测值的差距。

```
C:\ideas\IDEAS.EXE                                        _ □ ×

  SAMPLE1                     INEFFICIENCY              CRS/I/STA/2nd

     DMU  NAME        OUTPUT1       OUTPUT2       INPUT1       INPUT2
      1   UNITA          .00           .00          .00          .00
      2   UNITB          .00           .00          .00          .00
      3   UNITC          .00         51.62       -25.19       -10.84
      4   UNITD          .00           .00          .00          .00
      5   UNITE          .00           .00          .00          .00
      6   UNITF          .00           .00        -2.38        -3.06
      7   UNITG         9.55           .00       -39.55       -39.55
      8   UNITH        15.08           .00       -50.32       -40.62
      9   UNITI          .00         50.59       -50.59       -25.29
     10   UNITJ        12.76           .00       -28.28       -24.24
     11   UNITK          .00         33.08       -41.56       -36.02
     12   UNITL          .00         10.00       -16.67        -3.00

                                                          02/14/08
Discrepency between measured and projected values
```

270

附录二　DEAP2.1-XP 应用软件操作说明

一、DEAP2.1-XP 应用软件的介绍

此计算机程序是由 Tim Coelli（1996）所撰写，来执行资料包络分析，它可以执行多种模式，三个主要的选择模式为：

（1）标准 CRS 与 VRS DEA 模式，这些模式包含计算技术效率与规模效率；上述模式可以扩展，以说明成本效率与配置效率。

（2）应用麦氏指数 DEA 法到纵横断面资料（Panel Data），以计算总要素生产力变化、技术变革、技术效率变化与规模效率变化等指数。

（3）所有方法都可以设定投入导向或产出导向（成本效率模式例外），计算机程序的结果包括：技术效率、规模效率、配置效率、成本效率等估计值；差额；同侪群体；总要素生产力变化与技术变革等。

DEAP 计算机程序是以 Fortran（Lahey F77LEM/32）撰写，适用在与 IBM 兼容的个人计算机（PCs），DEAP 计算机程序是一种 DOS 程序，但可借由 FILE MANAGER 的使用而轻易地在 WINDOWS 下作业，此程序包含一组简单的档案系统，使用者需先建立一个数据文件，以及一个小的指令文件，然后在 DOS Prompt 键入 DEAP（文件名）来开始此程序，指令文件名亦用同一文件名，此程序随后执行这些指令，并产生结果档，此结果档可使用 Text Editor 或 Word Processor 读取，Text Editor（例如 NOTEPAD 或 EDIT）；Word Processor（例如 WORD 或 WORD PERFECT）。

DEAP2.1 版在一台 IBM 个人计算机执行时，一般包含有五个档案：

（1）可执行档 DEAP.EXE。

（2）激活档 DEAP.000。

（3）资料文件（例如 TEST.DTA）。

（4）指令文件（例如 TEST.INS）。

（5）结果档（例如 TEST.OUT）。

可执行文件与激活文件存在光盘中，激活文件 DEAP.000 是一种储存关键参数值的档案，使用者可能需要或不需要加以转换，在执行程序之前，使用者必须先建立资料文件与

指令文件，结果文件则会借由 DEAP 执行产生。

(一) DEAP2.1–XP 资料档

此程序要求资料文件类型必须为纯文字文件，资料必须以特定顺序输入，资料必须以观察单元依序陈列（亦即一列代表一公司），每一字段代表某一产出或某一投入，需先输入产出项，然后再输入投入项（由左至右依序输入）。例如，若有 40 个决策单位，产出项与投入项各有 2 项，则会有 4 栏资料（每栏各有 40 笔数值），依序为 y_1，y_2，x_1，x_2。

假如您选择要执行成本效率，则需要列出每一个投入项的价格，这些价格栏必须列在投入数据域的右侧，排序与投入排序一致，亦即假如有三项产出，两项投入，则输入数据域位顺序依序为 y_1，y_2，y_3，x_1，x_2，w_1，w_2，w_1，w_2 是相对应于 x_1，x_2 投入量的投入价格。

假如您选择要执行麦氏指数，则必须列出纵横断面资料，例如若有 30 家公司 4 年的资料，则每一栏都必须先列出第一年的资料，之后依序输入第二年、第三年、第四年资料，所有公司都必须输入四年的资料，纵横断面资料必须是"平衡对称的"，亦即，所有公司在所有时期的资料均可获得。

资料文件可以由下述计算机软件包生成，例如：

（1）使用 Text Editor（例如 DOS EDIT 或 NOTEPAD）；

（2）使用 Word Processor（例如 WORD 或 WORD PERFECT），并储存成 Text 类型；

（3）使用电子表格 Spreadsheet（例如 LOTUS 或 EXCEL）并将档案打印；

（4）使用统计软件包（例如 SHAZAM 或 SAS）并将资料写入档案。

资料文件必须全为数字，以 Space 或 Tabs 隔开资料，不能有任何字段名称。

(二) DEAP2.1–XP 指令文件

指令文件是一种纯文字文件，通常利用 Text Editor 或 Word Processor 来建立，建立指令文件的最简易方法为复制 DBLANK.INS 档，此档案是由此计算机程序提供（使用在WINDOWS 的 FILE MANAGER 的 FILE/COPY Menus，或使用在 DOS Prompt 的 COPY 命令），之后我们编辑指令文件（利用 Text Editor 或 Word Processor），并输入相关信息，描述指令文件架构的最佳方案是参阅某一既成案例。

(三) DEAP2.1–XP 结果档

如前所述，当指令文件执行后，借由 DEAP 计算机程序可产生结果档，结果档是一种纯文字文件，结果文件可使用 Text Editor（例如 NOTEPAD 或 EDIT），或使用 Word Processor（例如 WORD 或 WORD PERFECT），结果也可输入到电子表格 Spreadsheet 程序（例如 LOTUS 或 EXCEL），并可将图与表列于随后的报告文件中。

二、DEAP2.1-XP 应用软件的操作步骤

（1）先在 EXCEL 输入资料

假设有 6 个 DMUs，2 个产出，1 个投入。（A 栏输入 Ouput1 的数值，B 栏输入 Output2 的数值，C 栏输入 Input1 的数值）。

DEAP2.1-XP 资料档格式

	A	B	C
1	6	12	3
2	5	14	4
3	5	11	5
4	6	6	5
5	7	7	3
6	3	7	5

（2）将档案存在 DEAP2.1-XP 资料夹中，档案类型为［文字文件（Tab 字符分隔）(*.txt)］，之后关闭 EXCEL 窗口。假设档名为 c1。

（3）开启 DEAP2.1-XP 数据夹，开始编写指令文件，将鼠标移到 EG1.INS（网际网路通信协议），按鼠标右键选择开启档案中的 WordPad，即会开启指令文件。

（4）将指令修改如下（中文部分为指令说明，第 1 栏参数视研究需要可做变更），修改后记得要储存档案，以取代原先的指令文件。

DEAP2.1-XP 指令档说明

c1.txt	DATA FILE NAME → 资料文件名称
c1.out	OUTPUT FILE NAME → 结果档名称
6	NUMBER OF FIRMS → 决策单位数目
1	NUMBER OF TIME PERIODS → 年期数目
2	NUMBER OF OUTPUTS → 产出项数目
1	NUMBER OF INPUTS → 投入项数目
1	0 = INPUT AND 1 = OUTPUT ORIENTATED → 投入或产出导向
1	0 = CRS AND 1 = VRS → CCR 模式或 BCC 模式
0	0 = DEA（MULTI-STAGE），1 = COST-DEA，2 = MALMQUIST-DEA，3 = DEA（1-STAGE），4 = DEA（2-STAGE）→ 模式选择［0：一般类型 DEA；1：成本效率 DEA（需要知道投入价格，以运行出配置（价格）效率及总效率）；2：麦氏指数 DEA（跨期效率变动）；3：一阶段 DEA；4：两阶段 DEA］

（5）开始运行 DEAP2.1-XP 软件，按计算机左下角的开始→执行→开启，输入 cmd，按确定。

（6）按确定后会出现如下的作业窗口。

（7）寻找根目录，例如寻找 C 盘 deap2.1-xp 数据夹。

C：\Documents and Settings\Administrator>cd c：\

C：\>cd deap2.1-xp

（8）输入资料文件名 c1。

C：\Deap2.1–XP>deap c1

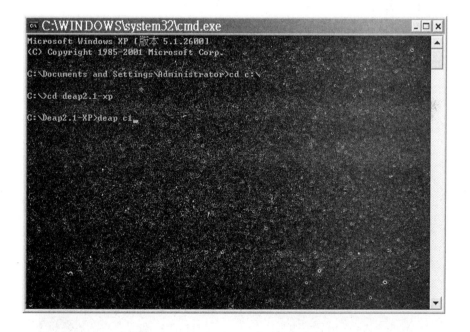

（9）按 Enter，出现下面讯息，便可输入指令文件 eg1.ins。

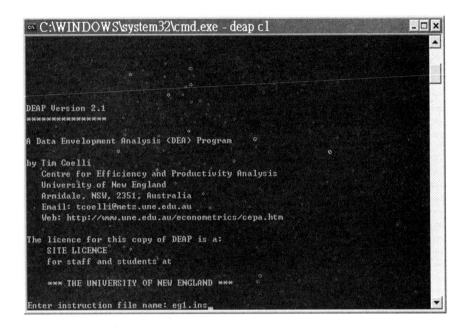

（10）Enter instruction file name：eg1.ins。

按 Enter，出现下面讯息。

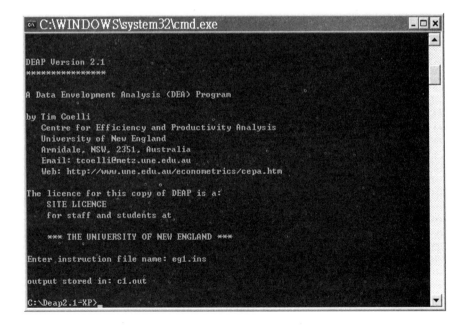

（11）Output Stored in：c1.out。表明结果文件已经储存在 DEAP2.1–XP 资料夹中开启 DEAP2.1–XP 资料夹中的 c1.out，即为结果文件报表。

三、麦氏指数 DEA 数据文件及指令文件

（一）麦氏指数 DEA 资料文件

假设有 3 家公司，3 年度资料，2 个产出，1 个投入（A 栏输入 Output1，B 栏输入 Output2，C 栏输入 Input1）。依序输入第一年、第二年、第三年资料，文件名为 m1。

麦氏 DEA 资料档格式

		Output1	Output2	Input1
		A	B	C
第一年资料	1	6	12	3
	2	5	14	4
	3	5	11	5
第二年资料	4	6	6	5
	5	7	7	3
	6	3	7	5
第三年资料	7	4	8	6
	8	3	4	6
	9	5	9	4

（二）麦氏指数指令文件

麦氏 DEA 资料档说明

m1.txt	DATA FILE NAME → 资料文件名称
m1.out	OUTPUT FILE NAME → 结果文件名称
3	NUMBER OF FIRMS → 决策单位数目
3	NUMBER OF TIME PERIODS → 年期数目
2	NUMBER OF OUTPUTS → 产出项数目
1	NUMBER OF INPUTS → 投入项数目
1	0 = INPUT AND 1 = OUTPUT ORIENTATED → 产出导向
0	0 = CRS AND 1 = VRS → 设定为固定规模报酬（CCR 模式）
2	0 = DEA（MULTI-STAGE），1 = COST-DEA，2 = MALMQUIST-DEA，3 = DEA（1-STAGE），4 = DEA（2-STAGE）→ 模式选择 [2：麦氏指数 DEA（跨期效率变动）]

四、成本效率 DEA 资料文件及指令文件

(一) 成本效率 DEA 资料文件

假设有 6 个 DMUs，2 个产出，1 个投入。(A 栏输入 Output1，B 栏输入 Output2，C 栏输入 Input1，D 栏输入 Input1 的单位价格 Price1)。文件名为 s1。

成本效率 DEA 资料文件格式

	Output1	Output2	Input1	Price1
	A	B	C	D
1	6	12	3	5
2	5	14	4	5
3	5	11	5	5
4	6	6	5	5
5	7	7	3	5
6	3	7	5	5

(二) 成本效率 DEA 指令文件

成本效率 DEA 指令文件说明

m1.txt	DATA FILE NAME → 资料文件名称
m1.out	OUTPUT FILE NAME → 结果档名称
6	NUMBER OF FIRMS → 决策单位数目
1	NUMBER OF TIME PERIODS → 年期数目
2	NUMBER OF OUTPUTS → 产出项数目
1	NUMBER OF INPUTS → 投入项数目
1	0 = INPUT AND 1 = OUTPUT ORIENTATED → 产出导向
0	0 = CRS AND 1 = VRS → 设定为固定规模报酬（CCR 模式）
1	0 = DEA（MULTI-STAGE），1 = COST-DEA，2 = MALMQUIST-DEA，3 = DEA（1-STAGE），4 = DEA（2-STAGE）→ 模式选择 [1：成本效率 DEA（需要知道投入价格，以运行出配置（价格）效率及总效率)]

五、DEAP 应用软件报表结果分析

(一) 变动规模报酬（VRS）模式报表结果解读

变动规模报酬（VRS）模式结果文件

Results from DEAP Version 2.1
Instruction file = eg1.ins
Data file　　　　　= A1.txt
Input orientated DEA　　投入导向 DEA，由投入面调整
Scale assumption：VRS　　规模假定：变动规模报酬（BCC 模式）

Slacks calculated using multi-stage method

EFFICIENCY SUMMARY：

	总技术 效率	纯技术 效率	规模 效率	规模 报酬
firm	crste	vrste	scale	
1	1.000	1.000	1.000	-固定
2	1.000	1.000	1.000	-固定
3	1.000	1.000	1.000	-固定
4	0.600	0.667	0.900	irs 递增
mean	0.900	0.917	0.975	

效率值平均数

Note：crste = technical efficiency from CRS DEA（固定规模报酬下的技术效率）

vrste = technical efficiency from VRS DEA（变动规模报酬下的技术效率）

scale = scale efficiency = crste/vrste（规模效率=总技术效率/纯技术效率）

Note also that all subsequent tables refer to VRS results（下述报表都是变动规模报酬 BCC 模式下的结果）

SUMMARY OF OUTPUT SLACKS：产出差额（非射线差额），即个别 DMU 报表的 slack movement

firm	output：	1
1		0.000
2		0.000
3		0.000
4		0.000
mean		0.000

SUMMARY OF INPUT SLACKS：投入差额（非射线差额）

firm	input：	1	2
1		0.000	0.000
2		0.000	0.000
3		0.000	0.000
4		0.000	0.000
mean		0.000	0.000

SUMMARY OF PEERS：参考同侪

firm	Peers：	
1	1	
2	2	
3	3	
4	2	1

SUMMARY OF PEER WEIGHTS：参考同侪权重

(in same order as above) 参考同侪同上表，例如 4 参考集合为 2，1，权重分别为 0.833，0.167

firm	peer weights:	
1	1.000	
2	1.000	
3	1.000	
4	0.833	0.167

PEER COUNT SUMMARY：参考同侪出现次数，自己成为自己参考集合不算，只有1，2各为4的参考集合，次数皆计1次

(i.e., no. times each firm is a peer for another)

firm	peer count:
1	1
2	1
3	0
4	0

SUMMARY OF OUTPUT TARGETS：产出项的目标值

firm output:	1
1	1.000
2	1.000
3	2.000
4	1.000

SUMMARY OF INPUT TARGETS：投入项的目标值

firm input:	1	2
1	1.000	3.000
2	3.000	1.000
3	3.000	3.000
4	2.667	1.333

FIRM BY FIRM RESULTS：各DMU结果分析

Results for firm: 1

Technical efficiency = 1.000 纯技术效率

Scale efficiency = 1.000（crs）规模效率 = 1（固定规模报酬）

PROJECTION SUMMARY：

投入产出项 variable		原始值 original value	+	射线差额 radial movement	+	非射线差额 slack movement	=	投射目标值 projected value
output	1	1.000		0.000		0.000		1.000
input	1	1.000		0.000		0.000		1.000
input	2	3.000		0.000		0.000		3.000

LISTING OF PEERS：

参考同侪	权重
peer	lambda weight
1	1.000

Results for firm： 2

Technical efficiency = 1.000 纯技术效率

Scale efficiency　= 1.000 （crs）规模效率 = 1 （固定规模报酬）

PROJECTION SUMMARY：

投入产出项		原始值 +	射线差额 +	非射线差额 =	投射目标值
variable		original	radial	slack	projected
		value	movement	movement	value
output	1	1.000	0.000	0.000	1.000
input	1	3.000	0.000	0.000	3.000
input	2	1.000	0.000	0.000	1.000

LISTING OF PEERS：

参考同侪	权重
peer	lambda weight
2	1.000

Results for firm： 3

Technical efficiency = 1.000 纯技术效率

Scale efficiency　= 1.000 （crs）规模效率 = 1 （固定规模报酬）

PROJECTION SUMMARY：

投入产出项		原始值 +	射线差额 +	非射线差额 =	投射目标值
variable		original	radial	slack	projected
		value	movement	movement	value
output	1	2.000	0.000	0.000	2.000
input	1	3.000	0.000	0.000	3.000
input	2	3.000	0.000	0.000	3.000

LISTING OF PEERS：

参考同侪	权重
peer	lambda weight
3	1.000

Results for firm： 4

Technical efficiency = 0.667 纯技术效率

Scale efficiency　= 0.900 （irs）规模效率 = 0.900 （规模报酬递增）

PROJECTION SUMMARY：

投入产出项		原始值 +	射线差额 +	非射线差额 =	投射目标值
variable		original	radial	slack	projected
		value	movement	movement	value
output	1	1.000	0.000	0.000	1.000

input	1	4.000	−1.333	0.000	2.667
input	2	2.000	−0.667	0.000	1.333

LISTING OF PEERS:

参考同侪	权重
peer	lambda weight
2	0.833
1	0.167

（二）成本效率模式报表结果解读

成本效率模式结果文件

Results from DEAP Version 2.1

Instruction file = eg3.ins

Data file = eg3.dta

Cost efficiency DEA

Scale assumption：CRS

EFFICIENCY SUMMARY：

	技术效率	配置效率	成本效率
firm	te	ae	ce
1	0.500	0.706	0.353
2	1.000	0.857	0.857
3	0.833	0.900	0.750
4	0.714	0.933	0.667
5	1.000	1.000	1.000
mean	0.810	0.879	0.725

Note：te = technical efficiency 技术效率

ae = allocative efficiency = ce/te 配置效率 = 成本效率/技术效率

ce = cost efficiency 成本效率

SUMMARY OF COST MINIMISING INPUT QUANTITIES：最小成本的投入数量

配置

firm input:	1	2
1	3.000	1.000
2	6.000	2.000
3	9.000	3.000
4	3.000	1.000
5	6.000	2.000

（三）麦氏 DEA 模式报表结果解读

麦氏 DEA 模式结果文件

Results from DEAP Version 2.1

Instruction file = eg1.ins

Data file   = ds1.txt

Output orientated Malmquist DEA

DISTANCES SUMMARY 距离函数值

year =   1

firm no.	以前一年、本年、后一年为效率边界所得出的总技术效率 crs te rel to tech in yr ***********************			纯技术效率 vrs te
	t − 1	t	t + 1	
1	0.000	1.000	0.877	1.000
2	0.000	0.462	0.405	0.586
3	0.000	0.504	0.442	0.789
4	0.000	0.416	0.365	1.000
5	0.000	0.821	0.720	0.886
mean	0.000	0.641	0.562	0.852

year =   2

firm no.	以前一年、本年、后一年为效率边界所得出的总技术效率 crs te rel to tech in yr ***********************			纯技术效率 vrs te
	t − 1	t	t + 1	
1	1.140	1.000	1.672	1.000
2	0.598	0.524	0.877	0.674
3	0.642	0.563	0.942	1.000
4	0.381	0.335	0.559	1.000
5	0.881	0.773	1.292	0.877
mean	0.728	0.639	1.069	0.910

year =   3

firm no.	以前一年、本年、后一年为效率边界所得出的总技术效率 crs te rel to tech in yr ***********************			纯技术效率 vrs te
	t − 1	t	t + 1	
1	0.598	1.000	0.000	1.000
2	0.443	0.741	0.000	0.854

3	0.352	0.589	0.000	0.797
4	0.408	0.683	0.000	1.000
5	0.565	0.944	0.000	1.000
mean	0.473	0.791	0.000	0.930

[Note that t − 1 in year 1 and t + 1 in the final year are not defined]

第一年的 t − 1 期与最后一年的 t + 1 期并不存在

MALMQUIST INDEX SUMMARY 麦氏指数分析结果

year =   2（第 1 年~第 2 年）

firm	总技术效率 变动 effch	技术变革 techch	纯技术效率 变动 pech	规模效率 变动 sech	总要素生产 力变动 tfpch
1	1.000	1.140	1.000	1.000	1.140
2	1.135	1.140	1.150	0.987	1.294
3	1.118	1.140	1.268	0.882	1.274
4	0.804	1.140	1.000	0.804	0.916
5	0.941	1.140	0.989	0.951	1.073
mean	0.992	1.140	1.076	0.922	1.130

year =   3（第 2 年~第 3 年）

firm	总技术效率 变动 effch	技术变革 techch	纯技术效率 变动 pech	规模效率 变动 sech	总要素生产 力变动 tfpch
1	1.000	0.598	1.000	1.000	0.598
2	1.413	0.598	1.267	1.115	0.845
3	1.046	0.598	0.797	1.313	0.625
4	2.040	0.598	1.000	2.040	1.220
5	1.222	0.598	1.140	1.072	0.731
mean	1.298	0.598	1.029	1.262	0.776

MALMQUIST INDEX SUMMARY OF ANNUAL MEANS

以各个跨期为标的所计算出的各种效率及生产力变动的几何平均数

year	effch	techch	pech	sech	tfpch
2	0.992	1.140	1.076	0.922	1.130
3	1.298	0.598	1.029	1.262	0.776
mean	1.135	0.826	1.052	1.079	0.937

MALMQUIST INDEX SUMMARY OF FIRM MEANS

以各个公司为标的所计算出的各种效率及生产力变动的几何平均数

firm	effch	techch	pech	sech	tfpch
1	1.000	0.826	1.000	1.000	0.826
2	1.267	0.826	1.207	1.049	1.046

3	1.081	0.826	1.005	1.076	0.893
4	1.281	0.826	1.000	1.281	1.057
5	1.072	0.826	1.062	1.010	0.885
mean	1.135	0.826	1.052	1.079	0.937

[Note that all Malmquist index averages are geometric means]

所有麦氏指数平均数均为几何平均数

附录三 Banxia Frontier Analyst3 应用软件操作说明

一、Banxia Frontier Analyst3 应用软件介绍

Frontier Analyst3 是英国 Banxia 公司所研发出的 DEA 应用软件，使用者可直接在 Frontier Analyst 键入资料，亦可在 SPSS 或 Excel 键入资料，再 Import 进入 Frontier Analyst3，其主要分析模式为 CCR-I，CCR-O，BCC-I，BCC-O 四种模式。此外，亦可将变量设定为不可控制变量，执行不可控制变量分析模式，亦可设定各变量的乘数上下限，操作简单，图表呈现美观，但可选择的分析模式不多。

二、Banxia Frontier Analyst3 应用软件操作步骤

（1）开启 Banxia Frontier Analyst→Frontier Analyst Professional→Open Project→New→Name for new project（档案命名 ex：DEA1），按 OK。

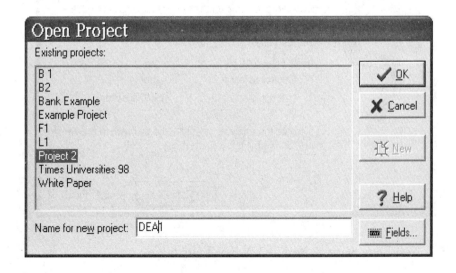

（2）进入 Project Wizard，选择 Typed into Data Editor，按 Next。

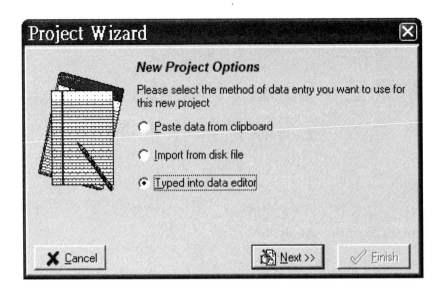

（3）开始设定投入、产出项名称及 DMU 名称（假设有 2 个投入项，1 个产出项，4 个 DMU）：Variable Name：I1（设定选择 Controlled Input），按 Next，Variable Name：I2（设定选择 Controlled Input），按 Next，Variable Name：O1（设定选择 Output）。设定完投入产出项后按 Finish。

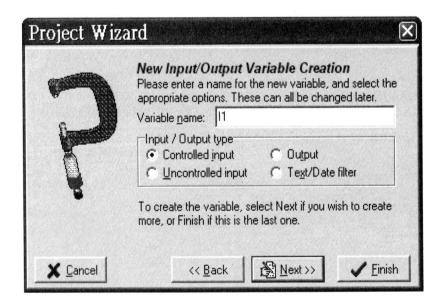

（4）进入 Next Entry Stage 按 Next，进入 New Entry Stage。

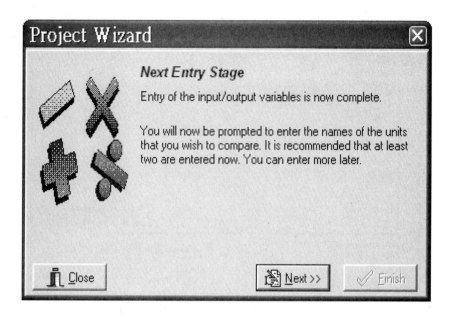

（5）开始输入 DMU 名称，依序输入 A，按 Next，输入 B，按 Next，输入 C，按 Next，输入 D，按 Finish。

（6）依序输入投入及产出资料。

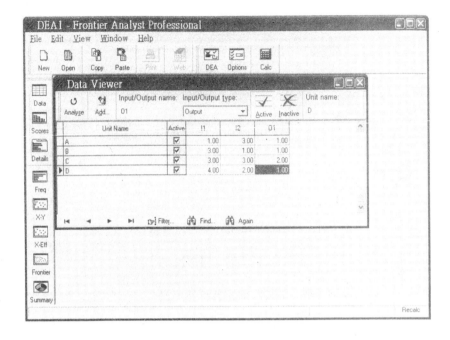

三、Banxia Frontier Analyst3 应用软件报表结果分析

（1）按 Scores，即运算出整体效率值。

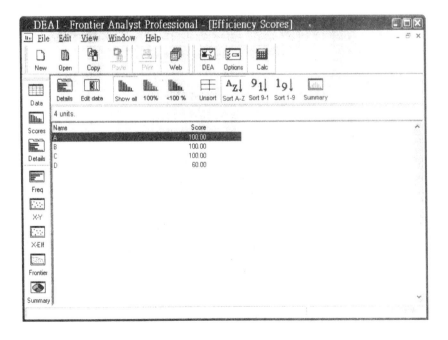

（2）按 Details，可运算出个别 DMU 分析结果。

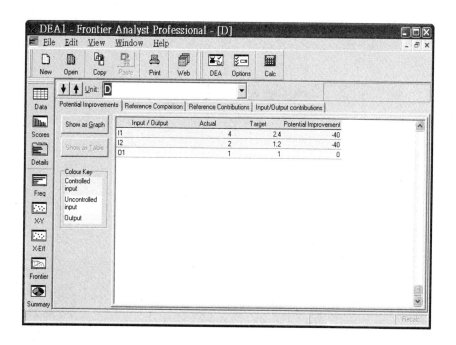

（3）若要运算 BCC 模型，按 View→DEA option，将 Scaling mode 改成 BCC mode 再按
Scores。Optimisation mode 是选择投入（Min In）或产出（Max Out）导向。

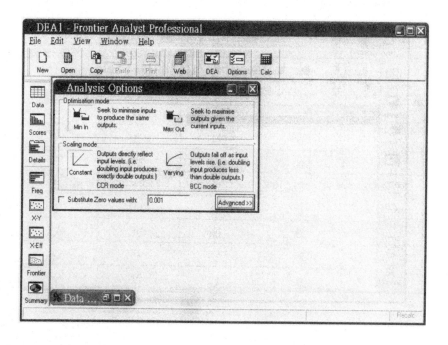

按 Advanced 可设定各变量的乘数上下限。

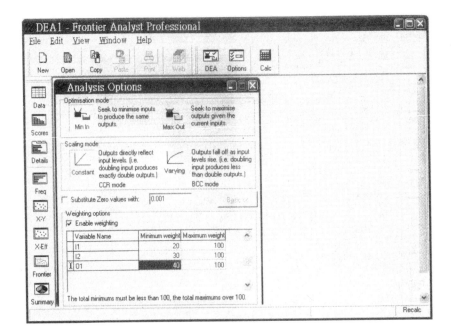

（4）可得出纯技术效率值。

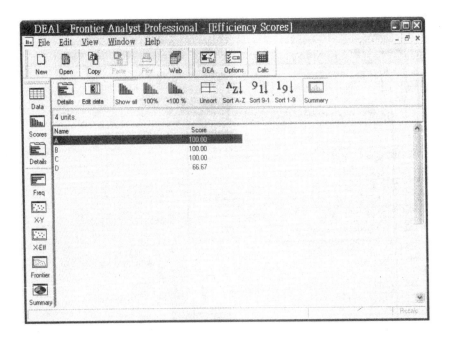

附录四 DEA-Solver Pro6.0 应用软件操作说明

一、DEA-Solver Pro 6.0 应用软件介绍

DEA-Solver-Pro 6.0 应用软件是由 SAITECH 公司所研发出来的应用软件，6.0 版是 2007 年的最新版本，它比之前的版本多了网络 DEA（Network DEA）模式。此软件可以执行 37 类，共计 157 种分析模式，操作步骤非常简单，执行速度快是此软件的一大特点。至于资料输入方式，读者可参阅光盘中 Samples 资料夹中的各类案例，应该很容易就可学会。下表为一般 CCR、BCC 模式的资料文件，（I）代表投入项，（O）代表产出项。

DEA-Solver-Pro 6.0 应用软件资料文件格式（CCR 模式）

DMU	（I）X1	（I）X2	（O）Y1	（O）Y2
A	40	30	80	100
B	30	60	90	70
C	93	40	85	60
D	50	70	95	130
E	80	30	90	120
F	35	45	70	82
G	75	75	60	90
H	83	67	50	82
I	100	50	70	40
J	70	60	70	105
K	75	65	70	50
L	70	23	60	70

DEA-Solver-Pro 6.0 应用软件分析类型及模式名称

编号	类型	模式名称
1	CCR	CCR-I, CCR-O
2	BCC	BCC-I, BCC-O
3	IRS	IRS-I, IRS-O
4	DRS	DRS-I, DRS-O
5	GRS	GRS-I, GRS-O
6	AR（Assurance Region）	AR-I-C, AR-I-V, AR-I-GRS, AR-O-C, AR-O-V, AR-O-GRS

编号	类型	模式名称
7	ARG（Assurance Region Global）	ARG-I-C，ARG-I-V，ARG-I-GRS，ARG-O-C，ARG-O-V，ARG-O-GRS
8	NCN（Non-controllable）	NCN-I-C，NCN-I-V，NCN-O-C，NCN-O-V
9	NDSC（Non-discretionary）	NDSC-I-C，NDSC-I-V，NDSC-I-GRS，NDSC-O-C，NDSC-O-V，NDSC-O-GRS
10	BND（Bounded Variable）	BND-I-C，BND-I-V，BND-I-GRS，BND-O-C，BND-O-V，BND-O-GRS
11	CAT（Categorical Variable）	CAT-I-C，CAT-I-V，CAT-O-C，CAT-O-V
12	SYS（Different Systems）	SYS-I-C，SYS-I-V，SYS-O-C，SYS-O-V
13	SBM-Oriented（Slacks-based Measure）	SBM-I-C，SBM-I-V，SBM-I-GRS，SBM-O-C，SBM-O-V，SBM-O-GRS，SBM-AR-I-C，SBM-AR-I-V，SBM-AR-O-C，SBM-AR-O-V
14	SBM-NonOriented	SBM-C，SBM-V，SBM-GRS，SBM-AR-C，SBM-AR-V
15	Weighted SBM	WeightedSBM-C，WeightedSBM-V，WeightedSBM-I-C，WeightedSBM-I-V，WeightedSBM-O-C，WeightedSBM-O-V
16	Super-SBM-Oriented	Super-SBM-I-C，Super-SBM-I-V，Super-SBM-I-GRS，Super-SBM-O-C，Super-SBM-O-V，Super-SBM-O-GRS
17	Super-SBM-NonOriented	Super-SBM-C，Super-SBM-V，Super-SBM-GRS
18	Super-Radial	Super-CCR-I，Super-CCR-O，Super-BCC-I，Super-BCC-O
19	Cost	Cost-C，Cost-V，Cost-GRS
20	New-Cost	New-Cost-C，New-Cost-V，New-Cost-GRS
21	Revenue	Revenue-C，Revenue-V，Revenue-GRS
22	New-Revenue	New-Revenue-C，New-Revenue-V，New-Revenue-GRS
23	Profit	Profit-C，Profit-V，Profit-GRS
24	New-Profit	New-Profit-C，New-Profit-V，New-Profit-GRS
25	Ratio（Revenue/Cost）	Ratio-C，Ratio-V
26	Bilateral	Bilateral
27	Window	Window-I-C，Window-I-V，Window-I-GRS，Window-O-C，Window-O-V，Window-O-GRS
28	FDH	FDH
29	Adjusted Projection	Adj-CCR-I，Adj-CCR-O，Adj-BCC-I，Adj-BCC-O，Adj-AR-I-C，Adj-AR-I-V，Adj-AR-O-C，Adj-AR-O-V
30	Malmquist-NonRadial	Malmquist-I-C，Malmquist-I-V，Malmquist-I-GRS，Malmquist-O-C，Malmquist-O-V，Malmquist-O-GRS，Malmquist-C，Malmquist-V，Malmquist-GRS
31	Malmquist-Radial	Malmquist-Radial-I-C，Malmquist-Radial-I-V，Malmquist-Radial-I-GRS，Malmquist-Radial-O-C，Malmquist-Radial-O-V，Malmquist-Radial-O-GRS
32	Scale Elasticity	Elasticity-I，Elasticity-O
33	Congestion	Congestion
34	Undesirable Outputs	BadOutput-C，BadOutput-V，BadOutput-GRS，NonSeparable-C，NonSeparable-V，NonSeparable-GRS
35	Hybrid	Hybrid-C，Hybrid-V，Hybrid-I-C，Hybrid-I-V，Hybrid-O-C，Hybrid-O-V
36	Network DEA（Oriented）	Network DEA-I(O)-C(V)（fixed，free）
37	Network DEA（Non-Oriented）	Network DEA-C(V)（fixed，free）

二、DEA-Solver Pro 6.0 应用软件操作步骤

（1）开启 SAITECH 资料夹的 DEA-Solver-PRO60a，即会出现以下画面，按 Click here to start，开始执行软件操作。

（2）软件执行步骤介绍，按 OK。

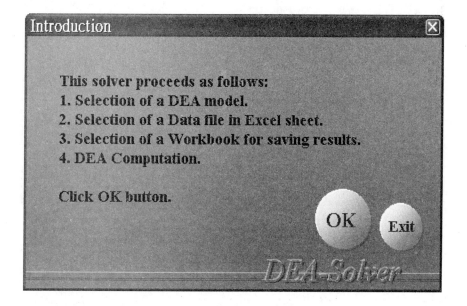

（3）选择分析模式，先选取左边的模式分类，再选择右边更为详细的模式类型。

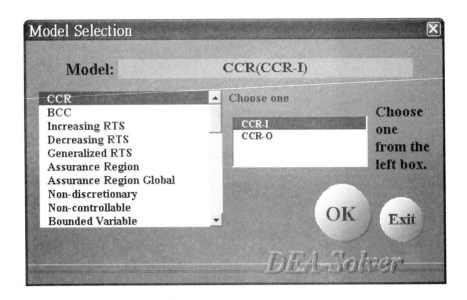

（4）开始选取欲分析的资料文件，按 OK。

（5）开启欲分析的资料文件。

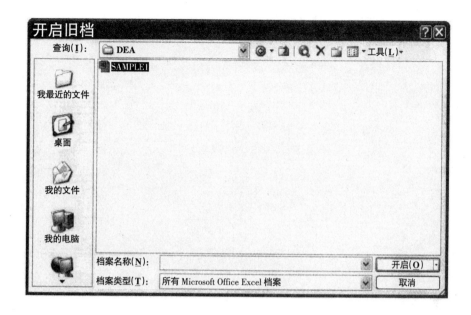

（6）选择结果文件电子表格名称 Sheet1，按 OK。

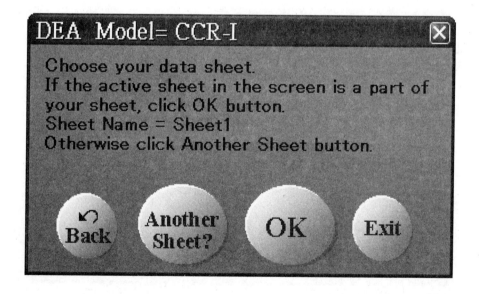

（7）选择结果文件的存盘位置，按 OK。

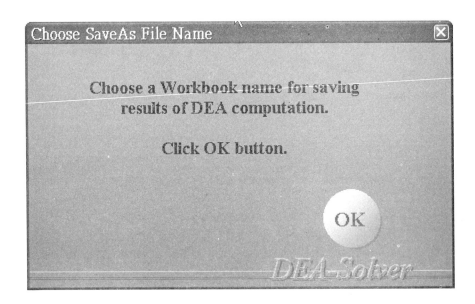

（8）输入结果档的存盘名称，输入后按 OK。

（9）开始执行 DEA 模式分析，按 Run。

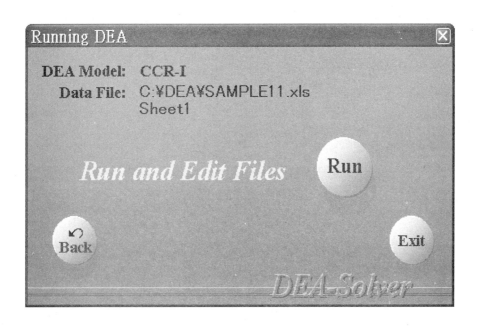

（10）DEA 模式执行完毕，要继续执行其他模式，请按 Re-run，结束分析请按 Exit。

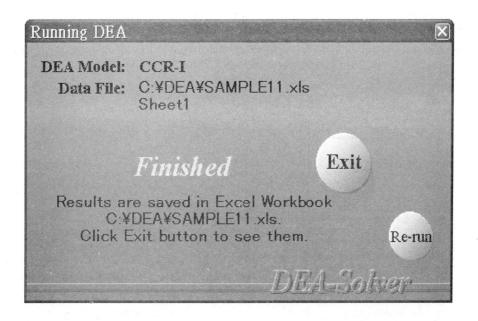

（11）开启结果文件，可点选表格下端的次结果档阅读或打印，例如 Score（效率值）；Rank（效率排序）；Projection（效率边界投射值）；Weight（投入及产出权重）；Weight Data（投入及产出加权值）；Slack（投入及产出差额）。不同模式会有不同的次结果文件。

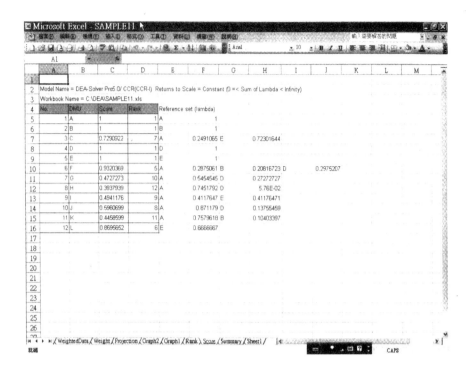

三、DEA-Solver Pro 6.0 应用软件报表结果分析

（1）Score（效率值）。

Model Name = DEA-Solver Pro6.0/CCR（CCR-I）Returns to Scale = Constant（0=< Sum of Lambda < Infinity）

Workbook Name = C：\ DEA\SAMPLE11.xls

No.	DMU	Score	Rank	Reference set (lambda)					
1	A	1	1	A	1				
2	B	1	1	B	1				
3	C	0.7290922	7	A	0.2491065	E	0.72301644		
4	D	1	1	D	1				
5	E	1	1	E	1				
6	F	0.9320369	5	A	0.2875061	B	0.20816723	D	0.2975207
7	G	0.4727273	10	A	0.5454545	D	0.27272727		
8	H	0.3937939	12	A	0.7451792	D	5.76E−02		
9	I	0.4941176	9	A	0.4117647	E	0.41176471		
10	J	0.5960699	8	A	0.871179	D	0.13755459		
11	K	0.4458599	11	A	0.7579618	B	0.10403397		
12	L	0.8695652	6	E	0.6666667				

（2）Projection（效率边界投射值）。

Model Name = DEA-Solver Pro6.0/CCR（CCR-I）Returns to Scale = Constant（0=< Sum of Lambda < Infinity）

Workbook Name = C：\DEA\SAMPLE11.xls

No.	DMU I/O	Score Data	Projection	Difference	%
1	A	1			
	X1	40	40	0	0.00
	X2	30	30	0	0.00
	Y1	80	80	0	0.00
	Y2	100	100	0	0.00
2	B	1			
	X1	30	30	0	0.00
	X2	60	60	0	0.00
	Y1	90	90	0	0.00
	Y2	70	70	0	0.00
3	C	0.7290922			
	X1	93	67.805575	−25.194425	−27.09
	X2	40	29.163688	−10.836312	−27.09
	Y1	85	85	0	0.00
	Y2	60	111.67262	51.672623	86.12
4	D	1			
	X1	50	50	0	0.00
	X2	70	70	0	0.00
	Y1	95	95	0	0.00
	Y2	130	130	0	0.00
5	E	1			
	X1	80	80	0	0.00
	X2	30	30	0	0.00
	Y1	90	90	0	0.00
	Y2	120	120	0	0.00
6	F	0.9320369			
	X1	35	32.621293	−2.3787069	−6.80
	X2	45	41.941663	−3.0583374	−6.80
	Y1	70	70	0	0.00
	Y2	82	82	0	0.00
7	G	0.4727273			
	X1	75	35.454545	−39.545455	−52.73
	X2	75	35.454545	−39.545455	−52.73
	Y1	60	69.545455	9.5454545	15.91
	Y2	90	90	0	0.00

No.	DMU I/O	Score Data	Projection	Difference	%
	H	0.3937939			
8	X1	83	32.684891	−50.315109	−60.62
	X2	67	26.384189	−40.615811	−60.62
	Y1	50	65.08201	15.08201	30.16
	Y2	82	82	0	0.00
	I	0.4941176			
9	X1	100	49.411765	−50.588235	−50.59
	X2	50	24.705882	−25.294118	−50.59
	Y1	70	70	0	0.00
	Y2	40	90.588235	50.588235	126.47
	J	0.5960699			
10	X1	70	41.724891	−28.275109	−40.39
	X2	60	35.764192	−24.235808	−40.39
	Y1	70	82.762009	12.762009	18.23
	Y2	105	105	0	0.00
	K	0.4458599			
11	X1	75	33.43949	−41.56051	−55.41
	X2	65	28.980892	−36.019108	−55.41
	Y1	70	70	0	0.00
	Y2	50	83.078556	33.078556	66.16
	L	0.8695652			
12	X1	70	53.333333	−16.666667	−23.81
	X2	23	20	−3	−13.04
	Y1	60	60	0	0.00
	Y2	70	80	10	14.29

（3）Weight（投入及产出权重）。

Model Name = DEA-Solver Pro6.0/CCR（CCR-I）Returns to Scale = Constant（0=< Sum of Lambda < Infinity）

Workbook Name = C：\DEA\SAMPLE11.xls

No.	DMU	Score	V（1）X1	V（2）X2	U（1）Y1	U（2）Y2
1	A	1	2.16E−02	4.59E−03	6.53E−03	4.77E−03
2	B	1	2.10E−02	6.19E−03	8.33E−03	3.57E−03
3	C	0.7290922	2.14E−03	2.00E−02	8.58E−03	0
4	D	1	1.91E−02	6.78E−04	1.90E−03	6.31E−03
5	E	1	3.19E−03	2.48E−02	7.84E−03	2.45E−03
6	F	0.9320369	2.73E−02	9.72E−04	2.72E−03	9.04E−03
7	G	0.4727273	1.25E−02	8.08E−04	0	5.25E−03
8	H	0.3937939	1.15E−02	7.39E−04	0	4.80E−03

No.	DMU	Score	V(1) X1	V(2) X2	U(1) Y1	U(2) Y2
9	I	0.4941176	1.76E−03	1.65E−02	7.06E−03	0
10	J	0.5960699	1.35E−02	8.73E−04	0	5.68E−03
11	K	0.4458599	8.92E−03	5.10E−03	6.37E−03	0
12	L	0.8695652	0	4.35E−02	1.45E−02	0

（4）Weight Data（投入及产出加权值）。

Model Name = DEA-Solver Pro6.0/CCR（CCR-I）Returns to Scale = Constant（0=< Sum of Lambda < Infinity）

Workbook Name = C：\ DEA\SAMPLE11.xls

No.	DMU	Score	VX (1) X1	VX (2) X2	UY (1) Y1	UY (2) Y2
1	A	1	0.8623116	0.13768844	0.5226131	0.4773869
2	B	1	0.6285714	0.37142857	0.75	0.25
3	C	0.7290922	0.1994282	0.80057184	0.7290922	0
4	D	1	0.9525424	0.04745763	0.180339	0.819661
5	E	1	0.254902	0.74509804	0.7058824	0.2941176
6	F	0.9320369	0.956247	4.38E−02	0.1905688	0.7414682
7	G	0.4727273	0.9393939	6.06E−02	0	0.4727273
8	H	0.3937939	0.9504987	4.95E−02	0	0.3937939
9	I	0.4941176	0.1764706	0.82352941	0.4941176	0
10	J	0.5960699	0.9475983	5.24E−02	0	0.5960699
11	K	0.4458599	0.6687898	0.33121019	0.4458599	0
12	L	0.8695652	0	1	0.8695652	0

（5）Slack（投入及产出差额）。

Model Name = DEA-Solver Pro6.0/CCR（CCR-I）Returns to Scale = Constant（0 =< Sum of Lambda < Infinity）

Workbook Name = C：\DEA\SAMPLE11.xls

No.	DMU	Score	Excess X1 S−(1)	Excess X2 S−(2)	Shortage Y1 S+(1)	Shortage Y2 S+(2)
1	A	1	0	0	0	0
2	B	1	0	0	0	0
3	C	0.7290922	0	0	0	51.672623
4	D	1	0	0	0	0
5	E	1	0	0	0	0
6	F	0.9320369	0	0	0	0

No.	DMU	Score	Excess X1 S−(1)	Excess X2 S−(2)	Shortage Y1 S+(1)	Shortage Y2 S+(2)
7	G	0.4727273	0	0	9.5454545	0
8	H	0.3937939	0	0	15.08201	0
9	I	0.4941176	0	0	0	50.588235
10	J	0.5960699	0	0	12.762009	0
11	K	0.4458599	0	0	0	33.078556
12	L	0.8695652	7.5362319	0	0	10

附录五 FRONTIER4.1 应用软件操作说明

一、FRONTIER 应用软件介绍

FRONTIER 计算机程序是由 Tim Coelli（1996）所撰写，在建构上与 DEAP 计算机程序非常相似，它被撰写是使用最大概似法（ML），估计随机边界生产与成本函数的参数，随机边界模式可以纳入（不对称）的纵横断面资料，并假设公司无效率效果为呈现截断常态分配的随机变量，在计算机程序中有两个主要的模式，分别为：

（1）Battese 与 Coelli（1992）的时间变异无效率模式；

（2）Battese 与 Coelli（1995）提出的模式，模式假设无效率效果会直接受到一些变量的影响。

FRONTIER 计算机程序也可以加入简单的限制条件，执行曾在文献中出现的其他模式，计算出个别公司效率与平均效率，以及其对应的标准误。

FRONTIER 计算机程序可以纳入横断面（Cross-section）资料与纵横断面资料；时间变异无效率效果与时间不变性无效率效果；成本函数与生产函数；半常态分配与截断常态分配；以及依变量为对数形态与依变量为原数值形态等。

FRONTIER Version 4.1 在一台 IBM 个人计算机执行时，通常包括五个档案：

（1）可执行文件 FRONT41.EXE；

（2）激活文件 FRONT41.000；

（3）资料文件（例如 EST.DTA）；

（4）指令文件（例如 TEST.INS）；

（5）结果文件（例如 TEST.OUT）。

激活文件 FRONT41.000 包括许多关键变量值，例如收敛标准、打印标杆等，假如使用者想要改变任何数值，则可以编辑此纯文字档，在使用者执行 FRONTIER 电脑程式之前，必须建立资料文件与指令文件。结果文件则于执行 FRONTIER 计算机程序时产生。

此计算机程序要求资料应储存为纯文字文件，资料的陈列必须按照特定顺序，每一列呈现出一家公司的资料，而栏资料必须以下述顺序呈现：

（1）公司序号（整数，从 1 到 N）；

（2）年期（整数，从1到T）；

（3）依变量；

（4）回归变量；

（5）影响无效率效果的变量（假如可应用）。

各公司可以任何顺序排列，但是字段资料必须按照上述顺序排列，每一列必须有一家公司的资料，第1期与第T期必须至少有一家公司的资料，假如包括的是横断面资料，则第2栏（年期数字段）必须全键入"1"，而假如函数形态并非线性函数，则资料必须做适度的转换，Cobb-Douglas与超越对数（Translog）是随机边界分析中最常使用的函数形态。

此电脑程序可以从一个档案或电脑终端机（键盘）读取指令，在键入"FRONT41"之后便开始执行，使用者会被询问指令文件是从档案或计算机终端机读取，假如选择交互式（计算机终端机），则被询问的问题顺序与指令文件的问题顺序相同。

（一）三步骤估计法

此计算机程序是使用最大概似法（ML），估计随机边界生产与成本函数的参数时，必须按照三个步骤，这三个步骤为：

（1）得出函数的参数的普通最小平方（OLS）估计值，所有β估计值，除了截距β_0以外，都是无偏误的；

（2）执行γ的两阶段方格搜寻，根据Coelli（1995c）的修正普通最小平方方程式，调整普通最小平方（OLS）β估计值（β_0除外），以及β_0与σ_2参数值；

（3）方格搜寻所选取的数值被使用为互动程序中的起始值（使用Davidon-Fletcher-Powell Quasi-Newton方法），得出最终的最大概似估计值。

（二）计算机程序结果

普通最小平方估计值、方格搜寻后的估计值，与最大概似估计值全都呈现于结果文件中，近似标准误则使用Davidon-Fletcher-Powel程序的方向矩阵加以得出，此共变异矩阵也列于结果文件中。

个别公司的技术效率与成本效率是使用Battese与Coelli（1992，1993）的模式来计算，结果报告的任何平均效率值都是个别公司效率的算数平均数。

二、FRONTIER应用软件操作步骤

（1）先在EXCEL输入资料。假设有6个决策单位，1个产出（Y），2个投入（Xs）。（A栏输入决策单位代号，请依序输入数字1，2，…，6；B栏输入年期，只有1年，全部输入数字1，若为纵横断面资料（Panel Data），则第一年资料输入1，第二年资料输入2，依此类推；C栏输入产出资料Y；D栏输入第一项投入X_1；E栏输入第二项投入X_2）。亦可视研究需要，采用对数资料。

FRONTIER4.1 应用软件资料文件格式

DMU 代号	年期	产出项	投入 1	投入 2
	A	B	C	D	E
1	1	1	6	3	2
2	2	1	5	5	5
3	3	1	6	6	3
4	4	1	5	5	2
5	5	1	4	4	4
6	6	1	8	6	5

（2）将档案储存在 FRONTIER4.1 资料夹中，档案类型为［文字文件（Tab 字符分隔）(*.txt)］，之后关闭 EXCEL 窗口。假设档名为 k1-dta。

（3）开启 FRONTIER4.1 数据夹，开始编写指令文件，开启 EG1-ins.txt。

（4）将指令修改如下（括号字部分为中文说明，第 1 栏参数视研究需要可做变更），修改后记得要储存档案，以取代原先的指令文件。

FRONTIER4.1 应用软件指令文件说明

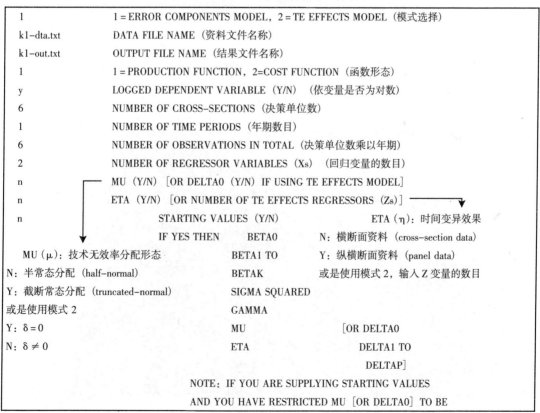

（5）开始执行 FRONTIER4.1 软件，开启 FRONTIER4.1 资料夹中的 front41.exe 应用程序，进入下述画面：请输入 f，选择 f 表示使用已编写好的指令文件，若选择 t 表示稍后在此接口上编写指令文件。

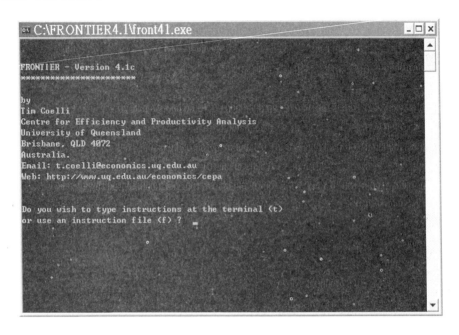

（6）输入 f 后，按 enter 即出现 enter instruction file name：请输入指令文件名称，例如 Eg1-ins.txt，按 enter 后，结果文件即储存于 FRONTIER4.1 资料夹中。

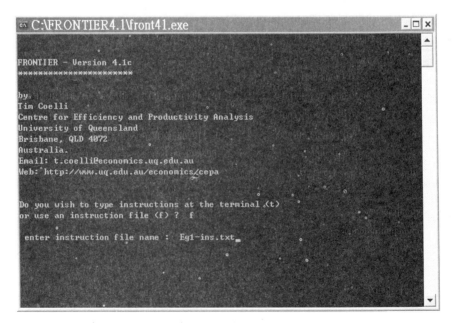

（7）开启 FRONTIER4.1 资料夹中的 k1-out.txt，就会出现结果文件报表。

三、FRONTIER 应用软件报表结果分析

FRONTIER4.1 应用软件结果文件

Output from the program FRONTIER（Version 4.1c）

instruction file = exa1–ins.txt

data file = exa1–dta.txt

Error Components Frontier（see B&C 1992）

The model is a production function

The dependent variable is logged

the ols estimates are：（第一步骤：普通最小平方估计值）

	coefficient	standard–error	t–ratio
beta 0	−0.16368920E+00	0.17166988E+00	−0.95351152E+00
beta 1	0.63271608E+00	0.29752595E+00	0.21265913E+01
beta 2	0.22442639E+00	0.34443920E+00	0.65157042E+00
sigma–squared	0.15973407E+00		

log likelihood function = −0.89195549E+01

the estimates after the grid search were：（第二步骤：γ 两阶段方格搜寻，修正普通最小平方估计值）

beta 0	0.2381205E+00
beta 1	0.63271608E+00
beta 2	0.22442639E+00
sigma–squared	0.29837272E+00
gamma	0.85000000E+00

mu is restricted to be zero

eta is restricted to be zero

iteration = 0   func evals = 19   llf = −0.68917969E+01

0.23812805E+00 0.63271608E+00 0.22442639E+00 0.29837202E+00 0.85000000E+00 gradient step

iteration = 5   func evals = 51   llf = −0.58979038E+01

0.18163692E+00 0.74980065E+00 0.93355845E−01 0.27060056E+00 0.98648703E+00

iteration = 8   func evals = 95   llf = −0.39795685E+01

0.17030195E+00 0.96842667E+00−0.10016864E+00 0.28656073E+00 0.99999998E+00

the final mle estimates are：（第三步骤：得出最大概似估计值）

	coefficient	standard–error	t–ratio
beta 0	0.17030195E+00	0.84007595E−01	0.20272209E+01
beta 1	0.96842667E+00	0.21660728E+00	0.44708869E+01

beta 2	−0.10016864E+00	0.19773237E+00	−0.50658694E+00
sigma-squared	0.28656073E+00	0.77963209E−01	0.3675892E+01
gamma	0.99999998E+00	0.26218111E−01	0.38141573E+02

mu is restricted to be zero

eta is restricted to be zero

log likelihood function =   −0.39795691E+01

LR test of the one-sided error =   0.9879718E+01

with number of restrictions = 1

[note that this statistic has a mixed chi-square distribution]

number of iterations =   8

(maximum number of iterations set at: 100)

number of cross-sections =   21

number of time periods = 1

total number of observations =   21

thus there are: 0   obsns not in the panel

covariance matrix:（共变异矩阵）

0.70572760E−02 0.13149134E−01 0.13715549E−01 0.58248810E−03 0.11492828E−04

0.13149134E−01 0.46918715E−01 0.41490025E−01 −0.10554259E−02 0.16955053E−02

0.12715549E−01 0.41490025E−01 0.39098091E−01 −0.62023776E−02 0.17906607E−02

0.58248810E−03 0.10554259E−02 0.62023776E−03 0.60782620E−02 0.23163596E−03

0.11492828E−04 0.17695505E−02 0.17906607E−02 0.23163596E−03 0.68738932E−03

technical efficiency estimates:（个别 DMU 的技术效率值）

firm	eff.-est.
1	0.78429986E+00
2	0.51034694E+00
3	0.64590491E+00
4	0.70759001E+00
5	0.91525214E+00
6	0.74783198E+00
7	0.66824584E+00
8	0.54322897E+00
9	0.78801944E+00
10	0.71501360E+00
11	0.58243999E+00

续表

12	0.50494888E+00
13	0.82526378E+00
14	0.72211899E+00
15	0.84118873E+00
16	0.55561500E+00
17	0.38643304E+00
18	0.92283260E+00
19	0.99947125E+00
20	0.16374771E+00
21	0.93908298E+00
mean efficiency =	0.68899413E+00

英中文对照索引

北京市版权局著作权合同登记：图字：01-2014-0543 号

图书在版编目（CIP）数据

组织效率与生产力评估/吴济华，何柏正著. —北京：经济管理出版社，2014.3
ISBN 978-7-5096-2940-6

Ⅰ.①组…　Ⅱ.①吴…②何…　Ⅲ.①企业管理—经济评价—研究　Ⅳ.①F272.5

中国版本图书馆 CIP 数据核字（2014）第 017263 号

组稿编辑：陈　力
责任编辑：杨国强
责任印制：黄章平
责任校对：赵天宇

出版发行：经济管理出版社
　　　　　（北京市海淀区北蜂窝 8 号中雅大厦 A 座 11 层　100038）
网　　　址：www.E-mp.com.cn
电　　　话：（010）51915602
印　　　刷：北京银祥印刷厂
经　　　销：新华书店
开　　　本：787mm×1092mm/16
印　　　张：20.5
字　　　数：411 千字
版　　　次：2015 年 10 月第 1 版　2015 年 10 月第 1 次印刷
书　　　号：ISBN 978-7-5096-2940-6
定　　　价：58.00 元